COLLECTION LE FRANÇAIS RETROUVÉ

Les mots du vin et de l'ivresse

par

Martine Chatelain-Courtois

Illustrations de Cabu

BELIN 8, rue Férou, 75006 Paris

© Librairie Classique Eugène Belin, 1984.

ISBN 2-7011-0534-X   (2)   ISSN 0291-7521

*A Jean-Marie Chatelain, mon fils,
en souvenir de son enfance beaujolaise,
et pour l'avenir, la saveur des mots.*

Pour se griser de mots

Aucune substance consommable n'a la même complicité que le vin avec la parole. Non seulement il délie les langues, en rendant les buveurs bavards ou poètes selon leurs talents, mais il est aussi le seul produit dont la consommation exige un commentaire, puisque savoir le boire revient à savoir en parler.

« Il y a plus de paroles en un sestier de vin qu'en un mui d'iaue », disait un proverbe du 16ᵉ siècle. Cet assemblage de moût et de mots, qui fait du vin une boisson éminemment culturelle, s'explique d'abord par un effet bien connu de l'alcool, la levée des inhibitions qui retiennent l'individu de s'exprimer librement. Mais à l'aisance d'une légère griserie succède, avec un verre de trop, la difficulté d'élocution de l'ivresse, qui ramène le buveur à un silence abruti, tout au plus entrecoupé par les *hic !* et les *hips !* où se réduit, dans les dessins d'humour, l'expression de celui qui *a perdu la force de parole,* comme on dit dans le Morvan. Aussi la consommation du vin est-elle soumise à un rituel social où le plaisir se partage dans un dialogue qui garde les convives, s'ils s'efforcent de le poursuivre, des monologues pathétiques que marmonnent les ivrognes.

Or ce dialogue lui-même n'est que le commentaire d'une autre conversation, celle que les amateurs prétendent avoir avec le vin quand ils se mettent *à lui dire deux mots,* ou *un,* ou *trois :*

— En attendant, ma belle, notre charmante hôtesse, si nous disions un mot à la bouteille ?

(Diderot, *Jacques le Fataliste*)

On reconnaît un piètre vin à ce qu'il ne répond pas : il est *muet, il n'a rien à dire, pas grand-chose à raconter, il manque d'éloquence ;* s'il est encore trop jeune pour révéler toutes ses richesses, *il peine à s'exprimer, il n'a pas encore franchi le seuil du dialogue,* — toutes expressions relevées dans des chroniques gastronomiques. A l'opposé, le bon vin est *éloquent,* ou même simplement *d'une conversation aimable.*

> Comme de toutes choses, il y a un secret du vin ; mais c'est un secret qu'il ne garde pas. On peut le lui faire dire : il suffit de l'aimer, de le boire, de le placer à l'intérieur de soi-même. Alors il parle.
> En toute confiance, il parle.
> Tandis que l'eau garde mieux son secret ; du moins est-il beaucoup plus difficile à déceler, à saisir.
>
> (Francis Ponge, *Pièces*)

La parole de l'amateur n'est donc que celle d'un interprète, puisqu'il traduit ce que le vin lui raconte.

Le vin fait parler ? il incite à la confession ? Alors, retournant la situation, les buveurs prudents invitent le vin à se mettre à table, au double sens de l'expression, et se font eux-mêmes *confesseurs de bouteilles,* comme on disait au 15e siècle : qui fait parler le vin risque moins de trop en dire lui-même. Et que ce dialogue soit imaginaire n'enlève rien à sa valeur. Le don des langues, qu'une tradition drôlatique reconnaît aux œnophiles, c'est d'abord le don de la langue à exprimer ce qu'elle ressent, à transformer ses sensations en mots : tout le « savoir » du connaisseur consiste à mettre en accord la bouche qui goûte et la bouche qui parle.

On oublie trop que *savoir,* étymologiquement, signifie « goûter » (latin *sapere*), et que c'est un mot parent de *saveur.* Il faut l'argot pour nous rappeler les sources sensorielles de la connaissance, avec l'expression *être au parfum.*

Les sensations du goût proprement dit sont très limitées puisqu'il en existe quatre, le salé, le sucré, l'acide et l'amer. Mais la bouche est le siège de perceptions bien plus complexes, qu'elles soient tactiles (piquant, astringent, moelleux...), thermiques (chaud, froid), et surtout olfactives avec la perception des odeurs par voie rétro-nasale. Or l'odorat est d'une sensibilité si fine qu'il peut percevoir des milliers d'odeurs, bien plus qu'un appareil sophistiqué comme le chromatographe qu'on utilise pour analyser la composition aromatique d'un vin. Mais aucune langue ne dispose d'un vocabulaire correspondant à cette variété : il n'existe pas de classification des odeurs, et *a fortiori* des sensations auxquelles elles participent en bouche, comme il y en a pour les couleurs. Le dialogue du dégustateur avec le vin risque donc de s'arrêter devant l'indicible.

La légende du *Est Est Est*, un vin blanc de Montefiascone, en Italie, rend plaisamment compte du moyen le plus sommaire pour contourner cette difficulté. On raconte que le cardinal allemand Jean de Fugger, au 12ᵉ siècle, cheminant vers le Vatican, avait envoyé son valet au-devant de sa route avec mission de goûter les vins et d'écrire *Est*, c'est-à-dire « il y en a (du bon) », sur le mur des tavernes bien pourvues. A Montefiascone, le valet emporté par l'enthousiasme inscrivit : « Est ! Est !! Est !!! ». Il fut bientôt obligé de graver une autre inscription, mais celle-ci sur la tombe de son maître tué par l'excès de boisson : « Est, est, à cause de trop d'est, est mort Jean de Fugger mon maître. »

La répétition intensive et les exclamations ne sont pas l'apanage exclusif de ce valet : ce sont aussi les procédés d'une rhétorique impuissante chez bien des auteurs d'ouvrages sur le vin. Une autre forme de répétition a d'ailleurs été répandue au Moyen Age, où l'on décrivait le bon vin par une accumulation de mots commençant par *f* : *fort, fier, fin, franc, frais, froid, frétillant, friand, fremiant...* Leur pouvoir expressif tenait plus à l'insistance de l'allitération qu'à leur sens propre.

Mais peut-on parler ici de « sens propre », puisque faute d'un vocabulaire spécifique, il faut donner un sens figuré à des mots empruntés à d'autres registres ? Nul n'échappe à la métaphore, s'il veut parler du vin : pas même les scientifiques, malgré leur souci de précision.

Il faut toutefois distinguer deux types de vocabulaire, bien qu'ils se soient développés parallèlement avec l'extension d'une viniculture de qualité et, en même temps, de la gastronomie, c'est-à-dire depuis le 18ᵉ siècle. Dans le premier, celui des amateurs, prolifèrent les métaphores approximatives et les expressions figurées : par exemple, un vin peut *avoir de la cuisse* ou *du corsage*, il peut *tomber dans ses bottes* ou *avoir le bonnet qui dégringole*, pour ne citer que quelques-unes des locutions à partir desquelles chacun peut broder selon sa fantaisie.

Très différent dans ses ambitions sinon dans son principe, le vocabulaire des œnologues et des dégustateurs professionnels exclut le plus possible les images imprécises, mais ne peut dans la plupart des cas éviter la métaphore. Il s'est enrichi depuis les quarante mots qu'Emile Peynaud (1)

(1) Emile PEYNAUD, *Le goût du vin*, Paris, 1980.

dénombre chez Maupin en 1780, et les cent-quatre-vingt qu'il compte chez Féret en 1896. Il faut d'ailleurs remonter au Moyen Age pour la datation de certains d'entre eux, et à l'Antiquité pour un assez grand nombre : ce sont des mots redécouverts plus qu'inventés. Mais quelle que soit la date de leur première apparition, très peu sont spécifiques du vin — et lorsqu'ils le sont, on ne le sait plus ! On a par exemple oublié que des mots comme *austère, acerbe, sève,* hérités de l'œnologie latine, concernent le vin dans leur sens premier, et on les entend à tort comme des métaphores.

Cet usage quasi systématique de figures handicape les dégustateurs, bien qu'ils proscrivent les images trop vagues des amateurs. Comment définir la *chair* d'un vin ? Sa *charpente* ? Son *corps* ? On se retrouve à Babel, avec des mots dont le sens varie selon les auteurs et les régions, et des métaphores qui ne forment pas toujours un ensemble cohérent puisqu'un vin, selon l'acception qu'on donne à ces mots, peut avoir du *corps* et pas de *chair* !

Qu'on ne s'attende pourtant pas à trouver dans ce livre un essai de normalisation du vocabulaire : c'est la tâche des chercheurs en analyse sensorielle ; elle n'est ni de ma compétence, ni même de mes plaisirs. Certes, cet ouvrage devrait être utile à ceux qui voudraient s'initier à la connaissance du vin, lire les revues spécialisées, ou même disposer de termes variés pour mieux cerner leurs sensations. Mais d'autres raisons, moins pragmatiques, m'ont amenée à réunir cette collection de mots.

La complicité du vin avec la parole tient aussi à ce que les mots ont une saveur et pas seulement un sens. « La pensée se fait dans la bouche », disait Tristan Tzara. Les mots ont une forme matérielle, un son audible ou une graphie visible, mais également quelque chose de perceptible en bouche selon les mouvements que leur prononciation exige de la gorge, de la langue, des dents et des lèvres : les allitérations en *f* chères à la poésie médiévale lorsqu'elle décrit le vin sont un plaisir de bouche. A ce jeu oral s'ajoutent les évocations d'autres sensations, d'autres plaisirs, dont les métaphores ravivent le souvenir. Aussi la dégustation des vins est-elle en même temps une dégustation de mots.

Malheureusement, les mots du vin sont, pour une grande partie d'entre eux, en perdition. Ils ont dans la langue un statut tout à fait singulier, car ils sont codifiés par l'usage et bien plus courants que les jargons de métier ; et pourtant, les plus banals d'entre eux ne se trouvent pas dans les dictionnaires de la langue française ! Cela tient sans doute à ce que leur définition reste relativement fluctuante ou imprécise, mais il est regrettable de voir ce vocabulaire négligé des lexicographes, car il est aussi menacé par les œnologues et les spécialistes de l'analyse sensorielle, dont la recherche nécessite la mise au point d'une terminologie rigoureuse. On cessera donc de dire, par exemple, qu'un vin *a de l'amour* ou qu'il est *chat,* avant même que ces expressions ne soient répertoriées par les dictionnaires. Voilà pourquoi ce livre rassemble les fantaisies lexicales des amateurs en même temps que les termes des professionnels : il ne s'agissait pas de légiférer sur leur sens et leur emploi, mais simplement de les collecter pour le plaisir des amateurs de vin qui sont aussi des amoureux de la langue.

A cet « assemblage », pour parler comme les vinificateurs, s'ajoute un « coupage » qui paraîtra peut-être de plus mauvais aloi, puisque j'ai relevé aussi les mots d'argot et les expressions dites « populaires » qui concernent le vin ou l'alcool de vin, sa consommation, et ses effets. On s'en offusquera si l'on est habitué au faux « bon goût » des écrits que le vin inspire à des auteurs euphoriques, tentés de se croire écrivains. Il y a en effet une pseudo-littérature abondante sur le vin, une prose d'une rhétorique ridicule, une poésie de mirliton, un style fleuri, mais fané. Ces publications me semblent autrement plus vulgaires que l'argot, parce qu'elles satisfont de stéréotypes éculés la prétention au « bon goût » qui leur tient lieu de pensée et de culture. Les meilleurs exemples d'une écriture *kitsch* se trouvent là. Aussi la franche trivialité des expressions argotiques vaut-elle mieux que ces effets de style ratés : *baiser une fillette* (« boire une bouteille ») n'est pas beaucoup plus vulgaire qu'un développement égrillard en français académique, pour expliquer que le vin est une femme et qu'il faut le caresser ou lui flanquer une raclée afin qu'il s'offre... Car les poncifs chers aux poétaillons du vin sont formés sur les mêmes images que celles de l'argot.

Ce sont précisément ces images que je voulais relever, en regroupant sinon tous, du moins la majeure partie des mots qu'on emploie dans tous les milieux pour parler du vin et de ses effets. On peut ainsi repérer, dans l'ensemble de ces vocabulaires, des représentations générales qui constituent notre mythologie du vin. Il fallait pour cela recenser les termes les plus divers, qu'ils soient vagues ou précis, grossiers ou élégants, afin d'entrevoir ce que notre civilisation dit d'elle-même, souvent à son insu, quand elle parle du vin.

★
★ ★

Deux types de comportement se dessinent en contraste dans la langue, celui du buveur et celui du dégustateur. Ils emploient souvent les mêmes mots, mais le premier ne parle que de lui-même, de la satisfaction de sa soif ou de son ivresse, tandis que le second est par définition quelqu'un qui parle du vin. A cette opposition se superpose celle d'une idéalisation, qui décrit le vin en termes anthropomorphiques et lui attribue un corps, un caractère, une personnalité et des titres de noblesse, — et une réification du buveur, transformé par la langue verte en un récipient vinaire, une machine, ou des objets divers voués à la destruction de l'ivresse.

Parmi les termes les plus anciens, légués par la médecine antique, ceux de *chaud* et *froid, sec* et *humide,* qui fondaient une classification des substances aussi bien que des états physiologiques, ont suscité un grand nombre d'expressions dérivées. Les trois premiers de ces termes sont d'usage en dégustation, mais tous ont particulièrement inspiré la verve populaire, qui dépeint les métamorphoses successives du buveur dans un ordre qui va du sec à l'humide, puis au chaud, et enfin au froid. La sécheresse est le martyre du gosier sec, dont on suppose même qu'il subit les effets dessicatifs du sel, et qu'il a été *baptisé avec une queue de morue* ou *vacciné au salpêtre* pour avoir ainsi, en permanence, le *bec salé.* Il lui faut donc assécher la bouteille et vider son verre *cul-sec* pour échanger sa propre sécheresse contre l'humidité salvatrice que le vin est censé concentrer. Car bien que la diététique ancienne l'ait classé comme chaud et sec, les expressions de la soif et du boire font du vin l'élément humide par excellence et la boisson par définition, puisque *boire* et *être porté sur la boisson* ne se disent pas de buveurs d'eau. *Déshydraté,* dit-il, mais *hydropathe,* le soiffard aspire à *s'humecter, se mouiller, se laver, s'arroser, se rincer,* d'un vin ainsi réduit à sa seule qualité de liquide. Mais dans un troisième temps, le feu du vin ou de l'alcool se communique au buveur et provoque l'échauffement de l'ivresse : il est *allumé, incendié, brûlé-soûl,* il a *chaud aux oreilles,* il a *son coup de feu* ou *de soleil* — et il subit une cuisson, *il a sa cuite* ou *sa daube.* Enfin, un ultime renversement le fait passer du chaud au froid : l'ivrogne est *éteint, givré, gelé...*

Cette puissance de métamorphose peut avoir des effets bénéfiques, puisqu'on a longtemps considéré le vin comme une médecine. Il est toujours un remontant, qu'on boit pour se donner des forces, s'éclaircir les idées (*abattre le brouillard*), éloigner les parasites (*noyer le ver*) ou se doper avant une marche (*faire jambes de vin*). On ne confondra pas ces indications avec celles des vins *médecins,* qui sont aussi des remontants, mais pour d'autres vins, trop faibles, auxquels on les mélange : le professionnel parle de la santé du produit, qui peut être *malade, mal fichu, anémié, fiévreux,* alors que le langage populaire considère uniquement l'état du buveur. Mais celui-ci risque toujours, à trop vouloir soigner sa pépie avec les dangereux remèdes pour la soif, d'attraper la *fièvre beaujolaise,* la *maladie de Bercy,* ou l'ancien *mal Saint-Martin* que donne le vin nouveau à la fête de ce saint. « Dans le vin fais bien attention, on trouve remède et poison » (proverbe tourangeau). A force de porter des santés avec la *tisane de vigne,* la *décoction de vendange* et l'*élixir de hussard,* on finit dans le coma, *asphyxié, gazé, assommé, raide* et *ivre-mort.*

Ces effets contradictoires d'une eau de vie qui est une substance mortelle, déterminent entre l'homme et la boisson une relation ambiguë de violence et d'amour.

Nombre d'expressions décrivent la consommation du vin comme un rapport d'agressivité réciproque. Dès qu'on *sort l'artillerie,* c'est-à-dire les verres et les bouteilles, il n'est question que de *coups.* La pulsion meurtrière du buveur qui *massacre les pots, étrangle une fillette, étouffe une négresse* ou *torpille une bouteille,* se retourne contre lui puisqu'il s'offre à lui-même des *canons* qui le *fusillent.* A force de *s'envoyer des petits coups,* il *prend un coup dans les carreaux, dans le nez* ou *dans les jambes,* il en prend *une petite volée.* Plus il laisse de *cadavres* (bouteilles vides) sur le champ de bataille, plus il perd le combat contre le *brutal*, le *destructeur*, le *tue-mec*, le *casse-patte*, *casse-tête* et *casse-poitrine* qui *cogne dur* et qui l'*achève*...

Mais bien avant le coup de grâce, le vin détruit en l'homme son humanité. Beaumarchais a beau dire, par la bouche de Figaro :

> Boire sans soif et faire l'amour en tout temps, madame, il n'y a que ça qui nous distingue des autres bêtes...

la langue compare l'homme saoul aux animaux les plus divers et donne raison à Diderot : « l'ivresse ôte toute lueur de la raison, elle éteint absolument cette particule, cette étincelle de la divinité qui nous distingue des bêtes. » Bien plus sévère, même, que les moralistes, l'argot ramène l'ivrogne en-deçà de l'animalité. Le buveur se réduit à un objet, son tube digestif identifié à un *entonnoir*, un *tuyau*, un *évier*, un *couloir*, une *cheminée*, un *fusil*... Et au lieu de l'animation propre au vivant, il n'a que le mouvement d'une machine, et s'entretient comme une automobile, en *se graissant les roues* et en *faisant le plein* de *carburant*. Aussi finit-il comme une chose : *ébréché*, *cassé*, *pété*, *démoli*, *H. S.* comme un véhicule hors-service.

Inversement, le dégustateur décrit le vin en termes anthropomorphiques. Il a une existence : *jeune, mûr, vieux, sénile.* Il est doté d'un *corps*, il peut être *bien en chair* ou *maigre, vigoureux* ou *fatigué ;* il a *du jarret* ou *des jambes ;* il peut être bien ou mal *habillé* selon l'état de sa *robe*, avoir *le chapeau sur l'oreille, tomber dans ses bottes.* On le juge aussi sur son caractère et sa moralité : *charmant, aimable, généreux, loyal, franc, frivole, nerveux, sévère, hargneux*, etc.

Enfin, le vin a un sexe. Il peut être *masculin* ou *viril,* mais la langue lui attribue plus volontiers des charmes féminins : *affriolant* et *coquin*, il a *du corsage, de la cuisse* et *de la fesse*. Il invite donc à une relation érotique dont l'amateur, qui ne dit rien de son propre désir, lui laisse l'initiative : c'est le vin qui est *caressant* et *amoureux*, et qui *a de l'amour.* Le langage populaire ne s'y trompe pas : il dit l'érotisme du buveur lui-même, qui *caresse la bouteille* et la *dépucelle,* ce qui s'appelle en Touraine *baiser une fillette.*

Mais cette virilité tapageuse cache mal la sentimentalité de l'ivrogne, même s'il n'est qu'*ému* et *attendri* d'une ivresse légère. Au-delà de cette relation érotique toujours mêlée d'agressivité, il redevient un nourrisson qui *biberonne, suce* et *tète* le lait de sa mère la vigne, à qui les chansons à boire vouent un amour filial. La consommation du vin satisfait alors une oralité infantile peu exigeante sur le goût, dont il n'est presque jamais question ; son plaisir semble se situer dans la gorge qu'il faut *humecter, graisser* ou *adoucir*, et dans l'estomac repu, ce qui est le sens premier du mot *saoul*. L'ivrogne ne goûte pas, il boit pour devenir *plein* et *bourré*, pour combler le manque qu'il appelle *soif* faute d'un mot juste. Et comment aurait-il le mot juste ? Lui qui n'a même pas de nom propre puisqu'il s'identifie à un contenant vinaire, une *outre*, un *tonneau*, un *sac-à-vin*, et qu'il finit débordé par son propre contenu. *Soûl jusqu'aux yeux*, avec *les dents du fond qui baignent*, il se noie dans le vin qu'il a bu, régressant ainsi à une relation fusionnelle où moi et non-moi se confondent mortellement.

Le connaisseur et le dégustateur font preuve au contraire d'une profonde méfiance à l'égard du vin : leur comportement joint à la culture d'un plaisir raffiné toute une stratégie contre l'ivresse.

La connaissance des vins commence par celle de leurs noms. Alors que l'ivrogne sombre dans l'indifférenciation en perdant son identité, et qu'il boit *du* vin, anonyme pour ne pas dire innommable, le connaisseur savoure *un* vin, toujours singulier, et doté d'un nom propre. Il ne s'agit pas d'une personnification idéaliste, car la nomination donne un plaisir trop évident aux amateurs pour n'être que cela. Athénée disait déjà qu'on peut « ripailler de noms de vin », et Henry Miller en parle au détour d'un texte sur la peinture :

> Je ne parle de ces diverses couleurs que pour expliquer comment nous passions souvent de délicieuses soirées, à répéter les noms de ces couleurs et à discourir longuement sur leurs qualités. C'était un discours sentimental, un discours d'ivrognes, un langage euphorique. Un dialogue qui ressemble à celui qui s'établit parfois après-dîner quand la personne qui vous fait face commence à célébrer les mérites de certains vins. Les noms des grands vins, à cause des associations qu'ils évoquent et font naître, sont souvent plus enivrants que ceux des tubes de chez Winsor et Newton.
>
> (Henry Miller, *Peindre c'est aimer à nouveau*)

C'est que la nomination témoigne à la fois d'une jouissance et de sa maîtrise : elle suppose la capacité de reconnaître des différences, d'établir des distinctions dans l'ensemble confus du vin en général ; elle implique donc un raffinement du plaisir des sens, indissociable de leur contrôle.

S'il n'est pas évident qu'on puisse parler du vin comme d'une œuvre d'art, il est moins discutable de considérer la connaissance des vins comme une esthétique, c'est-à-dire au sens propre une réflexion sur la sensation. Le dégustateur ne s'abandonne jamais à la satisfaction immédiate d'un désir : son plaisir tient à l'analyse des perceptions dans leur complexité, et à leur mise en ordre dans le langage. Mais faute de mots spécifiques, il recourt au vocabulaire des arts plastiques. Un beau vin ne l'est pas seulement par son aspect visible ; il donne l'impression d'avoir une forme, il est *bien dessiné* ou *bien construit, bien bâti, charpenté, structuré :* le mauvais vin est *informe, mou, plat, sans relief,* ou bien *difforme,* avec des irrégularités qui le font déséquilibré, avec des saillies anguleuses, des aspérités. La beauté du vin se définit donc selon les critères d'une esthétique classique, qui exige l'équilibre et l'harmonie.

Un humour burlesque détourne ce classicisme en attribuant à l'ivrogne certains traits du vin : c'est l'homme, ici, qu'on dit *rond* et *plein.* Son visage se pare de couleurs précieuses, vermeil ou rubis. Avec le *pinceau* du vin ou du verre, il *enlumine sa trogne* et *se flanque une peinture...* Mais il connaît aussi un art auquel les dégustateurs font rarement allusion, la musique, puisqu'il *siffle, fifre, flûte* et *tire* sur son *larigot,* en buvant *comme un chantre.* En revanche, les mots dont il désigne le vin ne se réfèrent à aucune esthétique, fût-elle subvertie par l'ironie. Très peu, d'ailleurs, sont laudatifs. L'ivrogne ne connaît que des produits *décapants,* ou tout au mieux les pointes agressives des *picrates* ou *pictons.*

Parmi les représentations plastiques du vin et de l'ivresse, les plus pittoresques jouent sur le contraste des droites et des courbes. Plus le buveur boit *droit* et *net,* en se jetant des *traits* de vin, plus la linéarité du jet produit des courbes baroques. Dans les vignes du Seigneur, le buveur imite malgré lui la torsion des ceps, du *bois tordu* qui modèle l'homme à sa semblance en lui *tordant le nez* et lui donnant le tournis. Il *festonne,* il *zigzague,* il *fait des S,* il ne suit la ligne droite que de biais, d'un mur à l'autre. Dans un espace contaminé par la liquidité du vin, l'ivrogne avance comme un bateau en perdition, en tirant des bords sur la houle avant de chavirer.

Détourner quelqu'un de la voie, c'est très exactement le

séduire (latin *se-ducere,* « conduire à l'écart »). Mais de cette séduction, le dégustateur se protège en prenant le vin à son propre jeu, et en lui imposant le trajet spiralé dont il entend se garder lui-même : il le fait tourner dans son verre pour l'observer et le humer, puis il le roule dans sa bouche, par petites gorgées. Jamais de traits droits, jamais rien de direct : le dégustateur tergiverse, temporise, regarde le moment d'avaler, et décompose le simple geste de boire en une suite de moments différenciés où chaque plaisir s'éprouve dans les détours de l'analyse et du commentaire. Le manque vécu par l'ivrogne comme une souffrance est cultivé par le dégustateur comme la condition d'une jouissance subtile.

Des comportements bien distincts apparaissent donc lorsqu'on confronte le vocabulaire des connaisseurs et le langage populaire ou l'argot. Mais qu'il s'agisse de médecine, d'érotisme ou d'esthétique, c'est toujours le corps qui est mis en cause. On objectera qu'il y a une mystique du vin, et qu'il est un symbole central du christianisme. En effet. Mais si l'ivresse a pu être la représentation favorite des grands mystiques, reprenant en cela le *Cantique des Cantiques,* c'est peut-être bien parce qu'elle est une perte de soi, un dépassement des limites corporelles.

Le vocabulaire de la dégustation ne rend pas du tout compte de cette dimension religieuse, puisqu'il sert une culture du corps, très subtile et très maîtrisée, dont la sublimation se fait dans l'esthétique, comme on l'a vu, et souvent aussi dans une idéologie sociale. L'amateur de vin a souvent tendance, en effet, à juger de la qualité des vins dans les termes d'une sociologie désuète, en se flattant de boire des crus *princiers* ou *aristocrates,* et en traitant les autres de *rustres, plébéiens, vulgaires* ou *bâtards :* mais il s'agit moins d'une terminologie politique, que d'un vocabulaire de conte de fées ou de roman feuilleton. A l'inverse, la langue verte ignore l'alcoolisme prolétarien, dépeint par Zola ou Huysmans : le *vin de crocheteur,* le *parfait amour de chiffonnier* ou le *malaga de boueux* évoquent plus les marginaux de Baudelaire que les ouvriers du roman naturaliste. Du *nectar* des rois au *picrate* des clochards, notre société se figure entre deux pôles extrêmes, plus pittoresques que conformes à la moyenne réalité. Mais c'est le propre du vin que de susciter des représentations contradictoires.

Reste, au-delà de ces divergences, un égal plaisir des mots : égal, mais de nature très différente selon qu'il s'agit du vin ou de l'ivresse. Le langage du dégustateur a pour fonction d'approfondir et de contrôler la sensation. Mais quels mots diraient exactement l'ivresse, où s'engloutissent la conscience du corps et la pensée, en-deçà ou au-delà du langage ? Comme pour tous les états-limites, l'érotisme, la folie ou la mort, la langue n'a d'autre ressource que de faire proliférer les mots, faute d'un seul qui soit approprié. Au silence mortel dont le vin menace la parole, la langue répond par une expansion sans fin, une invention sans cesse renouvelée, un humour qui provoque moins les conventions sociales que la mort elle-même. Mais en cela, le langage argotique et populaire rejoint paradoxalement celui des connaisseurs, puisque dans les deux cas il s'agit de mettre en mots une expérience difficile à cerner.

De l'abondance au zinc

Abondance

L'*abondance* est un vin noyé d'eau, une eau rougie. Attesté au milieu du 18e siècle, le mot s'est répandu au 19e dans le vocabulaire des collégiens, à qui l'on servait cette boisson. L'opposition entre la rareté du bon vin et l'abondance du mauvais, ou de l'eau, explique la locution champenoise : *y en a à faire de la pique* (de la piquette) : il y en a autant qu'on veut.

Abreuvoir

Abreuvoir a désigné un verre à boire dès le 14e siècle (*abuvoir, abuvroir*). *Renouveler l'abreuvoir,* c'est « remettre une tournée », depuis le 18e. Dans le style burlesque du 17e siècle, on appelait aussi *abreuvoir* un cabaret.

Abri

En mettre un à l'abri de la pluie : boire un verre, la meilleure manière de protéger le vin de l'eau que craignent tant les buveurs.

Absinthe de vidangeur

Aujourd'hui proscrite en France et dans la plupart des pays d'Europe à cause de sa nocivité, *l'absinthe,* un apéritif fait avec la plante de ce nom, fut inventée au 18ᵉ siècle, et fit fureur au 19ᵉ. *Absinthe de vidangeur* (début 20ᵉ siècle), verre de vin rouge, le luxe du pauvre comme le *malaga de boueux* ou le *porto de déménageur.*

Abstème

Abstème : qui ne boit pas de vin (16ᵉ siècle), mot passé du droit ecclésiastique à la langue littéraire. Jean-Jacques Rousseau, malgré son penchant pour les « petites buvettes », pensait que l'homme est abstème par nature :

> La première fois qu'un sauvage boit du vin, il fait la grimace et le rejette ; et même parmi nous, quiconque a vécu jusqu'à vingt ans sans goûter les liqueurs fermentées ne peut plus s'y accoutumer ! Nous serions tous abstèmes si l'on ne nous eût donné du vin dans nos jeunes ans.
>
> Jean-Jacques Rousseau, *Émile*

Accolade

Accolade : geste de boire à la bouteille (18ᵉ siècle), d'où *accoler la gourde, donner l'accolade à la bouteille.*

> [Les comédiens] assouvirent leur faim, et surtout leur soif par de longues accolades à l'outre presque désenflée, comme une cornemuse d'où le vent serait sorti.
>
> Théophile Gautier, *Le Capitaine Fracasse*

C'est l'un des divers signes d'affection propres à ceux qui *caressent la bouteille.*

Accrocher

Un vin qui *accroche* est un vin râpeux parce que trop tannique. On le dit aussi d'un alcool trop fort, ce que les soldats, en 1918, appelaient *du barbelé.* La violence de la sensation peut obliger le consommateur à *s'accrocher à la table...*

Acerbe

Acerbus (dérivé de *acer* : voir à *âcre*) s'employait en latin pour le raisin ou le vin vert. *Acerbe* qualifie un vin à la fois acide et astringent, provenant en général de raisins qui manquent de maturation. Le mot est bien attesté au 17e siècle.

Acescence

Acescent (18e siècle), du latin *acescere*, aigrir. *L'acescence,* ou *piqûre acétique,* est la maladie qui transforme le vin en vinaigre. Un vin qui commence à aigrir est *acescent* ou *piqué.* On dit aussi, plus rarement, *acété* ou *acéteux.*

Achever

S'achever : s'enivrer complètement (17e siècle). *Achever quelqu'un,* c'est le conduire à l'ultime stade de l'ivresse, que de nombreuses locutions comparent à la mort, en lui donnant le coup de grâce :

> Quelle belle soirée j'ai passée vendredi dans les coulisses du Cirque, en compagnie du coiffeur de ces dames ! Frédérick Lemaître l'avait soûlé et Person l'avait achevé.

Flaubert, *Correspondance*

Acide, acidité

Avec le sucré, le salé et l'amer, l'acide est l'une des quatre saveurs élémentaires auxquelles se limitent les sensations du goût proprement dit, les autres étant des sensations olfactives ou tactiles perçues dans la bouche.

Le vin est composé de divers acides, qui contribuent à l'harmonie de son goût et à son bouquet, et qui favorisent sa longévité. En dégustation, dire simplement qu'un vin est *acide* n'a donc pas de sens, puisque tout vin l'est peu ou prou. Le dégustateur doit évaluer l'importance de cette acidité : trop peu acide, le vin est *mou ;* trop acide, il est très *vert.* On essaie en même temps d'estimer l'équilibre de l'acidité avec le moelleux dans les vins blancs, et avec le tanin en plus dans les vins rouges.

Les termes les plus usités pour exprimer le degré d'acidité sont, dans l'ordre croissant : *mou, rond* (quand l'acidité a la même intensité que le moelleux et le tanin), *frais, vif, nerveux, acidulé, vert, très vert.*

Âcre

Le latin *acer*, pointu, piquant, qui se disait en particulier du vinaigre, a donné en français deux adjectifs différents : *aigre*, qui qualifie un goût, et *âcre*, qui concerne plutôt une odeur. Mais quand on emploie ce mot à propos d'un goût, c'est qu'à l'aigreur s'ajoutent l'amertume ou l'astringence, et surtout une irritation presque douloureuse dans l'arrière-bouche : l'âcreté prend au nez ou à la gorge. On la perçoit dans certains vins trop vieux.

Affaire

Avoir son affaire (19ᵉ siècle) : être ivre. Plus rare que *avoir son compte*. C'est une des multiples manières de comparer l'ivresse au résultat d'un « passage à tabac » (à rapprocher de *régler son compte à quelqu'un, lui faire son affaire*).

Agréable

En dégustation, on dit qu'un vin est *agréable* s'il n'a pas de défaut majeur et s'il procure un plaisir léger, mais cela sous-entend qu'il n'est pas un grand vin.

> [Un vin rouge des Côtes-du-Frontonnais] Nez fin de cassis, goût fruité, chaud et léger ; il ne lui manque qu'un peu plus de longueur ; agréable en tout cas.
>
> *Gault-Millau, Spécial Vins*, 1983

Agressif

Pline parlait déjà de moûts « pugnaces », « belliqueux » (*pugnacibus mustis*), mais comme il les opposait à des moûts « paisibles », il désignait sans doute ainsi leur activité de fermentation. Aujourd'hui, on qualifie d'*agressif* un vin qui produit une sensation très désagréable ou même douloureuse, qu'il s'agisse d'acidité, d'astringence ou d'acerbité : le vin peut être *rêche, râpeux, rugueux*, ou bien *piquant, acéré, pinçant, mordant*, etc. En termes moraux, car on attribue volontiers au vin une psychologie, cette agressivité peut aller de la hargne à la brutalité : *hargneux, rébarbatif, méchant, brutal...*

Aigre

Un vin *aigre* est tout simplement, par définition, du vinaigre. On le dit *sauté* dans certaines régions. Il est plus gravement atteint que le vin *acescent* ou *piqué*.

Le diminutif *aigrelet* a une ambiguïté gênante, dans le vocabulaire de la dégustation, car il désigne tantôt une *pointe d'aigreur* (de l'acescence), tantôt une simple acidité qui ne doit rien aux bactéries acétiques du vinaigre : il vaut mieux, en ce cas, le dire *vert.*

Aigrette

Avoir son aigrette, c'est *avoir son panache, son plumet* ou *son pompon,* être ivre. Cet ornement de plumes compte parmi les divers accessoires dont l'ivrogne est censé être *coiffé* ou *casqué.*

Aigu

Rousseau, dans l'*Émile,* parle des « vins verts ou aigus », image qu'on retrouve avec Colette dans *Claudine à l'école* : « citronnades aiguës ». On qualifie ainsi une sensation d'acidité (synonymes : *acéré, piquant, pointu*).

Aiguille

Au 19e siècle, les mécaniciens mesuraient les degrés de l'ivresse par comparaison avec l'aiguille du manomètre, qui indiquait la pression dans les chaudières à vapeur.

> D'autres emploient les pressions atmosphériques : *je suis monté à cinq hier,* ou bien : *l'aiguille de son manomètre* n'a pas bougé.
>
> Denis Poulot, *Le Sublime ou le Travailleur tel qu'il est en 1870 et ce qu'il peut être*

Aujourd'hui, on se réfère au compteur de vitesse. Entendu en Beaujolais, fin 1983 : « J'ai vu Untel... Oh là là ! il était entre 90 et 100... » Dans le conte *Un Normand,* Maupassant décrit un pittoresque ivrogne, inventeur du *saoulomètre,* système empirique de mensuration dont la limite est d'*avoir le mètre.*

> « D'puis lundi, j'ai passé quarante-cinq », ou « j'en avais bien soixante-six à soixante-dix » ... Il affirme n'avoir pas atteint le mètre, mais comme il avoue que ses observations cessent d'être précises quand il a passé quatre-vingt-dix, on ne peut se fier absolument à son affirmation.

Aile

Avoir un coup ou *du plomb dans l'aile* (20ᵉ siècle) : être ivre ; avoir, comme avec *un coup dans les brancards,* des difficultés à se déplacer.

> Morbleut, qui a du plomb dans l'aile, fait une embardée et s'écroule dans le gazon. C'est le Samaritain Béru qui le relève :
> — Voyons, Popaul, tu tiens plus le litre, ma parole.
>
> San-Antonio, *Votez Bérurier*

Aimable

Dans le vocabulaire des amateurs, *aimable* est nettement moins intense qu'*amoureux.* On qualifie ainsi un vin dont l'acidité et le tanin sont sans excès, qui se boit avec plaisir mais sans passion. Dans le même registre, on peut le dire *gentil, plaisant, bienveillant, attrayant, flatteur, câlin, caressant...*

Alambic

Appareil servant à la distillation. On doit ce mot aux alchimistes, qui l'ont emprunté aux Arabes (*al-anbiq*), lesquels le tenaient eux-mêmes des Grecs (*ambix*).

Alcool

Encore un mot qui nous est venu des Arabes par l'intermédiaire des alchimistes : *al-kohl,* c'est, précédé de l'article, le nom de l'antimoine pulvérisé, qui sert encore pour le maquillage des yeux, le kohl. Le mot français *alcool* a désigné d'abord une poudre, un élément très fin et très pur, puis une essence obtenue par distillation ; au 17ᵉ siècle enfin, *alcool* ne s'applique plus qu'à l'esprit de vin rectifié.

« Le vin, ce n'est pas de l'alcool » : on entend souvent avancer cet argument contre les ligues antialcooliques. En fait, la définition du vin comme « produit de la fermentation du raisin » implique nécessairement la présence d'alcool, puisque cette fermentation transforme les sucres du fruit en alcool éthylique. Mais d'un vin trop lourd en alcool, on dit qu'il est *alcooleux, alcoolique* ou *alcoolisé.*

L'*alcoolisme* est une notion moderne : le mot a été créé au milieu du 19e siècle par un médecin suédois, Magnus Huss, pour désigner l'abus des boissons alcooliques, et les troubles qu'il entraîne. *Alcoolique,* au sens de « qui boit trop d'alcool », *s'alcooliser,* « boire beaucoup d'alcool », ne datent que de la fin du siècle dernier ; et *antialcoolique* n'est attesté qu'à partir de 1925. Finies les ivresses mystiques, poétiques ou drôlatiques : les temps modernes les ont médicalisées en un mot.

Alla

Dans le jargon des typographes, un *alla* est un vin d'honneur offert *à la* santé de quelqu'un pour fêter un succès (*faire, offrir un alla*).

Allemand

Parmi les propos nationalistes que le vin inspire, les accusations d'ivrognerie portées contre d'autres peuples ont long-temps marqué la langue française. Au 17e siècle, *boire à l'Alemande* signifiait « boire beaucoup ». En 1690, Furetière donnait pour exemple au verbe *dégueuler :* « Les Allemands qui ont bu sont sujets à dégueuler sous la table... » Les Polonais, les Russes, les Danois (*ivroigne comme un Danois,* 16e siècle) et les Anglais avaient la même réputation.

Aller-retour

S'envoyer un aller-retour : boire deux verres, c'est-à-dire deux « coups » puisque l'aller-retour est une paire de gifles.

Allonge, allonger

Allonger un vin : le diluer d'eau. Expression qu'il ne faut pas confondre avec les termes de dégustation : un *vin qui s'allonge,* ou au contraire *qui manque d'allonge.* Il s'agit ici de la *longueur,* persistance aromatique ; le vin dont le goût se prolonge en arrière-bouche *a de l'allonge.*

Allumer

Comme le vin est tenu depuis toujours pour une substance chaude, son feu se transmet au buveur :

Mais insensiblement je ne m'avise pas
Que la force du vin débilite mes pas,
Je sens mon estomac plus chaud que de coutume,
Je ne scay quel brasier dans mes veines s'allume,

raconte Guillaume Colletet dans *Le Trébuchement de l'yvrogne,* en 1627. Au 18e siècle, *allumer la lampe à quelqu'un* signifie le faire boire. *S'allumer la lampe,* boire beaucoup, est devenu simplement *allumer :* « qu'est-ce qu'il allume ! ».

A partir du 19e siècle, *s'allumer* et *être allumé* désignent aussi un début d'ivresse, un *allumage :*

Cet animal de Mes-Bottes était allumé ; il avait déjà ses deux litres. [...] Il commençait à nier la noce de la veille, un peu d'allumage peut-être.

Émile Zola, *L'Assommoir*

Vers 1870, les mécaniciens du chemin de fer mesuraient les degrés de l'ivresse par référence à l'allumette : on *attrape une petite allumette ronde* quand on a un début d'ivresse, qu'on s'allume ; puis on devient bavard et expansif, on a *son allumette de marchand de vin ;* si l'on se met à hurler des chansons à boire, c'est qu'on a pris *son allumette de campagne.* Enfin, le bout de bois dont est faite une allumette prend des proportions invraisemblables : on a *son poteau kilométrique* et, stade ultime de l'ivresse, *son poteau télégraphique.*

On dit : *il faut rallumer la chaudière* lorsque les verres sont vides et qu'on désire les remplir à nouveau.

Ambre

Les poètes du Moyen Age évoquent parfois des vins sentant l'ambre :

> ... Qui veïst comment estrivoient,
> Et com li vin estinceloient,
> Si que la grans sale et la chambre
> Sambloit plaine de basme et d'ambre.
>
> Henri d'Andeli, *Bataille des Vins*

Mais à partir du 18e siècle, *ambré* désigne la couleur d'un vin blanc tirant sur le jaune doré : elle est caractéristique des vins doux très vieux.

Ambroisie

L'*ambroisie* (en grec *ambrosia*, immortalité) n'est pas le breuvage des dieux, comme on le croit souvent, mais leur nourriture, et le *nectar* leur boisson. La confusion fréquente entre ces deux mots a fait donner le nom d'*ambroisie* à une liqueur obtenue par la macération de coriandre, d'anis et de clous de girofle dans un mélange d'eau-de-vie et de vin blanc.

Âme

« Un soir, l'âme du vin chantait dans les bouteilles » (Baudelaire). « Au fond du vin se cache une âme » (Th. de Banville). Moins connue que ces vers, une page de Zola attribue aussi une âme au vin :

> Et c'était ainsi dans chaque maison, et de tout ça, des cuves brûlantes, des pressoirs ruisselants, des tonneaux qui débordaient, de Rognes entier, s'épandait l'âme du vin, dont l'odeur forte aurait suffi pour soûler le monde.
>
> *La Terre*

Il est possible que cette image vienne de l'alchimie, à qui l'on doit aussi celles de l'*esprit* (de vin) et du *corps*. Arnaud de Villeneuve, alchimiste médiéval, nomme *âme* le ferment ; au 18e siècle encore, Dom Pernety définit l'*âme* comme « le ferment qui anime la pierre [philosophale] pour en faire l'élixir ».

Amer

La *maladie de l'amer* ou *amertume,* due à une bactérie qui décompose la glycérine, donne au vin un goût désagréable d'huile brûlée. Il ne faut pas la confondre avec l'amertume naturelle due aux tanins, et surtout sensible avec les grands vins rouges jeunes. On dit aussi de vins blancs qu'ils *sont sur l'amer* lorsqu'en fin de fermentation alcoolique ils ont ce goût passager.

> [Gevrey-Chambertin 1982] Un vin très intéressant, avec beaucoup de personnalité. Nez riche, puissant, où dominent la mûre, la cerise légèrement confite et des odeurs de fourrure de lièvre. La légère amertume que l'on sent en fin de bouche disparaîtra probablement en vieillissant.
>
> *Revue du Vin de France,* nov./déc. 1983

Amour

D'un vin moelleux, velouté, on dit en Bourgogne qu'*il a de l'amour :* le même mot désigne en peinture un duvet qui facilite l'encollage de la toile, et en maçonnerie « une espèce d'onctuosité que le plâtre laisse dans les doigts » (Littré).

Les poètes du 15ᵉ siècle, comme Villon, savouraient déjà un *vin amoureux :* l'amour de l'amateur est attribué au vin lui-même. Est-ce pour consoler le buveur de l'incompatibilité entre le vin et l'amour, « deux occupations qui s'entr'empêchent en vigueur » (Montaigne)? Toute une tradition veut en effet qu'on choisisse, à moins que la vieillesse ne résolve d'elle-même ce dilemme en ne laissant plus que le plaisir de boire :

> Amour, adieu pour la dernière fois !
> Que Bacchus avec toi partage la victoire ;
> La moitié de ma vie a coulé sous tes lois ;
> J'en passerai le reste à boire.
>
> Alexis Piron, 18ᵉ siècle

Ample

On dit qu'un vin est *ample,* qu'*il a de l'ampleur* ou *de l'amplitude,* lorsque ses qualités olfactives et gustatives sont intenses et nombreuses. Divers auteurs désignent curieusement par ce mot, qui au sens propre qualifie une étendue longue et large, une sensation de volume (chair, corps, constitution, solidité).

[Un cru classé de Pauillac 1979] Vin qui peine à s'exprimer. Manque d'ampleur, un peu frêle en bouche, un peu mince et étriqué ; manque d'étoffe.

Revue du Vin de France, nov./déc. 1983

Amusant

Un vin *amusant* flatte le palais ou pique la curiosité sans être pour autant un grand vin. On le dit aussi *plaisant, drôle, espiègle, malin, déluré,* ou bien *curieux ;* il s'oppose au vin *ennuyeux* ou *embêtant,* qui n'a aucun intérêt.

Une longue querelle a opposé les partisans du bourgogne et ceux du champagne : les premiers considéraient le champagne comme une plaisante distraction. La Monnoye (1641-1728), dans un poème à la gloire du bourgogne, tolère seulement que Rheims « vienne légèrement amuser le dessert », et un chroniqueur gastronomique du 19e siècle écrit que pour nos pères, « le vin de Bourgogne seul représentait la boisson, le vin de Champagne l'amusement, le vin de Bordeaux le régime ».

Dans la région de Chablis, on appelle *amuse-gueule* un verre trop petit.

En Flandre et en Artois, on nomme *amusette de cabaret,* ou simplement *amusette,* celui qui court les débits de boisson.

Amygdales

Se rincer, s'humecter, se nettoyer les amygdales (fin 19e siècle) : boire du vin ou de l'alcool. René Fallet propose un petit coup de rouge le matin parce que « ça décape les amygdales » (*Les Vieux de la Vieille*), et chez Alphonse Boudard on boit du cognac « pour se réchauffer les amygdales » (*Le corbillard à Jules*).

> J'ai du sable à l'amygdale
> Ohé ! ho ! buvons un coup
> Un, deux, trois, longtemps, beaucoup
> Il faut s'arroser la dalle
> Du cou !
>
> Jean Richepin, *La Chanson des Gueux*

Âne

Silène, le compagnon de Bacchus,

> Toujours ivre, toujours débile, chancelant,
> Pas à pas cheminait sur son âne indolent.

> André Chénier

D'après la légende, la viticulture doit beaucoup à cet animal carnavalesque : attaché dans une vigne, l'âne de saint Martin dévora une partie des ceps, mais à l'excellence de la vendange, on comprit ensuite les avantages de cette taille qu'on n'avait encore jamais pratiquée.

L'expression *soûl comme un âne* peut s'expliquer comme variante de *soûl comme une bourrique,* ou par un jeu de mots sur *gris,* puisque l'âne est un *grison* : **gris comme un âne.** Mais d'autres locutions caractérisent l'âne comme un animal

sobre : **boire en âne** (18ᵉ siècle) signifie laisser un peu de boisson dans son verre, et un **repas d'âne** est un repas sans boisson. **On ne ferait pas boire un âne qui n'a pas soif :** il se distingue donc bien d'un boit-sans-soif, si l'on en croit ce proverbe lyonnais.

Anges

La part des anges est la partie d'alcool qui s'évapore des fûts où vieillit le cognac. On dit que les anges en passant ont laissé des traces noires sur les murs : ce sont en fait des champignons microscopiques qui tapissent les chais. Cette expression vient probablement de l'alchimie, qui appelait *anges* les substances volatiles.

Boire aux anges (17ᵉ siècle) : ne plus savoir à qui boire.

Anglais

Soûl comme un Anglais : un proverbe médiéval faisait aux Anglais la réputation d'être les meilleurs buveurs (*li mieldre buveor en Angleterre*). Au 19ᵉ siècle encore, Balzac raconte :

> Veuf et inconsolable, il tâchait, à la manière anglaise, de noyer ses soucis dans le vin...
>
> *Les Paysans*

En œnologie, on appelle **goût anglais** celui du champagne très sec destiné au marché britannique, tandis que le goût dit **américain** est demi-sec. Mais l'expression **vin pour Américains,** qui n'a pas ce sens technique, est encore moins flatteuse que *soûl comme un Anglais,* car elle suspecte nos récents rivaux, forts de leurs vins californiens, de n'y rien connaître. Raymond Dumay l'emploie par exemple dans son *Guide du Vin* lorsqu'il explique qu'il ne faut pas toujours s'inquiéter d'un léger trouble, qui peut indiquer un vin naturel, tandis qu'un vin absolument limpide est un « vin pour Américains ».

Anguleux

Certains auteurs font d'*anguleux* un synonyme de **rude :** un vin **anguleux** est trop astringent, il a des aspérités et manque de souplesse. Pour d'autres, **anguleux** équivaut à **aigu** ou **pointu,** et qualifie un vin trop acide. En tout cas, **anguleux** s'oppose à **rond,** et ne doit pas être confondu avec **carré,** qui signifie « franc »...

Animal

En dégustation, on rencontre des nuances **animales** dans l'arôme de certains vins, rappelant l'ambre, le musc, la civette, la venaison, ou la fourrure :

> ... rouge 1978 [Givry] de grand caractère, encore très astringent, mais charnu et fruité, avec un bouquet déjà ouvert, dont la profondeur recèle des arômes de fleurs d'été et d'entrailles animales.
>
> [Châteauneuf-du-Pape, rouge 1977] Robe très foncée, bouquet très complexe et magnifique (sauvage, animal, fourrure), assez poivré ou épicé en bouche...
>
> *Gault-Millau, Spécial Vins,* sept. 1980

Diverses légendes attribuent à la vigne et au vin une origine animale. On raconte encore dans les Cyclades comment saint Dionysios (à qui la Grèce, devenue chrétienne, a attribué une invention dont le dieu païen Dionysos avait tout le mérite) a découvert la vigne : trouvant sur son chemin un bout de bois, il l'abrite à l'intérieur d'un os d'oiseau, qu'il introduit ensuite dans un os de lion, pour enfin tout mettre dans un os d'âne. Arrivé à Naxos, il plante le tout et la vigne se met à pousser. C'est pourquoi les buveurs de vin commencent à pépier comme des oiseaux, puis deviennent forts comme des lions, et finissent bêtes comme des ânes ! Une légende analogue, d'origine hébraïque et bien répandue en France au Moyen Age, rapporte que Satan aida Noé à faire du vin en y ajoutant les sangs d'un agneau, d'un lion, d'un porc et d'un singe ; aussi ressemble-t-on à chacun de ces animaux au fur et à mesure que l'on boit. De là vient une série d'expressions pour distinguer, au 17e siècle, différentes formes d'ivresse ; *être en vin d'âne :* être abruti par l'ivresse ; *en vin de cerf :* avoir le vin triste, être mélancolique ; *en vin de lion :* querelleur, bagarreur ; *en vin de pie :* bavard ; *en vin de porc :* pris de vomissements ; enfin, le *vin de renard* rend subtil et malicieux, et le *vin de singe* fait danser et folâtrer.

Antidérapant

Est-ce par antiphrase que les Poilus de la Première Guerre mondiale ont appelé le vin *antidérapant,* alors qu'il menace la stabilité de celui qui en boit trop ? Ou parce qu'un début d'ivresse donne une assurance illusoire ?

Antigel

Antigel : marc, eau-de-vie (récent) ; cela « réchauffe », bien qu'à trop en boire on finisse *complètement gelé.*

Appellation

L'*appellation d'origine* désigne les vins par leur lieu de production, à condition que celle-ci soit conforme à des usages dûment réglementés. Les *A.O.C., appellations d'origine contrôlée,* instituées en 1935, garantissent l'aire de récolte, le choix des cépages, les façons culturales, la limitation du rendement, les méthodes de vinification et le degré des grands vins. En outre, ceux-ci sont contrôlés par une commission de dégustateurs de l'I.N.A.O. (Institut National des Appellations d'Origine). Les **V.D.Q.S.**, *vins délimités de qualité supérieure,* soumis à une réglementation moins pointilleuse qui date de 1949, sont définis par la zone de production, les cépages, le degré minimal, et garantis par un label.

Appuyer

S'appuyer un aliment ou une boisson (début 20ᵉ siècle) : consommer en grande quantité. L'idée de « faire entrer en appuyant » explique peut-être cette métaphore.

Appuyer sur les pédales (vers 1960) : se resservir à boire, forcer la dose.

Âpre

> Nous aimons qu'il soit âpre et vert, qu'il racle la gorge et même qu'il fasse venir les larmes aux yeux.
>
> Jean Giono, *Le Petit Vin de Prébois*

Âpre vient directement de l'œnologie latine : *vinum asperum.* L'âpreté est une sensation de rugosité due à l'astringence des tanins, et qu'il ne faut pas confondre avec l'*âcreté.* On dit aussi qu'un tel vin *a des aspérités* (*asperitas vini,* l'âpreté du vin).

Aqueux

Henri de Mondeville, chirurgien du 14ᵉ siècle, recommandait d'éviter « le vin aqueux comme celui de France [l'Ile-de-France], le vin fort tel que celui d'Auxerre, ou épais tel que celui de Montpellier ». *Aqueux* se dit aujourd'hui d'un vin très faible en alcool, et insipide. Il ne faut pas confondre cette métaphore, comparant le vin à l'eau, avec *mouillé,* qui qualifie un vin réellement allongé d'eau.

Aramon

Nom d'un village du Gard, d'un cépage, et du vin issu de ce cépage ; puis au début du 20ᵉ siècle, on appelle *aramon* un vin ordinaire débité à Paris. Un *aramoniste* est un ivrogne.

> Frick l'Autre [...] avait frimé le marbre en secouant adroitement sur la peinture blanche encore fraîche le contenu de ces litres d'Aramon dont il gardait toujours provision dans sa chambre.
>
> André Salmon, *Souvenirs sans fin,* I

Ardent, ardeur

Mesdames, goûtez de ce vin. Il est plus doux que le vin de
Lacryma-Christi, et plus ardent que le vin de Chypre. C'est du vin
de Syracuse, messeigneurs !

Victor Hugo, *Lucrèce Borgia*

Un vin **ardent** ou qui **a de l'ardeur** est un vin fort en
alcool, ce qui provoque une sensation pseudo-thermique. Il **a
du feu,** il **brûle.**

Ces mots ont un autre sens dans le Bordelais, où ils
désignent non la force alcoolique, mais l'acescence, que les
Bourguignons appellent **goût d'échaud :** un vin qui **a de
l'ardeur** commence à se piquer ; en patois poitevin, c'est un
vin **arse.**

Argenteuil

L'*argenteuil* est un mélange de vin rouge et de vin blanc, une
hérésie des bistrots parisiens.

Aristocrate

La hiérarchie des vins s'exprime en termes sociologiques plus
qu'esthétiques, et par ailleurs désuets. Un vin **aristocrate** ou
aristocratique devrait en principe être moins grand qu'un
vin **princier** ou **royal,** mais les nuances de ces termes ne sont
jamais précises. Edouard Kressmann, dans *Du vin considéré
comme un des beaux-arts,* propose de remplacer la classification de 1855 par des titres de noblesse : « puisque les grands
crus représentent une aristocratie, il serait juste de les classer
en princes, ducs, marquis »... On trouve l'antithèse **bistro-
cratique** chez un écrivain lyonnais (G. Champeaux, *Le roman
d'un vieux Groléen,* 1919).

Arôme

L'analyse systématique des sensations olfactives, en dégustation, ne date même pas de cinquante ans. Le vocabulaire en
était jusque-là très pauvre : on identifiait l'**ambre,** la **violette**
ou la **framboise,** guère plus. Aujourd'hui, le dégustateur sait
définir l'intensité des odeurs et leur caractère : **animal,
balsamique, boisé, brûlé, chimique, épicé, floral, fruité,
herbacé...** Un œnologue bourguignon, Jean Lenoir, propose
même, pour s'exercer à les reconnaître, un livre-objet qui
contient cinquante-quatre flacons d'essences aromatiques, *Le
Nez du Vin.*

La terminologie reste cependant incertaine quand il s'agit de différencier les mots *arôme, bouquet, parfum* et *odeur.* Certains auteurs distinguent l'*arôme,* dû au cépage, le *parfum* propre au cru, et le *bouquet* qui se développe au cours de l'évolution du vin. Pour d'autres, *bouquet* serait réservé aux odeurs agréables, tandis que les *arômes* pourraient être aussi déplaisants. Mais d'autres encore formulent cette distinction en opposant l'*arôme,* toujours agréable, à l'*odeur* qui peut ne pas l'être. Certains réservent le mot d'*odeur* pour qualifier une sensation olfactive perçue par voie directe, et celui d'*arôme* à une sensation par voie rétro-nasale. Ailleurs enfin, on parle de *bouquet* pour les vins rouges, et de *parfum* pour les vins blancs...

On ne confondra pas un vin *aromatique,* qui a un *arôme* spécifique intense, et un vin *aromatisé,* auquel on a ajouté des *aromates,* ce que l'Antiquité appréciait beaucoup. Un manuel médiéval combinait curieusement les deux en conseillant d'aromatiser non le vin, mais les vignes de Xérès par un arrosage à l'eau de rose !

Arracher

D'un alcool trop fort, on dit qu'il *arrache.* Les soldats de 1918 appelaient *arrache-bide* l'eau-de-vie très raide.

Arranger

En dégustation, *arrangé,* synonyme d'*apprêté,* qualifie un vin dépourvu de naturel.

S'arranger le nez, s'arranger, être bien arrangé (fin 19e siècle) désignent par antiphrase le désordre de l'ivresse. Ces expressions ont remplacé *s'accommoder comme il faut* ou *de la belle manière,* que Furetière cite en 1690. Dans le dit des *Trois Dames de Paris,* au 14e siècle, les commères « s'arrangent » au vin de grenache (cépage très répandu encore dans le midi) :

> En tel point chascune s'esforce
> de garnache engloutre et tant boire
> qu'il n'est nus hons qui peüst croire
> comment chascune s'atourna.

BUVEZ DE L'EAU!

PHYLLOXERA VAINCRA

Arrière-bouche, arrière-goût

En dégustation, on appelle *arrière-bouche* la sensation qui persiste quand on a avalé le vin, tandis qu'*arrière-goût* (18ᵉ siècle) s'entend généralement en mauvaise part et désigne une sensation différente de celle que donnait le vin en bouche. L'arrière-goût est anormal ou désagréable.

[Bourgogne, appellation Santenay] couleur soutenue, arômes sauvages de sous-bois ; très plein en bouche, avec un équilibre excellent et une persistance intense ; arrière-bouche encore tannique ; une superbe bouteille.

Gault-Millau, Spécial Vins, 1983

Arroser

Arroser fait partie d'une série de verbes, comme *laver, rincer, humecter,* qui réduisent le vin à son seul caractère de liquide. Socrate disait déjà, dans le *Banquet* de Xénophon, que « le vin en arrosant les âmes endort les peines ». On peut encore *s'arroser la bouche, le gosier, les poumons, le coffre* ou *l'escalier de la cave... Arroser un repas* ou *un plat* (18ᵉ siècle) : l'accompagner de vin. *Arroser un café :* y verser de l'eau-de-vie. Enfin on arrose une promotion, une décoration, un succès ou une naissance en buvant pour les fêter (19ᵉ siècle). *Ça s'arrose :* Il faut fêter cela. Un *coup d'arrosoir* (19ᵉ siècle) est un verre de vin ; *s'envoyer un arrosoir :* boire un coup.

> Les pommes de terre étaient un sucre. Ça n'était pas salé ; mais juste à cause des pommes de terre, ça demandait un coup d'arrosoir toutes les minutes. On cassa le goulot à quatre nouveaux litres.
>
> Émile Zola, *L'Assommoir*

En revanche, le vin *arrosé* a reçu une addition d'eau, et non d'alcool.

Arsouille

Jacques Cellard (*La vie du langage*, 1979) suppose que *arsouille,* voyou, débauché, vient de l'anglais *arsehole,* « trou du cul », qui forme l'expression *pissed as arseholes,* complètement soûl. Le mot s'est d'ailleurs diffusé avec *Mylord l'Arsouille. S'arsouiller* (19ᵉ siècle) : mener une vie de débauche, et en particulier s'enivrer. On trouve *arsouillerie* dans le *Journal* des Goncourt (1857), et *arsouillade.*

> Il proteste, contre toute apparence, qu'il n'a rien bu, lui... juste à sa soif comme d'habitude... qu'il nous ramène et puis qu'on a bien raison de s'être arsouillé la terrine.
>
> Alphonse Boudard, *Le Corbillard à Jules*

Artillerie

Au 16ᵉ siècle, *artillerie de gueule* désigne des provisions (de l'ancien français *attillier,* garnir). Au 19ᵉ, sans doute sous l'influence de *canon,* verre de vin, *artillerie* signifie « ensemble de bouteilles et de verres ». *Sortir l'artillerie :* préparer le nécessaire pour boire. Les métaphores guerrières sont courantes dans la tradition carnavalesque : au Moyen Age, des jeux dramatiques opposaient les troupes de Carême et celles de Carnaval qui, armées de victuailles et de vin, assommaient leurs adversaires à coups de tripes ou de saucisses. Au 15ᵉ siècle, la poésie bachique modifie ce thème en un combat contre la soif : avec une bouteille pour cuirasse et un gobelet comme casque, l'ivrogne choisit le cliquetis des verres de préférence à celui des armes, un coup de vin dût-il lui entrer dans le corps...

Aspect

L'appréciation de l'*aspect visuel* du vin est la première étape de la dégustation. On juge la limpidité, l'intensité de la couleur et ses nuances. Montaigne n'aimait pas les récipients de métal, et ne voulait que des verres clairs et transparents pour pouvoir examiner le vin : « Que mes yeux y tâtent aussi, selon leur capacité... » (*Essais,* III, 13).

Asphyxie

Asphyxié : complètement ivre (vers 1960) ; l'une des multiples formes de mort qui représentent l'ivresse.

Asphyxier un pierrot (fin 19e siècle) : boire un verre de vin blanc.

Assemblage

Les professionnels du vin préfèrent parler d'*assemblage* plutôt que de *mélange,* mot pourtant plus juste pour les liquides mais senti comme péjoratif. *Vin d'assemblage* équivaut en principe à *vin de coupage.*

Assommer

Assommer, au sens propre d' « endormir », se dit à propos d'un vin ou d'un alcool frelaté, qui abrutit. Le roman de Zola, *L'Assommoir* (1877), a rendu célèbre ce nom d'un cabaret où l'on s'assomme.

Un vin est *assommé,* ou *amorti,* lorsqu'une fatigue passagère, ou une température trop basse, rendent ses qualités momentanément imperceptibles : un champagne glacé est complètement *assommé.*

Astringence

Terme médical désignant la propriété qu'ont certains corps de resserrer les tissus vivants : c'est le cas du tanin, qui provoque la constriction des muqueuses buccales. Un vin *astringent* donne une sensation de rugosité et de dessèchement, comparable à celle qu'on a en mangeant de l'artichaut cru ou du kaki.

Atramentaire

Atramentaire (19ᵉ siècle) qualifie un vin à la fois très maigre et très astringent, qui, littéralement, fait penser à de l'encre (latin *atramentum*). On dit plus souvent de ce type de vin qu'il a **un goût d'encre.**

Attaque

Au 16ᵉ siècle, **attaquer** signifiait « commencer » (*attaquer une bataille :* la commencer). Ce sens est resté dans le vocabulaire de la dégustation : on appelle **attaque** la première perception en bouche, suivie de l'*évolution* ou **développement,** de la **finale,** puis de l'*arrière-bouche.*

Attendrir

S'attendrir, être attendri : manifester une légère ivresse. Les *Problèmes* d'Aristote faisaient déjà remarquer la sentimentalité de l'ivrogne :

> Le vin rend aussi les gens très affectueux. La preuve, c'est que l'homme ivre est porté à embrasser, même sur la bouche, ceux qu'il n'embrasserait pas s'il était à jeun...

Aubergine

Aubergine a d'abord désigné, à la fin du 19ᵉ siècle, la trogne violacée de l'ivrogne ; au début du 20ᵉ, c'est une bouteille de gros rouge, comme **betterave,** par comparaison de couleur.

Austère

Contrairement à ce qu'on pourrait croire, **austère** n'est pas une métaphore psychologique, mais l'un des plus vieux mots de l'oenologie : en grec ancien, *austêros* qualifiait un vin sec par opposition au vin *glukazôn,* doux. En latin, *austerus* signifie « âpre ». En 1690, Furetière définit **austère** comme un terme de physique, qui se dit d'une saveur âpre causant un resserrement dans la bouche : c'est donc au sens propre un synonyme d'*astringent.*

Avaler

Avaler (12ᵉ siècle) : descendre rapidement, s'est d'abord dit du vin qu'on descend à la cave (**avaler du vin dans la cave**), puis a très vite désigné sa descente dans le gosier.

Le *ça-qui-s'avale* (20ᵉ siècle) est un vin très ordinaire, sans aucun intérêt gustatif. Les gastronomes opposent volontiers le gourmand qui *avale* et le gourmet qui *déguste.* Montaigne faisait déjà cette distinction en disant des Allemands buveurs de vin que « leur fin, c'est l'avaler plus que le goûter ». Alors que le dégustateur peut recracher le vin une fois qu'il en a apprécié les qualités en bouche, le soiffard a tellement hâte de faire glisser le liquide bénéfique dans son *avaloir* ou *avaloire* (17ᵉ siècle), qu'il *en avalerait la mer et les poissons* (début 19ᵉ).

Aveugle

La *dégustation à l'aveugle* ne se fait pas, comme on pourrait le croire, les yeux bandés : elle consiste à goûter un vin sans en connaître l'origine ou le millésime. Exercice justifié s'il s'agit d'évaluer sans idée *a priori* les qualités d'un vin, c'est plutôt un jeu de société s'il faut faire de la « dégustation-devinette », comme dit Emile Peynaud (*Le goût du vin,* 1980), en essayant d'identifier un vin anonyme : les dégustateurs professionnels ne s'y amusent qu'avec une extrême modestie.

Aviner

Aviner, fournir en vin (12ᵉ siècle), est un terme technique : on *avine un tonneau* (16ᵉ siècle) en l'imprégnant préalablement du vin dont il doit être empli. Par métaphore, l'ivrogne est *un tonneau aviné* (17ᵉ siècle).

L'abus du vin a des effets fâcheux sur l'haleine : *une haleine avinée ;* sur la voix : *une voix avinée ;* sur la tête, bien sûr : *une tête avinée* (13ᵉ siècle), mais aussi sur les jambes : *avoir les jambes avinées* (19ᵉ siècle), c'est tituber d'ivresse.

Bachique

De *Bacchus,* dieu du vin ; *chansons bachiques* (17ᵉ siècle) : chansons à boire. Dans divers parlers régionaux, *bachique* signifie bizarre, anormal, lunatique, par une comparaison entre l'ivresse et la folie.

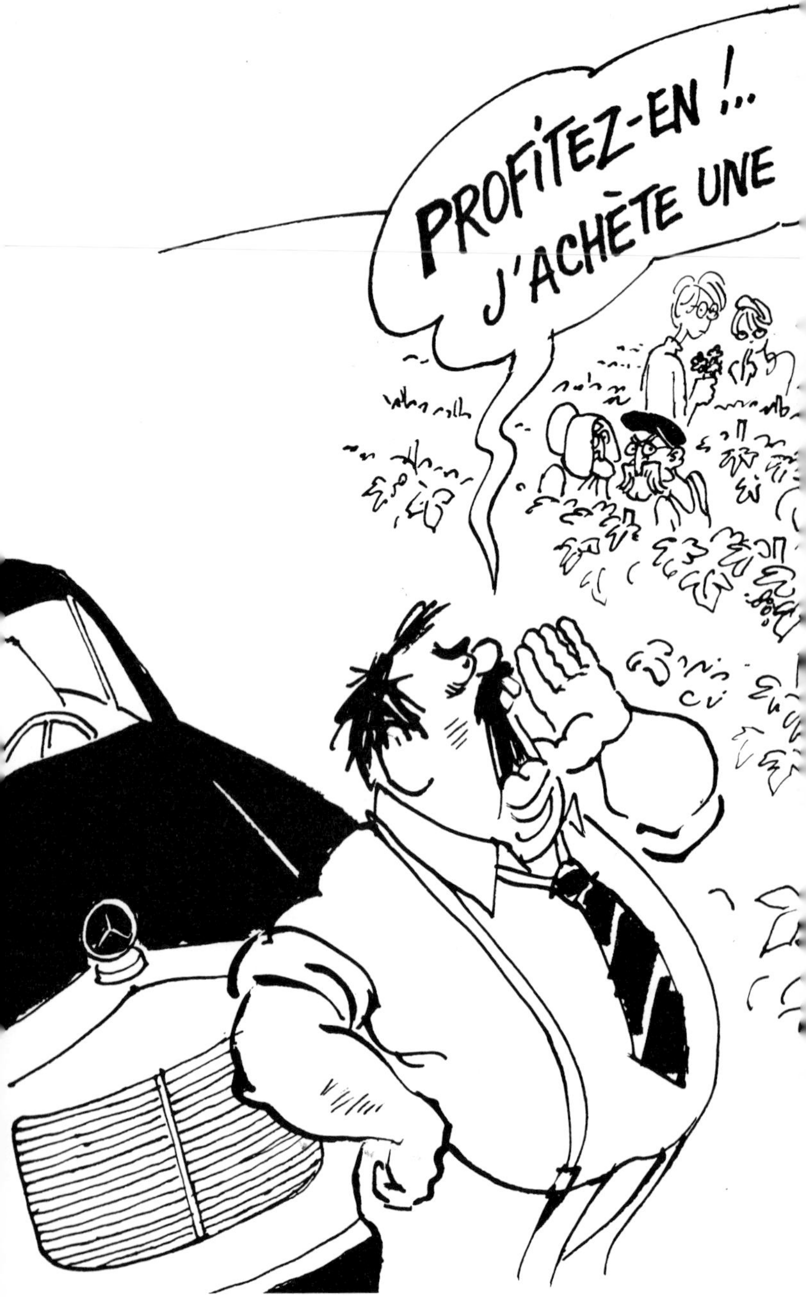
PROFITEZ-EN !..
J'ACHÈTE UNE

Bain

Bain (fin 19ᵉ siècle) : consommation d'alcool. **Prendre un bain :** s'enivrer. Un **baigneur** (20ᵉ siècle) est un nez d'ivrogne, parce qu'il est toujours plongé dans le verre. Dans le Nord et le Pas-de-Calais, on dit d'un homme complètement ivre qu'*il a les yeux qui baignent dans le genièvre.*

Baiser

L'image du baiser que la bouche donne à la bouteille est répandue depuis longtemps en littérature. « Puisque je t'aime tant il faut que je te baise », disait Olivier Basselin (15ᵉ siècle) à son « vin amoureux ». Le mot est resté vivace dans les pays de Loire, parce que le nom des bouteilles de cette région, les *fillettes,* renforce la métaphore ; *baiser une fillette :* boire une bouteille.

> Combien de temps pensez-vous qu'il faille faire la cour à la bouteille que vous voyez pour obtenir d'elle un accueil favorable ? [...] regardez comme elle est bonne personne ! [...] elle a failli passer tout entière sur mes lèvres dans la chaleur de son premier baiser.
>
> Alfred de Musset, *Les Caprices de Marianne*

Balle, ballon

Rond comme une balle (milieu 19ᵉ siècle) : ivre ; l'une des nombreuses comparaisons qui renforcent l'adjectif **rond.** Aux 17ᵉ et 18ᵉ siècles, on disait **avoir l'estomac chargé à balle** (avoir trop bu), métaphore du fusil qu'on charge.

Ballon : d'abord vase de verre sphérique utilisé en chimie, puis, vers la fin du 19ᵉ siècle, verre à boire de forme ronde : **un ballon de rouge.**

Au Canada, **prendre une balloon :** s'enivrer ; **être en balloon :** être ivre.

Balsamique

Balsamique (au sens propre, qui a des propriétés comparables à celles du baume) qualifie une série d'arômes proches des résines, comme le pin, l'encens, la vanille :

> [Graves 1980] Vin très frais et distingué, doté d'un bouquet très balsamique, complexe, profond et caressant ; très vanillé en bouche, avec une excellente structure, beaucoup de plénitude et d'ampleur.
>
> Gault-Millau, *Spécial Vins*, 1983

42

Baptiser

Après le Carême, bois ton vin sans baptême (proverbe bourguignon). ***Baptiser un vin :*** le couper d'eau. Un curé déjeunant avec un rabbin le voit mettre de l'eau dans son vin : « Quoi ! vous le baptisez ? » — « Non, répond le rabbin, non, voyons ! je le coupe ! »

Etre baptisé avec une queue de morue ou *à l'eau de morue* (19ᵉ siècle) : être un soiffard, parce que la morue, comme tout ce qui est salé, entretient la soif.

Bar

Bar est une abréviation de l'anglais *bar-room,* débit de boissons où l'on consomme au comptoir, mot adopté dans la première moitié du 19ᵉ siècle ; *bar-room,* anglo-américain, vient du moyen anglais *barre,* lui-même emprunté à l'ancien français, et signifiant « comptoir ». Chez le tavernier du *Jeu de Saint Nicolas* (vers 1200), un client dit du vin :

Tant qu'il soit deseure le bare
Ne quier ja mais passer la voie

c'est-à-dire : « tant qu'il y en aura sur le comptoir, je ne veux jamais passer mon chemin (sans m'arrêter) ».

Barbe

Dans l'argot des imprimeurs, ***prendre la barbe, avoir la barbe, s'embarber*** (18ᵉ siècle) : s'enivrer. Peut-être par comparaison avec Bacchus, surnommé *Barbe Fleurie.* ***Avoir un extrait de barbe :*** être légèrement ivre.

Barboter

Barboter signifiait au sens propre « remuer dans l'eau ou la boue » ; en chimie, *faire barboter un gaz* consiste à le faire passer à l'état de bulles en l'agitant dans un liquide. Le dégustateur qui a une gorgée de vin dans la bouche y fait ***barboter*** un peu d'air qu'il aspire à travers ses lèvres à peine ouvertes, ce qui libère les arômes pour une perception rétro-olfactive.

« Au nez, tout est presque dit ; ensuite je fais fondre le champagne dans la bouche » : la mâchoire d'Alfred se décroche d'un cran. « Sur les papilles... » : l'œil d'Alfred se ferme un petit peu. « Puis, je barbote » : Alfred secoue les joues. « Et je le fais siffler » : Alfred gargouille avec application. « Voilà ! » : Alfred renverse légèrement la tête, puis vient reposer son regard sur la ligne d'horizon. Et dit, avec malice, de la cuvée Diamant Bleu : « Très fin. »

Gault-Millau, Spécial Vins, 1983

Barbouiller

Se barbouiller (18ᵉ siècle) : s'enivrer. Les imprimeurs, qui comparent volontiers l'ivresse à l'état d'une feuille tachée d'encre, ont plusieurs expressions équivalentes : *se mâchurer, prendre une maculature, être barbouillé,* — variantes de *se salir le nez* et *se noircir.*

Barder

Etre bardé, avoir son bard, avoir sa bardée (19ᵉ siècle) : être ivre, c'est-à-dire « avoir sa charge » puisqu'au sens propre *barder* signifie « charger sur un bard » (cf. *débardeur*). Mais un homonyme d'étymologie obscure se trouve dans diverses régions, et décrit un mouvement de déviation : *barder* se dit d'un navire drossé par le vent ou les courants, d'une voiture à cheval déportée d'un côté et de l'autre, ou d'un ivrogne qui zigzague *(il barde).*

Barre

La *barre* est une planche perpendiculaire aux douelles, qui maintient le fond d'un tonneau. *Vin sous la barre bonté sépare,* proverbe du 16ᵉ siècle : le vin est moins bon quand il n'en reste que la moitié dans le fût.

Dans l'argot de la cavalerie et des milieux hippiques, *se rafraîchir* ou *se rincer les barres* (19ᵉ siècle), c'est « se laver les dents », boire : on appelle *barres* les espacements entre les dents d'un cheval.

Etre barré (ivre), attesté chez les mécaniciens d'aviation en 1918, est sans doute une déformation de *beurré* et *bourré,* par attraction sémantique de *se barrer,* partir, puisque *être parti* signifie « être ivre ».

Barrique

Barrique, mot d'origine gasconne, désigne un fût de capacité très variable selon les régions. *Etre plein comme une barrique* : être complètement soûl (19e siècle), succède à *gros comme une barrique,* corpulent (18e). En Gascogne, *barriquejà* signifie « faire rouler des barriques, boire beaucoup, courir les chais ».

Bas

On appelle **bouteille basse** celle qui présente un creux trop grand entre le bouchon et le liquide. « Nous craignons les vins au bas », disait Montaigne : c'est-à-dire quand le tonneau est presque vide, et que le vin risque de se piquer au contact de l'air. **La baissière** (14e siècle) est le vin qui reste au fond d'un tonneau.

> ... et beurent si net qu'il n'y demeura une seule goutte des deux cens trente et sept poinsons [tonneaux de 178 litres], excepté [...] quelques meschantes baissières pour le vinaigre.
>
> Rabelais, *Pantagruel*

Bascule

Basculer un godet (20e siècle) : boire un verre, par évocation du geste. Qui le fait trop finit par **mettre les souliers à bascule** : l'ivrogne qui titube **a mis les semelles à bascule** (début 20e siècle).

Battre

Un vin **battu** est un vin fatigué par un voyage ou des manipulations. L'ivrogne, lui, **bat les murailles** en zigzaguant dans la rue :

> Dès qu'elle possédait quatre sous, elle buvait et battait les murs.
>
> Émile Zola, *L'Assommoir*

Bavaroise de cocher

Une **bavaroise** était au 18e siècle un mélange de thé sucré et de sirop de capillaire, puis le mot a désigné une boisson alcoolisée. En argot, **bavaroise aux choux** : absinthe, à cause de la couleur vert clair de cette boisson. Sur le même modèle qu'*absinthe de vidangeur,* on a fait **bavaroise de cocher** : verre de gros rouge.

Beaujolais

Le plus populaire des vins a un nom qui se prête à un jeu de mots facile : « beau-joli » ; le théâtre de Guignol en tire l'adjectif *beaujolais* au sens de *beau, merveilleux.* Dans un village du Forez, en 1980, un vieillard racontait : « On n'avait plus d' vin vieux, plus d' beaujolo, quoi ! » Comme le beaujolais n'est pas un vin qui se boit vieux, son nom ici signifiait simplement « un bon vin ».

On trouve diverses formes argotiques : *beaujol, beaujol-pif, beaujolpince, beaujoli, beaujolo.* San-Antonio parle du « gros pif beaujolioff » de Béru.

Il y a très peu de mots en argot pour désigner un vin au moins correct : on connaît surtout toutes les variétés de bibines. Les seuls termes non péjoratifs sont les dérivés de *beaujolais,* ou encore *une côte* (du Rhône) et, dans certaines régions, *du petit velours.*

MES CHAIS SONT PLEINS, MON CHÂTEAU D'EAU EST PLEIN, ...RESTE MA PISCINE POUR Y METTRE MON VIN NOUVEAU !

Bec

Bec désigne la bouche dans diverses expressions : *se rincer le bec,* boire ; *avoir le bec salé,* avoir soif ; *avoir un bec d'acier* ou *un bec en zinc,* supporter des alcools très forts.

> Toute la noce qui avait la dalle en pente et la rue du bec plus sèche qu'un paquet d'amadou, approuva le remède proposé par le futur et se précipita chez un bistrot.
>
> Louis Forton, *La Bande des Pieds-Nickelés*

Bénir

Souvent entendu en Beaujolais : *il en boirait autant qu'un curé peut en bénir,* il en boirait sans limite. Oudin relevait en 1640, dans ses *Curiosités Françaises :* « il mangerait autant qu'un évêque en pourrait bénir ».

Rabelais nomme le vin *eau bénite de cave.*

Bercy

Le quartier de Bercy, à Paris, est connu pour ses entrepôts, où transitent en particulier des vins de consommation courante. Dire d'un vin qu'il a été *récolté sur les coteaux de Bercy* signifie qu'il a subi des mélanges douteux. On dit aussi d'un gros buveur qu'il *est né sur les coteaux de Bercy.*

Avoir la maladie de Bercy : être alcoolique, ou être ivre. C'est aussi la *fièvre de Bercy* (vers 1919) :

> Homme-sandwich sans pancarte, quelque hirsute grelottant d'une fièvre de Bercy incurable hésite d'un trottoir à l'autre...
>
> Robert Giraud, *Le Vin des Rues*

Dans l'argot de la police parisienne, *un bercy* est un ivrogne ramassé sur la voie publique.

Sur le nom de *Bercy* a été formé *bersillée,* vers 1950 : *tenir une bonne bersillée :* être très ivre.

Bernâche

Mot répandu dans l'Ouest et le Centre : *la bernâche* est du vin nouveau encore trouble ; même racine d'origine gauloise que *bran, bren,* excrément. En latin, la lie se nommait *faex, faecis,* qui a donné *fèces* et le mot *défécation,* terme d'œnologie désignant l'opération qui sépare le vin de ses lies. Cette idée de saleté excrémentielle se retrouve dans l'adjectif *bernasé* (ivre) en Vendée, formé soit directement sur *bernâche,* soit sur *bran* et *nase :* nez sale, cf. *se salir le nez.*

Betterave

Nez de betterave : « gros nez couperosé, boutonné, vermeil et enluminé » (Philibert Le Roux, *Dictionnaire comique,* 1718). Aujourd'hui, ***betterave*** désigne une bouteille de vin rouge, non par allusion au sucre de betterave employé dans la chaptalisation, mais par analogie de couleur.

> Après avoir éclusé une paire de betteraves en sa compagnie, Juju put enfin s'esbigner et laisser Paulo entonner : O Saint-Esprit, envoyez vos lumiè-è-res !
>
> René Fallet, *La Grande Ceinture*

Beurré

Beurré, ivre (début 20e siècle), paraît antérieur à ***bourré,*** et semble venir de l'argot des imprimeurs parisiens qui, dès le début du 19e siècle, appelaient l'encre *beurre :* une page trop chargée d'encre est *beurrée ;* donc ***beurré*** équivaut à ***noir.*** Variantes : *se beurrer, **prendre une beurrée, être beurré comme un petit Lu*** (c'est-à-dire un « petit-beurre », biscuit de la maison Lefèvre-Utile), *se **beurrer la tartine, ramasser une beurrade.***

Beuverie

> Bref, comme disait le sage Oïnophile, « alors que la philosophie enseigne comment l'homme prétend penser, la beuverie montre comment il pense ».
>
> René Daumal, *La Grande Beuverie*

Beuverie : débauche de boisson, réunion où l'on boit beaucoup, mot du 12e siècle qui semble curieusement disparaître de la langue aux 17e et 18e siècles. Le même radical forme des mots régionaux comme ***beuvasser, beuvacher*** (Normandie), ***beuvailler*** (Calvados), ***une beuvresse*** (une ivrognesse) qu'on trouve chez Hugo, ou bien le berrichon ***beuverache,*** ivrogne, chez George Sand.

Bibard

Bibard paraît s'être formé au milieu du 19e siècle par croisement de *birbe* et du radical *bib-* (latin *bibere,* boire) : le mot désigne un vieux débauché, libertin ou ivrogne. On trouve aussi ***bibassier,*** ivrogne (milieu 19e siècle), et ***bibasson,*** vieille ivrognesse (début 20e siècle).

Biberon

Avant de désigner un objet de puériculture, *biberon* signifie, au 14e siècle, goulot, bec d'un vase, puis, au 15e siècle, ivrogne :

> Où êtes-vous, bons biberons ?
> Où êtes-vous, bachiques trognes ?
> Où êtes-vous, mes compagnons,
> Mes camarades bons ivrognes ?
>
> Olivier Basselin, *Vaux-de-Vire*, 15e siècle

Biberonner est attesté en province au 19e siècle, et s'est bien maintenu parce qu'on y entend la référence au biberon du bébé (cf. *téter*). On peut aussi *se filer des biberonnées :* boire beaucoup.

Bibine

Bibine (début 19e siècle) : mauvaise boisson, toujours sur le radical *bib-*, de *bibere*, et en particulier mauvais vin. Dans la seconde moitié du 19e siècle, le mot a aussi désigné un cabaret de bas étage :

> Enfin, en descendant plus bas, en fréquentant les purs manne-zingues ou les bibines de dernier ordre, la compagnie était répulsive et la saleté stupéfiante.
>
> J.-K. Huysmans, *A vau-l'eau*

49

Bidon

Sur *bidon* a été formé *bidonner* : boire copieusement (milieu 19ᵉ siècle).

> Nous chantions à tue-tête, nous bidonnions, nous trinquions...
>
> J. K. Huysmans, *Sac au dos*

Avoir une bidonnée : être ivre (Alençon). En revanche, *s'accrocher un bidon,* dans les années 1960, signifie : ne pas consommer devant un comptoir.

Bière

Une rivalité traditionnelle oppose les buveurs de vin et les buveurs de bière :

> Aussi je laisse la bière
> Aux Anglois et Allemans
> Et Flamans,
> Qui ont l'âme roturière.
>
> Olivier Basselin, 15ᵉ siècle

Dans le théâtre du Guignol lyonnais, la bière, ce *jus de semelle,* ce *bock de cercueil,* est proscrite avec, pour argument, un jeu de mots sur l'homonyme *bière,* cercueil, que l'on faisait déjà au 17ᵉ siècle : l'amateur de vin ne veut pas *mettre son corps en bière.*

En dégustation, le *goût de bière* caractérise un vin blanc très mou.

Bille

Etre rond comme une bille, parfois abrégé en *être bille :* être ivre (20ᵉ siècle).

Bistouille

Bistouille (fin 19ᵉ siècle, Nord de la France) : rasade d'alcool dans le café, café arrosé, et mauvais alcool. *Faire bistouille :* ajouter de l'alcool au café.

Bistro(t)

Bistro ou *bistrot* a d'abord désigné un cabaretier, à la fin du 19ᵉ siècle, avant de signifier *débit de boisson* au début du 20ᵉ.

L'étymologie du mot reste incertaine. On le suppose emprunté au poitevin *bistraud,* petit gardeur de vaches, domestique, d'où commis d'auberge. On trouve le féminin *bistrote,* cabaretière, et les dérivés **bistringue** au Canada, **bistre** vers 1905, et **bistroquet,** par croisement avec **troquet,** dans les années 1950.

Une autre étymologie, à vrai dire peu vraisemblable, mérite d'être rappelée pour son pittoresque. En 1814, parmi les troupes des Coalisés qui campaient à Paris, les Cosaques se distinguèrent, paraît-il, par leur ardeur à boire. Se répandant, assoiffés, dans les cabarets de la capitale, ils s'écriaient, sitôt entrés, « *Bistro ! Bistro !* », ce qui, en russe, signifie « *Vite !* ». Ignorant les finesses de cette langue, les cabaretiers auraient pris le mot pour eux !

Bistrouille

Sans doute issu du croisement entre *bistouille* et *bistrot,* **bistrouille** désigne un vin plat, de mauvaise qualité (20e siècle) :

> La puissance du vin de Beaujolais, les premiers jours, l'assomma net : ce n'était pas débonnaire bistrouille à fonds baptismaux, ni tisane pour diseurs de messe gastralgiques.

Gabriel Chevallier, Clochemerle

Bitume

Se bitumer : s'enivrer ; *être bitumé* ou *dans le bitume :* être ivre ; comme *dans le cirage* ou *dans le coaltar,* ces expressions sont des variantes imagées de *être noir.*

> Le Louis, la gueule encore bitumée par la gobette, lève à peine les chasses de son turbin, crainte de se filer un coup de ratiche tant il se sent la pogne mal assurée.
>
> Albert Simonin, *Du mouron pour les petits oiseaux*

Biture

Désigne l'ivresse (milieu 19ᵉ siècle) : *se flanquer une biture, tenir une bonne biture.* Dans le langage nautique, une *biture* est une longueur de cable qui se déroule quand on mouille l'ancre. Les étymologistes donnent des explications compliquées pour justifier le passage de ce sens propre à celui d'ivresse. Il est plus probable que les marins ont refait, sous cette forme qui leur était familière, un mot du Nord-Ouest, *béture* (ancien français *boiture*), signifiant « boisson, débauche de boisson ».

Se biturer : s'enivrer ; *biturin, biturman :* ivrogne. Un jeu de mots savant sur le nom d'une région gauloise (celle des Bituriges, c'est-à-dire le Berry) a donné aussi *biturige,* ivrogne, et *visiter la Biturie,* faire la tournée des bistrots.

Blanc

La vinification *en blanc* consiste à laisser fermenter le seul jus du raisin, après l'avoir séparé des pellicules qui contiennent les matières colorantes. On distingue en Champagne le *blanc de blancs,* provenant exclusivement de raisins blancs (le nom s'est répandu de là dans d'autres régions), et le *blanc de noirs,* issu d'un cépage noir.

Le Moyen Age appréciait les vins presque incolores, comme celui d'Auxerre, « blanc comme eau de roche ». Jean Giono en juge tout autrement :

> Il ne faut pas que le vin blanc soit comme de l'eau ou de l'alcool ; il faut qu'il ait une teinte. Et, de Dieu ! si celui-là en a une. C'est un mélange du vert le plus bleu et de l'or le plus doux.
>
> Jean Giono, *Faust au village*

Un dicton de dégustateurs assure qu'il faut goûter le vin rouge avant le blanc : *Blanc sur rouge, rien ne bouge ;*

Rouge sur blanc, tout fout l' camp. Le rouge paraît en effet plus fort en tanins après le blanc qui en est dépourvu.

En argot, le vin blanc est ***du blanco, du blanquet*** ou ***du blanchouillard,*** qu'il ne faut pas confondre avec ***la blanche,*** l'eau-de-vie.

Olivier de Serres parlait en 1600 des « muscats et blanquettes de Frontignan et Miravaux en Languedoc ». Aujourd'hui, on connaît surtout la ***blanquette*** de Limoux, un mousseux de la région de Carcassonne, fait avec au moins 90 % de cépage Mauzac, autrefois appelé *blanquette* à cause du duvet blanc qui recouvre le dessous de ses feuilles.

Bleu

Un aspect bleuâtre peut être l'indice d'une maladie, comme la *casse bleue* due à un excès de fer, ou la ***maladie du bleu*** provoquée par une bactérie. Mais un dégustateur peut dire d'un vin rouge qu'il est ***bleu*** lorsqu'il y reconnaît une touche de cette couleur, signe de jeunesse : le vin jaunira en vieillissant et perdra cette tonalité.

Depuis le milieu du 19ᵉ siècle, ***vin bleu, petit bleu, gros bleu*** désignent un vin très ordinaire, parce qu'il tire sur le violet. On buvait en particulier dans les cabarets parisiens le ***petit bleu de Suresnes,*** « un vin bleu comme le ciel », disait Hugo qui croyait y voir la couleur de « l'azur » ! (*Chansons des rues et des bois*).

Blindé

Blindé : ivre ; ***se blinder :*** s'enivrer (fin 19ᵉ siècle) ; peut-être une déformation de la vieille expression ***être dans les brindes*** (cf. ***brindezingue***). Vers 1920, on disait aussi *cuirassé.* Pour San-Antonio, on peut être ***blindé comme un char d'assaut, comme un porte-avion, comme un contre-torpilleur,*** ou ***comme la ligne Siegfried...***

Bock

D'un vin qui a le goût et l'odeur d'acide sulfhydrique, rappelant l'œuf pourri, on dit en Alsace qu'il a le ***goût de bock*** ou qu'il est ***bocké.*** Synonyme : ***mercaptan.***

Boire

On utilise le verbe *boire* intransitivement, en sous-entendant « vin » ou « alcool », comme si c'était le seul type de boisson pensable : il *aime boire,* il *boit,* dit-on d'un ivrogne. Et s'il *boit sa paye, son bénéfice* ou *son fonds,* il va de soi qu'il ne les dépense pas pour de l'eau minérale.

Diverses expressions qualifient des manières de boire excessives : *boire à ventre déboutonné ; boire comme un trou, un seau, un puits, une outre, une carpe, un oison ;* ou bien *comme Templiers sur le soir* chez Rabelais, *comme un sonneur de cloches, comme un chantre* (parce qu'il « entonne »), *comme un musicien* (il siffle, il fifre, il flûte), *comme un pompier* (il pompe), ou *comme un fiancé...* Furetière signale en 1690 : *il a plus bu que je ne lui en ai versé :* il est ivre.

Ce verbe forme aussi quelques expressions désignant la qualité du vin. On disait *bevant,* en ancien français, un vin agréable à boire : « sade [= savoureux], bevant, et plain et gros » (Jean Bodel) ; « fort et net et clair et bevant » (Baudouin de Condé). Mais l'expression *qui se laisse boire,* connue au 17e siècle, n'est pas aussi élogieuse, car elle se dit d'un vin relativement agréable, mais non remarquable. Les gens du Beaujolais sont plus laudatifs quand ils s'exclament : *i d'mande à boire !* C'est, comme le relève encore Littré, *un vin qui rappelle son buveur,* un vin dont la qualité excite le désir.

Toute une littérature gastronomique donne des conseils sur les manières de *boire en mangeant,* ce que Curnonsky ne prétendait possible qu'avec les vins de France. Mais il arrive aussi qu'on oppose boire et manger :

> Adam, c'est chose très notoire,
> Ne nous eût mis en tel danger,
> Si au lieu du fatal manger
> Il se fût plutôt mis à boire.
>
> C'est la cause pourquoi j'évite
> D'être sur le manger gourmand.

Olivier Basselin, Vaux-de-Vire

Jean de Malestroit rapporte, dans *Les vins de Loire,* ces propos d'un vigneron nantais goûtant successivement un excellent gros-plant et une piquette : « Pour bouère en mangeant, i'aime bé celle-là... mais pour bouère en buvant, i'aime mieux l'autre ! »

Bois

L'expression *goût de bois* a des acceptions contradictoires. Certains l'emploient en mauvaise part pour désigner le goût transmis par des fûts défectueux, qu'on appelle aussi *goût de fût*. Pour d'autres, le *goût de bois* est celui que donnent les fûts neufs : le vin est *boisé*, on y reconnaît l'arôme du chêne.

Le *jus* ou *sirop de bois tortu*, comme on appelait le vin au Moyen Age, laisse, les lendemains d'ivresse, la *gueule de bois*, abrégée en *G.D.B.*, une sensation de lourdeur douloureuse dans la tête. A Lyon, *prendre son grobon :* s'enivrer (*grobon* signifie « bûche »). Mais *avoir son bout de bois,* être ivre (fin 19e), est sans doute une variante de la série formée sur *allumette* (voir ce mot).

Boisson

Etre porté sur la boisson, s'adonner à la boisson, tenir la boisson, être pris de boisson, ou au Canada *être en boisson :* notre langage fait du vin ou de l'alcool la boisson par définition, à l'exclusion de toute autre ; mais en les réduisant ainsi à « ce qui se boit », on néglige leurs qualités gustatives.

Boissonner, se boissonner, boire beaucoup, s'enivrer, passent des dialectes à la langue parisienne au milieu du 19e siècle. *Un boissonneur :* un ivrogne.

Bon

Les Romains parlaient de la *bonté* du vin (*bonitas*), mot que nous employons rarement. Philippe Soupault raconte que Cendrars lui a fait découvrir les bistrots de la banlieue parisienne : « Il m'a appris la bonté miraculeuse du vin rouge et la délicieuse saveur du pissenlit. »

Bien plus répandu, l'adjectif *bon* forme l'expression *du bon :* « c'est du bon ! ». « L'un boit du bon, l'autre ne boit du pire » (Marot, *L'Abbé et son valet*). Une construction analogue sous-entend le mot *cuite* dans *en tenir une bonne, s'en trimballer une bonne.*

Entendu en Beaujolais, mais déjà dans la fameuse chanson sur Monsieur de La Palisse : *pour y trouver bon, faut y boire soi-même.*

Bonde

La bonde est le bouchon d'un tonneau. **Plein jusqu'à la bonde :** complètement ivre ; dans le patois de l'Aveyron, **se bonda :** s'enivrer.

Débonder : sortir par la bonde.

... comme le moût bouillant dans un vaisseau pousse à mont tout ce qu'il y a dans le fond, aussi le vin fait débonder les plus intimes secrets à ceux qui en ont pris outre mesure...

Montaigne, *Essais*

Bordée

La *bordée* est, au sens propre, le mouvement de flanc que fait un navire sans virer de bord. *Courir, tirer une bordée, être en bordée* (19ᵉ siècle) : aller de cabaret en cabaret, comme un navire louvoie. *Bordailleur :* celui qui est souvent en bordée.

> Au deuxième matin le bordailleur rentrait
> Sur ses jambes en pied-de-banc de cabaret,
> Louvoyant bord sur bord...

Tristan Corbière, *Le Bossu Bitor*

Bosse

Se donner une bosse, faire ripaille, semble la métaphore d'un ventre gonflé. Mais dans le Rhône et les Alpes, *s'imbossi,* s'enivrer, est formé sur le vieux *bosse,* tonneau, comme *embossoir,* entonnoir. A Paris, un *petit bossu* est un café arrosé d'alcool.

Pierre-Jakez Hélias explique l'expression bretonne *partir en bosse,* qu'on applique à celui qui fait une virée de plusieurs jours dans les bistrots.

> Quand quelqu'un entreprend ce pèlerinage de la boisson, les gens disent qu'il est « parti en bosse ». Les chapelles les plus fréquentées sont des auberges de carrefours dénommées les Ti-Bos [...] *Bos,* en breton, signifie à la fois ribote et dette. Les buveurs patentés sont souvent désignés, par les femmes furieuses, sous le nom de *gars du Ti-Bos.*
>
> P.-J. Hélias, *Le Cheval d'Orgueil*

Botte

Botte, un vieux nom de barrique encore connu dans le Mâconnais, a donné l'expression *boire comme une botte :* « ... qui beuvront de vin autant comme l'en bouteroit en une bote » (*Les Quinze Joyes de Mariage,* 15ᵉ siècle). Au Canada, *se mettre en bottes :* s'enivrer, *être en bottes :* être ivre, semblent plutôt issus d'une déformation de *être en boite,* de l'ancien *boite,* boisson.

Un vin qui *tombe en bottes* touche à sa fin : il est comparé à un tonneau disloqué (*fût en bottes,* démonté et empaqueté pour le transport).

On dit de l'ivrogne titubant qu'*il a mis les bottes à rouleau* ou *les bottes à bascule.*

Bouche

En dégustation, *bouche* désigne par métonymie la sensation en bouche : par exemple, un vin a *une bouche ample, une bouche fermée, une bouche maigre.* Un vin plein, qui emplit la bouche, *a de la bouche,* ou *est bien en bouche.* On distingue les moments : la première sensation est l'*attaque en bouche,* la dernière est *la fin de bouche.*

Bouché

On oppose le *vin bouché* soit à celui qu'on tire directement au tonneau, soit au vin ordinaire vendu sous capsule. Dans la langue courante, *vin bouché* est souvent synonyme de « bon vin », quoi qu'en dise Balzac :

> — Va, Marie, dit gravement Tonsard, au-dessus de la planche y a encore *du vin bouché.*
>
> Dans la campagne, le vin n'est que d'une seule qualité, mais il se vend sous deux espèces : le vin au tonneau, le vin bouché.
>
> Honoré de Balzac, *Les Paysans*

Bouchon

Le sens ancien de « buisson servant d'enseigne à un cabaret » explique le proverbe du 17ᵉ siècle : *à bon vin ne faut point de bouchon,* point d'enseigne. Par métonymie, *bouchon* a pris le sens de cabaret ; c'est aujourd'hui encore le nom des bistrots de Lyon, où l'on dit d'un buveur : *il craint le soleil, il se met à l'ombre d'un bouchon.*

Le bouchon (le mot a la même racine que *buisson*) n'a longtemps été qu'une poignée d'herbes ou de paille. On attribue à Dom Pérignon l'invention du bouchon de liège, à la fin du 17ᵉ siècle. S'il est de mauvaise qualité, il donne au vin un désagréable *goût de bouchon :* on dit que le vin est *bouchonné,* mot qu'il ne faut pas confondre avec *bouché.*

Boudin

Plein, rond comme un boudin : l'homme ivre est bourré de vin comme un boyau de sang. Entendu dans l'Hérault : *plein comme un boudin et rond comme un lapin.*

Bougnat

Bougnat, marchand de vin et charbon, est l'abréviation de *charbougna,* charbonnier, un mot pseudo-auvergnat inventé par les Parisiens vers la fin du 19ᵉ siècle.

Bouquet

Voir à *arôme* les diverses acceptions de ce mot, qui varient selon les auteurs. Certains distinguent un *bouquet primaire* dû au raisin, un *bouquet secondaire* issu de la fermentation, et un *bouquet tertiaire* qui se développe au cours du vieillissement. Mais le plus souvent, on réserve à ces seules odeurs tertiaires le nom de *bouquet.* Au sens moins précis d'*odeur agréable,* le mot date du 18ᵉ siècle.

Bourgeois

La hiérarchie des vins bordelais plaçait naguère les crus **bourgeois** après les **grands crus,** devenus **classés** en 1855, et au-dessus des crus **artisans** et **paysans.** La dénomination de ces derniers est maintenant hors d'usage, mais on reconnaît officiellement une centaine de crus **bourgeois supérieurs** et **bourgeois,** souvent excellents.

Bourré

Bourré, ivre, **se bourrer,** s'enivrer, datent des années 1930. Sartre emploie l'expression **bourré comme un cochon.** Outre l'image du « plein », le mot a pu être renforcé par l'espagnol *borracho,* ivre, devenu en français d'Algérie **bourratche, bourrache.**

Bourrique

On lit dans *La Terre* de Zola la savoureuse description d'un âne ivre, qui ne manque pas d'évoquer l'expression **soûl comme une bourrique.** Mais il s'agit sans doute d'une déformation de *barrique (plein comme une barrique).*

Bourru

Un **vin bourru** (16e siècle) est un vin nouveau encore doux et troublé par la **bourre,** sa première lie.

Bouteille

Les noms de bouteilles, variables selon la région, la forme et la contenance, sont très nombreux. Il y a la **champenoise,** la **bourguignonne,** la **bordelaise,** l'*alsacienne.*

> Ils ont demandé tant de ces bouteilles longues
> Comme les longs cyprès d'un grand jardin rhénan...
>
> Guillaume Apollinaire, *Le Guetteur Mélancolique*

Il y a **la cholette, la chopine, la dame-jeanne, la demoiselle, la fiasque, la fillette, la flûte, le frontignan, le litre, la mominette, le pot, le quart, la topette.** Il y a les bouteilles géantes de champagne, **le magnum** qui équivaut à deux bouteilles normales, **le jéroboam** qui en vaut quatre, **le réhoboam** (6 bouteilles), **le mathusalem** (8 bouteilles), **le salmanazar** (12 bouteilles), **le balthazar** (16 bouteilles), et **le nabuchodonosor** (20 bouteilles).

Bouteille peut désigner par métonymie le vin qui y est contenu : **aimer la bouteille, caresser la bouteille, ne pas cracher sur la bouteille.** L'homme ivre a **un coup de bouteille** ou **une bouteille dans le nez.** Il s'identifie même à elle dans l'expression **boucher la bouteille** (17e siècle) : manger après avoir bu pour dissimuler une haleine avinée.

La **maladie de la bouteille** est l'altération que subit le vin au contact de l'air quand on le met en bouteilles.

Brillant

Homère vantait déjà le vin « étincelant » ou « aux sombres feux ». On dit **brillant** un vin limpide où la lumière laisse des reflets.

Brindezingue

Etre dans les brindezingues apparaît au 18ᵉ siècle comme variante de *être dans les brindes*. *Brinde,* toast au 16ᵉ siècle, est une altération de l'allemand *bring dir sie,* « je te la porte [la santé] ». On dit aujourd'hui *être brindezingue.*

Bromure

Les soldats de la deuxième guerre mondiale appelaient le vin de l'intendance **bromure** ou **bromuré :** soit à cause du bromure imposé à l'armée ou dans les collègues pour ses effets sédatifs, soit parce que le vin lui-même assomme.

Brosse

Au Canada, **prendre une brosse :** s'enivrer ; **être en brosse :** être ivre ; peut-être du vieux français *broce,* tétin, ou *breusse,* coupe, tasse.

Brouette

En Bourgogne, **trimballer** ou **tenir une bonne brouette :** être ivre, variante expressive d'*avoir sa charge.* A Paris, un verre est **une brouette à gueule.**

Brouillard

Dès le 15ᵉ siècle, **abattre, ôter** ou **chasser le brouillard** signifie boire du vin, et plus souvent de l'alcool, à jeun le matin. L'alcool est censé « éclaircir les idées ». On disait aussi **charmer la brouée** et **abattre la rosée.** Pourtant, on *est dans le brouillard* lorsqu'on est ivre.

Brouiller

Depuis le 15ᵉ siècle au moins, les amateurs se plaignent des vins **brouillés,** ceux qu'on dit aujourd'hui **trafiqués.** Un poète du 16ᵉ siècle, Pierre Grognet, a même écrit un *Rondeau contre les taverniers qui brouillent les vins :*

> Brouilleurs de vins, malheureux et maudits,
> Gens sans amour, faux en faits et en dits,
> Qui ne tendez qu'en damnable avarice,
> Soyez certains que divine justice
> Vous punira de bien brief, je le dis,

> Les vins nouveaux vous seront interdits,
> Point n'en boirez ; car des fois plus de dix,
> Dieu qui nous voit connaît votre malice,
> Brouilleurs de vin.

Brouiller un vin consistait à le mélanger avec un autre : on colorait en particulier, au 17e siècle, les vins blancs de la région parisienne en les mêlant d'un gros vin presque noir.

Mais le vin **brouille** à son tour le cerveau du buveur :

> ... les registres de mon cerveau sont quelque peu brouillés
> de cette purée de septembre.

Rabelais, Pantagruel

> Souvent je m'embrouille
> Car chaque matin
> Je me débarbouille
> Dans un seau de vin.

Le Vin de Bourgogne, chanson, 1831

Le gros rouge des ivrognes est du **brouille-ménage** (milieu 20e siècle) : il n'est bon qu'à détruire la paix des ménages.

Brûler

En dégustation, **brûlant,** synonyme d'*ardent,* qualifie un vin trop fort en alcool. Cette « brûlure » se transmet au buveur, que les Normands disent **brûlé-soûl.**

Brusque

Le sens premier de **brusque** vient de l'œnologie, puisque ce mot, emprunté à l'italien *brusco* au 14e siècle, s'applique d'abord au vin et signifie « âpre ». Proverbe du 16e siècle : « Vin brusquet et pain brun ou bis, soustient l'hostel en poids et prix. »

Brut

Brut se dit d'un champagne auquel on n'a ajouté qu'une très faible liqueur d'expédition (voir ce mot) il est **brut zéro,** ou **brut intégral,** s'il n'en a pas reçu du tout. Le **brut** est paradoxalement plus sec que l'*extra-sec.*

Bu

La forme passive du verbe *boire,* **bu,** ivre, est répandue
depuis le 15ᵉ siècle ; restée vivace dans les parlers régionaux,
elle s'est développée à Paris vers la fin du 19ᵉ siècle.

> Quand qu'y n'est bu y d'vient méchant.
>
> Jehan Rictus, *La Frousse.*

Buvard

L'ivrogne, comme le buvard, absorbe sans goûter : on dit
qu'il *pompe comme du papier buvard,* ou qu'*il a travaillé
dans un fabrique de buvards.*

Buvette

Buvette (16ᵉ siècle) désigne d'abord l'action de boire, puis au
18ᵉ une petite réunion où l'on boit entre amis : Rousseau
l'entend au premier sens lorsqu'il raconte dans ses *Confessions*
qu'il chipait du blanc d'Arbois à M. de Mably, chez qui il
était précepteur, et qu'il faisait de « bonnes petites buvettes »
tout seul dans sa chambre. Au 17ᵉ siècle, on a aussi nommé
buvette un petit cabaret situé près du palais de Justice, où les
membres de la cour et les avocats allaient se rafraîchir.

Cabaret

Cabaret (fin 13ᵉ siècle) vient d'un mot picard signifiant *petite
chambre.* La différence entre **cabaret** et *taverne* a varié selon
les époques. Nicot explique au début du 17ᵉ siècle qu'à la
taverne on ne sert que du vin, tandis qu'au cabaret on mange.
Mais à la fin du même siècle, Furetière dit exactement le
contraire : à la taverne, « on vend le vin par assiette et on y
appreste à manger », tandis qu'au cabaret le client achète
seulement du vin et ne s'assied pas. Deux siècles plus tard,
Littré distingue le cabaret, qui n'a pas mauvaise réputation,
de la taverne « où l'on va pour boire à l'excès et se livrer à la
crapule ».

Caboulot

Le doux caboulot
Fleuri sous les branches
Est tous les dimanches
Plein de populo

Doux caboulot, chanson, paroles de Francis Carco, 1931

Caboulot a d'abord été, au milieu du 19e siècle, le nom d'un cabaret parisien, d'après un mot franc-comtois et bressan qui désigne un réduit où l'on enferme un jeune animal, dans une écurie, pour le protéger des accidents.

Cachet

Cachet, au sens propre, désigne une empreinte sur la cire. Mais *cacheter une bouteille* consiste simplement à protéger le bouchon par de la cire ou par une enveloppe d'étain. Le *vin cacheté,* parce qu'il a bénéficié de ce soin supplémentaire, est tenu pour meilleur qu'un vin ordinaire :

Les hommes allumaient des pipes ; et, comme les bouteilles cachetées étaient vides, ils revenaient aux litres, ils buvaient du vin en fumant.

Émile Zola, *L'Assommoir*

Il ne faut pourtant pas croire que tout *vin cacheté* ait *du cachet,* c'est-à-dire un caractère original.

Cadavre

Un *cadavre* (début 20e siècle) est une bouteille vide qui a contenu du vin ou de l'alcool. On l'appelle *corps mort* à Neuchâtel. Le mot ne s'applique pas à une bouteille d'eau : seule une boisson alcoolisée peut donner vie au flacon et provoquer l'agression meurtrière du buveur qui *tord le cou à une bouteille, étouffe une négresse,* ou *en étrangle une.*

Café

Le premier café a été ouvert à Marseille en 1654. A Paris, Francesco Procopio dei Coltelli inaugura son fameux *Procope* en 1686. Furetière, en 1690, nomme encore ces établissements *cabarets de café,* ce qui sera abrégé en *café* quelques années plus tard. On y servait, outre du café, du thé, du chocolat, des friandises, et diverses liqueurs. Michelet, en 1863, se réjouissait de ce que le café ait détrôné « l'ignoble cabaret où, sous Louis XIV, se roulait la jeunesse entre les tonneaux et les filles ». Aujourd'hui, on compte en France 400 000 cafés pour 42 000 boulangeries et 18 000 librairies...

Des œnologues du Gard ont inventé en 1935 la dénomination *vin de café :* il s'agit d'un vin rouge obtenu par cuvaison courte, donc peu tannique, et que l'on peut consommer hors des repas. On en produit dans la vallée du Rhône et en Languedoc.

Caillé

Caillé : ivre, illustré de préférence par *caillé comme un coing ;* on entend souvent cette expression dans le Massif Central, le Lyonnais et la Bourgogne. Ce peut être une variante de *être gelé,* par allusion à la gelée de coing, ou de *être pris,* puisqu'on dit du lait coagulé qu'il *a pris* ou *est pris.*

Caisse

Se ramasser une caisse : s'enivrer ; *tenir une* (*bonne*) *caisse :* être ivre ; l'une des images de la charge, sans doute renforcée par le sens d'*encaisser,* recevoir des coups.

Câlin

Ce qualificatif, aussi imprécis que *caressant, cajoleur* ou *flatteur,* se dit d'un vin tendre qui se boit facilement. Le sens psychologique du mot a fait oublier son origine : * *calina,* chaleur de l'été en bas-latin, a donné en particulier *achaliné,* légèrement ivre (c'est-à-dire « chaud »), en patois tourangeau.

Cambusard

Cambusard (fin 19ᵉ siècle, argot de la marine) : gros rouge. De *cambuse,* magasin du bord, où sont conservés les vivres.

> Puis ils attaquent un solide casse-croûte et nous offrent de grosses moules amères, des oignons crus et du cambusard.
>
> J.-Y. Cousteau et F. Dumas, *Le Monde du Silence*

Campêche

Le *bois de campêche* tient son nom de la baie de Campêche, au Mexique, où il est commun ; comme il fournit une belle teinte rouge, on l'a longtemps utilisé pour colorer les vins, d'où le nom de *campêche* donné au gros rouge frelaté.

> Ils avaient arboré des costumes de dimanche, des costumes à prendre sur le bras des bourgeoises, à aller faire la vendange du campêche chez les mastroquets.
>
> J.-K. Huysmans, *Les Sœurs Vatard*

Aujourd'hui, le mot désigne plus souvent un mauvais champagne.

Camphre

L'alcool camphré s'utilise en principe pour des frictions, mais au 19ᵉ siècle il comptait parmi les diverses eaux-de-vie frelatées des assommoirs. Aussi le mot de **camphre** signifie-t-il « eau-de-vie » (vers 1830). *Se camphrer :* s'enivrer ; *gosier camphré, camphrier :* ivrogne (milieu 19ᵉ siècle).

Canard

Canard (milieu 19ᵉ siècle) : sucre trempé dans le café ou l'alcool ; est-ce le marc aux canards ? En tout cas, l'ivrogne qui baigne aussi dans l'alcool est *soûl comme un canard.* Rabelais disait *boire comme canes.*

Cani

De *cani,* niche à chien en Saône-et-Loire, *cani,* cabaret, bistrot, est un mot très répandu en Bourgogne et dans le Lyonnais depuis la fin du 19ᵉ siècle. Comme dans *cabaret,* petite chambre, et surtout *caboulot,* réduit pour un animal, le débit de boisson est désigné comme un local exigu, renfermé, et réservé à des bêtes...

> C'est le « canis » lyonnais. Un plancher avec de la sciure. Quelques tables lustrées. Un petit comptoir derrière lequel le patron violacé met des élastiques de couleur au goulot des « pots » afin d'en différencier le contenu : un élastique rouge pour le beaujolais, un vert pour le côtes du Rhône.
>
> San-Antonio, *Le Standinge selon Bérurier*

Canon

Le latin *canna,* roseau, a donné *cannelle* (15ᵉ siècle), robinet qu'on adapte à un tuyau, *canette,* petit vase puis bouteille, et *canon,* qui a d'abord désigné un vase cylindrique à l'usage des pharmaciens (fin 17ᵉ siècle) avant de signifier « verre à boire » au 19ᵉ. La fortune du mot s'explique sans doute par confusion avec le sens de « pièce d'artillerie », qui s'ajoute à toutes les métaphores de la guerre et du combat.

> Et boire le canon tout seul ça s'appelle pas boire le canon, ça vaut autant que de boire l'eau à la pompe.
>
> René Fallet, *Les Vieux de la Vieille*

Capiteux

Capiteux (milieu 18ᵉ siècle) se dit d'un vin fort en alcool et qui porte à la tête (laquelle se dit en latin *caput, capitis*). Un ouvrage sur le commerce des vins constatait en 1789 :

> Le vin du marchand de Paris est altérant, lourd à l'estomac, capiteux, ne passant point, corrosif et très malfaisant.
>
> cité par Roger Dion, *Histoire de la vigne et du vin en France*

Capsule

La *capsule,* coiffe métallique recouvrant le goulot bouché d'une bouteille, a remplacé la cire au milieu du siècle dernier. Mais le mot désigne aussi le bouchon-couronne, qui ferme par exemple les bouteilles de bière, et le bouchon déchirable qu'on trouve sur les vins ordinaires.

Capucin, capucine

On ignore pourquoi *une chemise de capucin* désigne un verre d'eau-de-vie en Poitou, et de vin en Charente. Mais *boire à la capucine* signifie « boire peu » (17ᵉ siècle), car les capucins sont un ordre mendiant, que les chansons classent parmi les plus sobres de tous les moines, pourtant réputés buveurs :

> Boire à la capucine,
> C'est boire pauvrement !
> Boire à la célestine,
> C'est boire largement !
> Boire à la jacobine,
> C'est chopine à chopine !
> Mais boire en cordelier,
> C'est vider le cellier !

En revanche, *être plein jusqu'à la troisième capucine* (19ᵉ siècle) dépeint l'ultime degré de l'ivresse par comparaison avec le fusil qu'on charge : les capucines sont des anneaux de métal qui relient le canon et le bois d'une arme à feu, la dernière étant très rapprochée de la gueule.

Caquet

Au Canada, *en avoir dans le caquet :* être ivre.

Caractère

On dit d'un vin qu'*il a du caractère* soit parce qu'il a les traits distinctifs de sa catégorie (synonyme : *typé*), soit parce qu'il se singularise par son originalité propre. Le mot est d'autant plus imprécis que s'y ajoutent des connotations psychologiques : ainsi, Gault et Millau constatent d'un rosé de Marsannay que « le pinot noir lui donne un caractère affirmé » (c'est donc un vin typé par son cépage) ; notent à propos d'un rouge A.O.C.Saint-Joseph : « du caractère, mais facile à boire » ; et jugent un vin des Côtes de Buzet comme « riche, rond, souple et de bon caractère ».

Carafe

On appelle *vin de carafe* un vin jeune et bon marché qui n'est pas mis en bouteille, et qu'on tire directement du tonneau pour la consommation. Mais un vin *en carafe* peut être l'antithèse d'un vin *de carafe,* puisque ce flacon de verre ou de cristal sert à décanter les grands vins vieux.

Carburer

Si au 19e siècle le buveur *se graissait les roues,* au siècle de l'automobile il *carbure sec,* il *carbure au rouge,* il consomme *le carburant national,* le vin. Du *carburant :* du vin, ou de l'alcool.

> — ... Hum... excusez moi, je ne voudrais pas passer pour un de ces détectives qui fonctionnent au super-carburant, mais vous n'auriez pas quelque chose de raide à m'offrir ?
>
> Léo Malet, *Pas de bavards à la Muette*

Caresser

Un vin *caressant* s'oppose à un vin qui *accroche.* Ce terme imprécis, qui fait partie du vocabulaire des amateurs plus que des œnologues, qualifie un vin au tanin peu saillant, qui laisse en bouche la double sensation tactile de fluidité et de moelleux.

Caresser la bouteille (18e siècle) : avoir un penchant pour le vin ou l'alcool. Dans *En ménage,* Huysmans développe cette métaphore érotique lorsque ses personnages lisent, sur une carte des vins, les noms des crus prestigieux de Bourgogne.

— Non, pas de ceux-là, dit-il ; prenons du vin moins élevé en grade. Voyons, dégringolons l'échelle des crus, arrivons aux bouteilles sans tralala et sans pose. Pas de grandes dames, elles ont fait leur temps ; cherchons des fifilles polissonnes et modestes, des bouteilles frottées d'élégance mais qui se laissent caresser à la bonne franquette.

Carousse

Faire carrousse, carousse, carous (16ᵉ siècle) : boire beaucoup, s'enivrer ; déformation de *Garaus !,* toast allemand qui invite à vider son verre (le mot allemand signifie « coup de grâce »).

> Du temps que régnait le grand Pan
> Les dieux protégeaient les ivrognes
> Un tas de génies titubant
> Au nez rouge, à la rouge trogne
> Dès qu'un homme vidait les cruchons
> Qu'un sac à vin faisait carousse
> Ils venaient en bande à ses trousses
> Compter les bouchons.
>
> Georges Brassens, *Le Grand Pan*

Carré

Ali-Bab dit du vin de Meursault-les-Perrières : « incontestablement le meilleur : fin, parfum individuel, carré, comme on dit en Bourgogne » (*Gastronomie pratique*). Et le docteur Ramain, dans *Les grands vins de France,* vante les blancs de Meursault, « très carrés de goût ». Le mot ne désigne pas un manque de rondeur, mais doit être entendu au sens de « net, franc ».

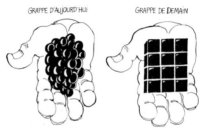

GRAPPE D'AUJOURD'HUI GRAPPE DE DEMAIN

Carreaux

Avoir un coup dans les carreaux (20ᵉ siècle) : être ivre. *Carreaux* signifie « yeux » (voir ce mot).

Carthagène

Le *carthagène* est un vin de liqueur que les viticulteurs du Midi font pour leur consommation familiale, avec du moût et de l'alcool ; c'est l'équivalent du *ratafia* et du *riquiqui*.

Casaque

Prendre la casaque (18ᵉ siècle) : s'enivrer, être gris ; au sens propre : s'engager dans les mousquetaires. Jeu de mots sur la couleur grise de cet uniforme.

Casingue

Casingue, bar, s'est formé vers la fin des années 1950 sur *casin,* petite maison de plaisance (de l'italien *casino*), avec le suffixe de *mannezingue.*

> Ces gonzes jactent doucement parce qu'ils n'ont pas besoin comme dans les autres troquets de surmonter le bruit de l'appareil à musique. Une bouffée de reconnaissance lui vient à l'adresse de Bouboule qui n'a pas transformé sa taule en cazingue.
>
> Albert Simonin, *Du mouron pour les petits oiseaux*

Casque

Par métonymie, *casque* signifie « tête » : *en avoir dans le casque :* avoir la cervelle brouillée (17ᵉ siècle). Au 19ᵉ, *s'en donner dans le casque :* s'enivrer. Au 20ᵉ, *avoir enfoncé le casque :* même sens ; *prendre une casquette* et *être en casquette* ont donné vers le milieu du 19ᵉ siècle l'expression, aujourd'hui courante, *être casqué,* ivre : variantes de *se coiffer, être coiffé.*

L'expression médicale *avoir le casque,* souffrir d'une migraine due à l'alcool (19ᵉ siècle), a généré des images encore plus expressives, comme *avoir une casquette en plomb avec une visière en fonte* (entendu dans les Pyrénées).

71

Casser

En œnologie, on donne le nom de *casse* à diverses altérations du vin, d'origine chimique ou microbienne ; mais en un sens plus général, on dit *cassé* un vin qui s'est décomposé.

Dans la lutte entre l'homme et le vin, le premier peut *casser le cou à une bouteille :* la déboucher (19e siècle) ; mais il risque, à trop en boire, d'être à son tour *cassé :* ivre.

> Ennuyés, ils regardèrent Debedeux de côté. Le cadre était-il déjà cassé, pour employer leur expression argotique qui signifie « pété », bref, quelque peu pris de boisson ?
>
> René Fallet, *Le Beaujolais nouveau est arrivé*

Le *casse-tête,* vin qui enivre et donne la migraine, est connu dès le 17e siècle, de même que le *casse-poitrine,* eau-de-vie, « tord-boyaux ». Le 19e siècle y ajoute le *casse-gueule* et le 20e le *casse-pattes.* Il est vrai qu'Homère avait déjà un verbe spécial, *apoguioun,* casser les membres, pour décrire les effets du vin.

> *Bercy.* — L'odeur du bois saturé par le vin, les forêts de fûts, les grilles avec l'écusson aux armes de la ville : voici le domaine du monarque violet.
>
> Quelle « antique Palmyre » berce vos rêves, fainéants qui insultez la morale publique par vos sommeils sur l'asphalte du grand jour ? Levez-vous, épaves. L'héroïne du pauvre, le casse-poitrine, le brise-ménage va vous montrer le chemin.
>
> André Hardellet, *Les Chasseurs,* II

Cassis

Par comparaison de couleur, *cassis* signifiait « gros vin » pour les soldats de la première guerre mondiale. Ceux de la seconde en ont fait *cassis de lutteur,* analogue à *groseille de cocher :* vin rouge de mauvaise qualité.

Cassis est abrégé en *cass(e)* dans *un mêlé-cass(e),* mélange d'eau-de-vie et de sirop de cassis (fin 19e).

> — C'est-il une prune, qu'y t' faut, pour boucher ça ?
> — Non, merci : un mêlé-casse.
> — Beaucoup d' mêlé pas beaucoup d' casse, annonça, par métier, Gustave jovial.
>
> Francis Carco, *Jésus la Caille*

Une *voix de mêlé-casse* est une voix éraillée par l'abus d'alcool.

— Assez ! Chierie ! Dégeulando !
Tu vas fair' pleuvoir, y fait beau.
Qué rossignol de mêlé-cass !
Mon joli, t'en a trop sucé...

Jehan Rictus, *Pauvre Julien*

Caudalie

Du latin *cauda*, queue : néologisme savant pour mesurer la
durée de persistance gustative d'un vin : une **caudalie**
équivaut à une seconde. Un grand sauternes ou un château-
chalon peut avoir une persistance de plus de vingt caudalies.

Cave

Après avoir signifié *fossé* ou *grotte*, **cave** a pris au 13e siècle le
sens de « lieu souterrain pour la conservation des vins ».
Grecs et Romains l'ignoraient et aujourd'hui encore, les
maisons vigneronnes des régions méditerranéennes et aqui-
taines n'en ont généralement pas : on y conserve les vins au
cellier.

Marier la cave et le puits (17e siècle) : mettre de l'eau
dans son vin.

Cellier

Le *cellier* (du latin *cellarium*) est, comme la cave, un local où l'on conserve les vins, mais il se situe au rez-de-chaussée. On le nomme *chai* dans l'Ouest et le Sud-Ouest.

Chabrol, chabrot

Faire chabrol ou *chabrot, fa chabroù* dans le Périgord, c'est mélanger du vin à du bouillon chaud. Terme du Sud-Ouest ; du latin *capreolus*, chevreau, parce qu'on « fait le chevreau » en buvant à même l'assiette, mais peut-être aussi parce qu'une vieille tradition attribue aux chèvres un penchant pour le vin.

Chagrin

L'effet euphorisant du vin ou de l'alcool leur vaut la réputation de *noyer le chagrin.* Le vin est du *contre-chagrin* (fin 18e). San-Antonio renouvelle l'expression en *fly-tox à chagrin,* où l'on reconnaît l'image latente du « cafard ».

> Et les jours où elle rentrait ronde comme une bourrique, elle bégayait que c'était le chagrin. Mais les gens honnêtes haussaient les épaules ; on la connaît celle-là, de mettre les culottes de poivre d'Assommoir sur le compte du chagrin ; en tout cas, ça devait s'appeler du chagrin en bouteille.
>
> Émile Zola, *L'Assommoir*

Chai

Chai (début 17e) est un mot de l'Ouest, transmis par les Bordelais, forme régionale de *quai.* Il signifie « cellier », ce qu'on appelle aussi *magasin* en Bourgogne et dans le Nord.

Chair

Aucun dictionnaire de la langue française ne donne le sens œnologique de *chair* et *charnu,* mots pourtant bien connus de tous les amateurs de vin. Athénée, écrivain grec du IIIe siècle de notre ère, disait déjà que le vin de Marseille était *sarkôdês,* charnu, et les Romains avaient des adjectifs équivalents : *(vinum) carneum, carnosum.* Un vin *charnu* ou *qui a de la chair* est riche en extrait sec et en glycérine. La puissance des tanins, qui forment la charpente, est enveloppée par le moelleux de la *chair.* Est *décharné,* ou *amaigri,* un vin qui a perdu sa *chair.*

> [Côtes-du-Rhône 1979] carmin très riche, bouquet mûr aux notes de miel et de rôti ; en bouche, réglissé, charnu, chaleureux, long et corsé sans excès ; un très beau vin.
>
> *Gault-Millau, Spécial Vins,* 1983

Chalouper

L'ivrogne qui titube *chaloupe,* sa démarche évoquant le mouvement d'une barque dans la houle : il *a sa marée,* ou *du vent dans les voiles.* Mais comme le mot s'est formé dans l'argot parisien au 19e siècle, il est probable qu'il faisait d'abord allusion à la valse dite *chaloupée :* les policiers, vers la fin du 19e siècle, appelaient *valseur* un ivrogne zigzaguant dans la rue.

Chambrer

Relevé pour la première fois par Littré en 1877, ce mot nous est venu de Neuchâtel en Suisse. *Chambrer un vin* consiste à laisser remonter sa température au même degré que la pièce où on le consommera. Mais il est impensable aujourd'hui de prendre cette expression à la lettre, car les 20° des appartements à chauffage central sont trop élevés pour les vins, qui ne doivent pas dépasser 18°. En tout cas, on ne fera pas comme dans *L'Education Sentimentale* de Flaubert :

> ... l'on aperçut la salle à manger avec sa haute plinthe en chêne relevé d'or et ses deux dressoirs chargés de vaisselle. Les bouteilles de vin chauffaient sur le poêle...

Champagne

Grimod de La Reynière (1758-1837), le premier critique gastronomique, jugeait malpoli de dire *du champagne* au lieu de *du vin de Champagne.* Mais dès le milieu du 19e siècle, on disait plus impoliment encore du *champ',* ou *champe :*

> Trois bouteilles de champ', et un verre si vous en auriez un à portée de paluche ; sinon on en fera pas une maladie.
>
> San-Antonio, *Œuvres complètes,* t. XX

La *méthode champenoise* est celle qu'on utilise en France pour tous les vins mousseux d'appellation contrôlée, hormis ceux de Gaillac, Die et Limoux qui sont obtenus par la *méthode rurale.* Avec la méthode champenoise, on ajoute du sucre au vin pour provoquer une fermentation secondaire, tandis qu'avec la méthode rurale, c'est le sucre naturel du raisin qui produit cet effet.

Champoreau

Le *champoreau* est une boisson chaude faite de mélanges variables, où entre toujours de l'alcool. Le mot s'est formé au 19e siècle dans l'argot des troupes d'Afrique du Nord, d'après l'espagnol *cha(m)purrar,* mélanger des liqueurs. Ce peut être un mélange de vin et de café, ou de café au lait et de rhum. Dans *La Passion de Joseph Pasquier,* en 1945, Georges Duhamel emploie ce terme au sens de *chabrot,* consommé chaud et vin rouge.

Chandelle

Par comparaison de forme, et parce qu'elle porte « du feu », la bouteille est *une chandelle ; souffler une chandelle, faire fondre une chandelle :* boire une bouteille (début 20ᵉ siècle).

Chanter

On dit du vin qu'il *chante* lorsqu'il bouillonne dans les cuves de fermentation. A ce propos, une amusante polémique a opposé Colette, qui avait fait la publicité des bourgognes de négociants, à Gaston Roupnel qui défendait les crus et qui lui répondit :

> Rien qu'à taper avec son petit doigt plié sur le flanc d'une barrique, Colette lui a entendu chanter qu'elle était pleine de vin bourguignon... Ne vous fiez pas aux chansons, Colette ! Telles les sirènes, les barriques ont souvent des voix qui trompent. Et je connais des caves où le vin a beau me chanter à pleine barrique qu'il est bourguignon, je me méfie : car j'entends que c'est dit avec l'accent, le fameux *assangue*... l'accent du Midi !

cité par Constant Bourquin, *Connaissance du Vin*

LE CHAMPAGNE POUR LE MEILLEUR...

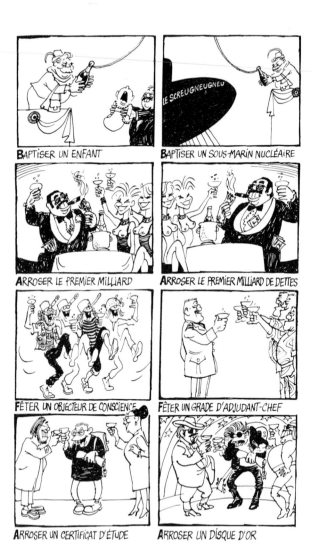

...ET POUR LE PIRE...

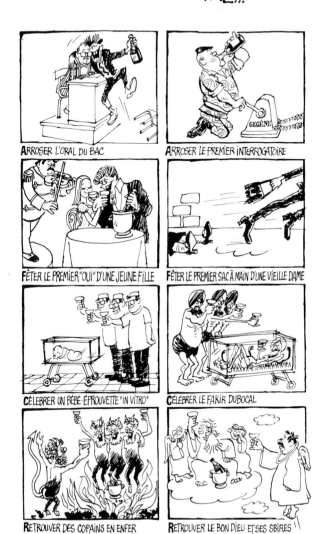

Ces mélanges d'accent finissent par affecter le buveur lui-même, car si *l'eau fait pleurer et le vin fait chanter,* comme l'assure un vieux proverbe, l'ivrogne se reconnaît à ce qu'*il chante la Marseillaise en breton !* Alphonse Daudet se réjouissait plutôt de ces métamorphoses vocales lorsqu'il appréciait

> ... deux ou trois coups de ce joli vin blanc de Montmartre, capable de donner l'accent de Paris, même à un Marseillais.
>
> Alphonse Daudet, Contes du Lundi

Chantre

Bon chantre bon yvrogne, disait un proverbe du 16e siècle. La double qualification des chantres comme gens d'église, réputés buveurs, et comme chanteurs (car « les chants augmentent la soif », explique Brillat-Savarin), leur vaut une notoriété d'ivrognes.

> Le souper hors du Chœur chasse les Chappelains,
> Et de Chantres beuvans les cabarets sont pleins.
>
> Boileau, Le Lutrin

Boire comme un chantre : boire beaucoup, est parfois déformé aujourd'hui en *boire comme un chancre.*

Chapeau

On appelle *chapeau* (mot attesté en ce sens au début du 18e siècle) la masse de parties solides, rafles, peaux et pépins, qui remonte à la surface de la cuve au cours de la fermentation. Mais on dit d'un vin qu'*il a le chapeau sur l'oreille,* ou que *son bonnet dégringole,* lorsqu'il commence à se piquer.

Chapelet

Le *chapelet* est un cercle de petites bulles qui entoure la surface d'une bonne eau-de-vie quand on vient de la verser.

> Lebrac, en connaisseur, agitait son litre d'eau-de-vie où des bulles d'air se formaient qui venaient s'épanouir et crever en couronne au goulot.
> — C'est de la bonne, affirma-t-il. Elle a de la religion, elle fait le chapelet.
>
> Louis Pergaud, La Guerre des Boutons

Quant au vin, il *dit son chapelet* lorsqu'il laisse sur les parois du verre des gouttes qui redescendent lentement, et qu'on appelle *larmes* ou *jambes.*

Chaptalisation

La *chaptalisation* est un procédé mis au point au début du 19ᵉ siècle par le chimiste Chaptal, et qui consiste à ajouter du sucre aux moûts pour augmenter le degré d'alcool. Ce n'est pas tout à fait une invention moderne, puisqu'on a longtemps utilisé le miel à cet effet, et qu'un alchimiste du 10ᵉ siècle, Rasès, parlait même de *vina falsa ex saccaro,* vins faux obtenus par la fermentation du sucre. En France, la chaptalisation est légalement réglementée.

Charge

En dégustation, *chargé* qualifie soit un vin épais, soit une couleur d'un rouge trop foncé : *une robe chargée.*

Pour dépeindre l'excès de boisson, l'image de la charge est fort ancienne : *vino oneratus,* chargé de vin, en latin. Dès le 16ᵉ siècle, *(se) charger* signifie *(s')enivrer;* au 19ᵉ, on dit *avoir sa charge.* La métaphore s'est développée en *charger la mule, charger la brouette* à Lyon, *être chargé à couler bas* en Normandie, ou *être chargé de travers* en Anjou. Aux Antilles, lorsqu'on propose un second verre de punch, on assure : *faut pas jin met on sel bat assi on bourriq,* « il ne faut pas mettre une seule charge sur un âne ».

Le sens technique de *charger,* mettre des munitions dans une arme à feu, ajoute une variante aux diverses métaphores qui assimilent les bouteilles à l'artillerie, et le gosier du buveur à un fusil : on a *l'estomac chargé à balle* si l'on a trop bu, mais si l'on commande une nouvelle tournée, on *recharge ça :*

— On va remettre ça, c'est pas lui, tiens, qui aurait refusé un coup. Chargez un petit de mieux, la patronne.

Robert Giraud, *Le Vin des Rues*

Charme

Ronsard parlait de la *force charmeresse* du vin, ce qu'il faut entendre au sens d'un effet magique. Ses contemporains en ont trouvé un exemple plaisant dans l'expression *charmer les puces,* boire beaucoup le soir avant de se coucher ; comme l'explique Oudin en 1640, « par ce moyen nous ne sentons pas les puces qui nous mordent »...

Aujourd'hui, le mot a perdu son sens premier d' « influence magique ». On dit en dégustation qu'un vin *a*

du charme, qu'il est *charmant* ou *charmeur,* lorsqu'il allie la
légèreté et la délicatesse.

Charpente

Un vin (bien) charpenté et *qui a de la charpente :* ces
termes de dégustation fondent deux séries d'images, celle
d'une architecture (le vin est *bien bâti*), et celle d'une
ossature (un vin sans charpente est *désossé*). Mais leur
définition varie selon les auteurs. Certains considèrent
comme *charpenté* un vin dont les tanins sont dominants sans
excès, et qui se situe entre *équilibré* et *tanique.* Pour
d'autres, *charpenté* est synonyme d'*équilibré,* et désigne un
rapport harmonieux entre les différents constituants. D'autres enfin insistent sur l'importance de l'alcool, dont Duhamel disait qu'il est « le squelette du vin ».

[Bourgogne rouge, Corton, 1972] Belle teinte un peu tuilée,
transparente, avec un ensemble aromatique harmonieux où dominent des nuances de vanille, pain d'épice, pêche... En bouche il
apparaît solide, très charpenté, viril ; il devrait s'arrondir, s'assou-
plir avec le temps.

Fernand Woutaz, *Comment reconnaître 30 bons vins*

Chasselas

Nom d'un cépage qui fournit des raisins de table dont on fait
aussi des vins légers. *Avoir un coup de chasselas, être de
chasselas* (19e siècle), être ivre, ont été abrégés en *être chasse*
vers 1914, sans doute sous l'influence de *schlass.*

Chasser

Divers mots composés attribuent au vin la propriété de
chasser les personnes ou les choses fâcheuses. Au 16e siècle,
Rémi Belleau l'appelait *avale-soing, chasse-mélancolie.* Au 17e,
c'était du *chasse-ennui,* devenu plus tard du *chasse-cafard ;*
un cru du Haut-Médoc se nomme d'ailleurs *Château Chasse-
Spleen.* Mais le mauvais vin est, depuis le 17e siècle, du
chasse-cousin : il fait fuir les parasites.

Elle se décida, descendit à la cave, bien qu'il y eût là une
bouteille entamée. C'était qu'elle avait, pour ces occasions, un
reste de vin tourné, qu'elle ne pouvait boire, tant il était aigre, et
qu'elle appelait du chasse-cousin.

Émile Zola, *La Terre*

Chat

En Bourgogne, on dit d'un vin souple, moelleux, qu'il est *chat.*

Château

En Bordelais, le nom de *château* désigne une exploitation viticole qui n'inclut pas nécessairement une habitation du type des châteaux ; le mot est synonyme de *domaine, clos* ou *cru.* Il s'est répandu dans d'autres régions, parce qu'il fascine les consommateurs pour qui toutes les images d'aristocratie tiennent lieu de garantie à elles seules.

Chaud

Comme qualificatif d'un vin, *chaud* peut avoir plusieurs sens : 1) de température trop élevée, trop chambré ; 2) chargé en alcool, qui donne une sensation pseudo-thermique de chaleur (on dit aussi que ce vin est *chaleureux*) ; 3) dans certaines régions, comme en Bordelais, *chaud* signifie « acescent » ; on dit aussi en ce sens *ardent, fiévreux, échauffé, qui a le goût d'échaud ;* l'illusion de chaleur ne dépend pas ici de l'alcool.

Selon les catégories de la diététique ancienne, le vin est une substance chaude et sèche, qui s'oppose au froid et à l'humide. *Vinum est calidum, acetum frigidum,* « le vin est chaud, le vinaigre froid », disait saint Thomas d'Aquin, — ce qui contredit la définition de *chaud* et *échaud* comme « acescent, tournant au vinaigre ». En tout cas, cette chaleur se transmet au buveur, pour sa santé s'il a besoin de se réchauffer, ou à ses dépens s'il en consomme trop : plus ou moins ivre, il est *échauffé de vin* ou *chaud de vin,* il a *chaud aux oreilles* ou *aux plumes,* il est *chaudeboiré* en Bretagne (de *chaud* et *boire*), il *a la chaude* en Anjou. Et en diverses régions, on dit qu'il *a chauffé le four :* il a trop bu, selon une image qu'on trouve déjà dans la Bible.

> Ils accablent roi et chefs sous les fumées du vin... Tous sont échauffés comme un four.
>
> Osée, 7, 5-7

Chemin de croix

Le *chemin de croix* est le parcours que fait l'ivrogne avec des stations dans tous les bistrots (fin 19ᵉ siècle).

VENDANGES 68

Cheminée

A Paris, on nomme **cheminée** une demi-bouteille de vin rouge :

> — Patron, un peu de vapeur pour l'engraineur, comme d'habitude une cheminée...

Le demi de vin rouge servi avec un thunard de mieux, le copain aura droit à la cigarette vendue au détail.

Robert Giraud, Le Vin des Rues

Chenu

Chenu signifie d'abord *aux cheveux blancs.* Par extension, **vin chenu :** vin vieux, d'où bon vin. *C'est du chenu !,* « c'est du bon ».

> Voyons, Fanchette, dit le médecin à sa cuisinière, deux verres ! ...Et donnez-nous du chenu.

Balzac, Le Médecin de Campagne

Cheval

Après bon vin bon cheval : on fait bonne route quand on a bu un bon coup ; proverbe du 17e siècle, qui justifie le **coup de l'étrier.** Mais le vin favorise aussi des transports métaphoriques : il est « un fier cheval pour un gentil cavalier », disait un poète grec.

> Sans mors, sans éperons, sans bride,
> Partons à cheval sur le vin
> Pour un ciel féerique et divin.

Baudelaire, Le Vin des Amants

En créole, un homme ivre est **sour choual gris,** par condensation de deux métaphores, celle du cheval avec lequel on est *parti,* et celle de *gris,* ivre.

Mais un mauvais vin, du 17e au 19e siècle, était **du vin à laver les pieds des chevaux.** Comme cet animal disparaît des campagnes, j'ai entendu un Bourguignon qui modernisait l'expression, à propos d'un merlot de Californie : « Ils y ont fait tremper les pistons du tracteur ! »

Cheveux

Mal aux cheveux (milieu 19e siècle) : migraine des lendemains d'ivresse.

Le désespoir de Coupeau se mêlait à un violent mal aux cheveux. Il se passait les doigts dans les crins, il avait la bouche pâteuse des lendemains de culotte, encore un peu allumé malgré ses dix heures de sommeil. [...] Ah! qu'il avait mal au crâne, ça l'achèverait! Une vraie perruque de braise sur la tête...

Émile Zola, *L'Assommoir*

Chèvre

Cet animal dionysiaque est associé au vin : selon une légende médiévale, Noé aurait découvert les effets du vin en observant une chèvre qui avait mangé des raisins fermentés au soleil, — ce qui laisse à penser que le patriarche s'est enivré en toute connaissance de cause !

L'expression *vin à faire danser les chèvres,* connue au 17e siècle, désigne un vin très acide :

Les hommes commandèrent des litres et on leur apporta du reginglat à faire danser les chèvres ; ils l'estimèrent jeune, mais bon...

J.-K. Huysmans, *Les Sœurs Vatard*

Avoir sa chèvre, être ivre (en Suisse), peut être rapproché de *devenir chèvre,* un peu fou, à moins que ce ne soit une allusion à l'outre en peau de chèvre. Rabelais disait *tirer au chevrotin :* boire à l'outre.

Chicorée

Chicorée : ivresse (milieu 19e siècle, argot parisien) ; *être de chicorée, être chicoré* ou *chicore.* Réinterprétation du yiddish *sich schikkern,* s'enivrer, et représentation métaphorique de *noir* puisque la chicorée est un substitut du café (cf. *chocolat,* ivre).

Chien

Un mythe grec sur l'invention de la vigne lui donne une origine canine : Oresthée, fils de Deucalion, vit sa chienne accoucher d'un plant, qu'il mit en terre, et qui devint un cep fertile. Par ailleurs, le vin a longtemps été associé par les poètes à la constellation du Chien, la Canicule, dont le lever marque le solstice d'été, qui excite la soif et fait mûrir la vigne. Diverses expressions réunissent le vin et le chien. *Avoir un vin de chien, être en vin de chien :* être gris. Au 19e siècle, l'eau-de-vie est *du chien,* ou *du sacré chien tout pur.* Mais aujourd'hui, les amateurs disent d'un vin qu'il *a du chien,* locution imprécise qui indique l'originalité ou l'élégance.

Entendu en Mâconnais, à propos d'un bon buveur pour qui tous les prétextes sont bons : « Il passerait un chien avec une casquette, il l'invite pour boire une tassée ! »

Chiffonnier

Au milieu du 19e siècle, dans l'argot parisien, l'eau-de-vie de basse qualité s'appelle *parfait amour de chiffonnier.* Toutes les expressions de ce genre, comme *vin de crocheteur, malaga de boueux, porto de déménageur,* etc., font allusion à un sous-prolétariat : la langue ne dit rien des ouvriers dont Zola dépeignait l'alcoolisme. Baudelaire a décrit deux fois l'ivresse grandiose du chiffonnier, « butant, et se cognant aux murs comme un poète » (*Le vin des chiffonniers* dans *Les Fleurs du Mal,* et *Du vin et du hachisch*).

Chocolat

Chocolat de déménageur : gros rouge (20e siècle).

Avoir la gueule en chocolat, être chocolat (début 20e siècle) : être ivre ; variante expressive de *noir.*

Chopine

Ancienne mesure de capacité, la *chopine* est aujourd'hui une bouteille de vin d'environ un demi-litre. *Mettre pinte sur chopine :* boire beaucoup (17e siècle). Au 15e siècle apparaissent *chopiner* et *chopinette.*

> Il m'invita à boire avec lui, et chopinasmes théologalement.
>
> Rabelais, *Pantagruel*

> Adieu, Muscadet et Rosette,
> Vin de Gaillac, de Mirabeau,
> Dont j'ay beu mainte chopinette.
>
> François Villon

A Lyon, on *a un faible pour la chopination.*

Ch'ti

Qualificatif très répandu en Saône-et-Loire et Lyonnais, et qu'on trouve chez le bourbonnais René Fallet : *il est pas ch'ti* se dit d'un bon vin. C'est une forme régionale de *chétif,* un adjectif que le vocabulaire de la dégustation n'a pas retenu bien qu'il admette des synonymes comme *maigre* ou *faible.*

Cinglé

Avant de signifier « fou », *cinglé* a d'abord eu, vers le milieu du 19ᵉ siècle, le sens de « ivre » ; l'expression vient de *se cingler (le nez)* : se soûler, avoir un coup dans le nez ; vers 1900, *une cinglée* : une ivresse. La même évolution sémantique, de l'ivresse à la folie, change *toquer,* enivrer (taper sur la tête) au début du 17ᵉ siècle, en *toqué,* fou, à la fin du siècle.

Cirage

Etre de corvée de cirage, comme *de corvée de charbon :* être ivre, vers 1918, variante imagée de *noir. Être en plein cirage,* qui, dans l'argot des aviateurs, vers 1930, signifie « être dans le brouillard, sans visibilité », a pris le sens de « être ivre ».

Cirrhose

Mot créé en 1805 par Laennec : affection du foie caractérisée par des granulations d'un jaune roux ; du grec *kirros,* jaune. L'abus d'alcool engendre fréquemment cette maladie, qui peut cependant avoir d'autres causes.

> ...y a rien de plus débilitant que d'être le dabe d'un petit crevard fané qui, avant d'avoir bu son premier godet de beaujolpif, a l'air de déjà trimbaler une cirrhose !
>
> San-Antonio, *Le Standinge selon Bérurier*

Clair

Clair était l'un des qualificatifs du vin les plus fréquents au Moyen Age, où l'on vantait le vin d'Argenteuil « clers comme lerme d'ueil » (*La Bataille des vins*), ou celui d'Auxerre « cler comme larme de pecheour » (*Le Jeu de saint Nicolas*). Ce mot peut avoir deux sens : il désigne d'abord une faible intensité de couleur, comme c'est le cas du *clairet,* un vin d'un rouge très pâle, fort prisé au Moyen Age, et dont les Anglais ont gardé le nom ancien de *claret* qui signifie pour eux « vin de Bordeaux ». Il ne faut pas confondre le *clairet,* presque rosé, et la *clairette* (19ᵉ siècle), un cépage blanc qui a donné son nom au vin mousseux qu'on en tire. Mais *clair* se dit souvent aussi d'un vin limpide, qui n'a pas de trouble ; *clarifier un vin :* le débarrasser des particules en suspension qui le troublent. L'expression *tirer au clair* vient du vocabulaire œnologique et signifie d'abord « clarifier (un vin) », sous la forme **tirer à clair,** décanter (fin 17ᵉ).

Quant au buveur qui *se barbouille* et *se noircit,* il *n'est pas clair :*

Quand on est bu, on n'est pas clair.

Maupassant, *Une Vente*

Clapper

Clapper : produire un bruit sec avec la langue en la détachant brusquement du palais. Plus qu'une nécessité de la dégustation, il s'agit d'un signe de contentement.

Blazius, clappant de la langue, proclama le vin bon...

Théophile Gautier, *Le Capitaine Fracasse*

Béru inventorie sa serviette et en sort un pot de beaujolais.

— Le temps de m'arroser la meule et je continue, avertit le digne pédagogue.

Il siffle une forte lampée au goulot, clape [*sic*] de la menteuse et exhale sa satisfaction.

San-Antonio, *Le Standinge selon Bérurier*

Classé

Crus classés : crus du Bordelais, officiellement classés comme les meilleurs à l'occasion de la grande exposition internationale qui eut lieu à Paris en 1855. A côté de soixante vins du Médoc, on en retint vingt-deux de Sauternes et seulement un de Graves. De nouvelles classifications ont été établies depuis, pour les crus de Graves en 1953, pour ceux de Saint-Emilion en 1955 ; mais pas encore pour les vins de Pomerol. En 1973, le classement de 1855 a été revu afin que le château Mouton-Rothschild, jusque-là second cru, soit compté parmi les premiers.

Un vin *qui a de la classe* n'est pas nécessairement un *cru classé :* l'expression suggère l'élégance, la race, la noblesse, sans précision.

Le *déclassement* d'un vin consiste à lui retirer l'appellation d'origine à laquelle il a normalement droit pour lui en donner une plus générale, soit parce qu'il n'a pas la qualité qu'on en attend, soit parce qu'il provient d'une vendange excédentaire, dépassant le rendement maximum que fixe la loi. C'est ainsi qu'un vin de Pommard doit être déclassé en bourgogne au-delà de 35 hectolitres à l'hectare.

Climat

En Bourgogne, le mot de *climat,* synonyme de *cru,* désigne un territoire viticole considéré en fonction de ses produits spécifiques : par exemple, Les Saint-Georges (7,5 ha de superficie), Les Pruliers (7,1 ha), Aux Vignes Rondes (3,8 ha) font partie des *climats* de Nuits-Saint-Georges. Le mot a conservé ici un sens ancien d' « espace de terre ».

Clos

Au sens propre, le *clos* est un vignoble délimité par des murs. Certains sont si célèbres qu'ils bénéficient d'une appellation d'origine particulière, comme le fameux Clos de Vougeot en Bourgogne. Le nom de *clos* est resté, malgré la disparition des murs, à ces domaines anciennement fermés.

Coaltar

Mot anglais adopté au milieu du 19e siècle et signifiant « bitume ». Par métaphore, *coaltar* a d'abord désigné un épais vin rouge, vers 1917. Puis *être dans le coaltar* (ou *coltar*) équivaut à « être dans le cirage ».

> File à la première pharmacie de garde et dis qu'un pote à toi est dans le coltar pour avoir trop biberonné.
>
> San-Antonio, *Œuvres complètes,* t. XX

Cocarde

Au sens premier, la *cocarde* (mot dérivé de *coq*) est un ornement de plumes ou de rubans sur une coiffe. Par métonymie, *cocarde* désigne la tête : un vin *qui tape sur la cocarde* monte à la tête.

Avoir sa cocarde : être ivre (milieu 19e siècle), est l'une des variantes expressives de *être coiffé,* comme *avoir son aigrette, son panache, son plumet* ou *son pompon.* La trogne enluminée de l'ivrogne lui fait une décoration.

Cochon

« Il ne fallait pas se cocarder cochonnément », écrit Zola. Ceux qui sont *soûls comme des cochons* trouveront au mot *rincer* la recette du *rince-cochon.*

Il en boirait autant qu'une truie ferait de lait clair : il en boirait en grande quantité (17e siècle).

VENDANGES NATURISTES

CHATEAU
MONTALIVET
RÉSERVE NATURISTE

Coco

Coco signifiait « eau-de-vie » ou « vin de mauvaise qualité », au 19ᵉ siècle, quand des *marchands de coco* ambulants vendaient une boisson de ce nom, à base de réglisse et de citron. Comme **limonadier, marchand de coco** désigne par une sorte d'antiphrase le marchand de vin. Dans ses *Scènes de la vie de Bohême*, en 1851, Murger appelle le mauvais champagne du *coco épileptique.*

Aujourd'hui, on dit de quelqu'un qui boit beaucoup qu'il *n'écluse pas que du lait de coco.*

Cogner

Se cogner du vin dans l'estomac : l'expression date du 16ᵉ siècle. Le verbe y a le sens, encore attesté régionalement, d' « enfermer dans un coin, tasser, faire entrer dans un récipient ».

Cogne, eau-de-vie dans l'argot parisien du 19ᵉ siècle, est une abréviation de *cognac.* L'idée de violence a certainement favorisé l'extension du mot, puisqu'à l'inverse *cogne,* gendarme, a pour variante *cognac.* On dit d'une boisson trop alcoolisée et qui monte à la tête qu'elle *cogne.*

> Viens-t'en plutôt écraser un grain avec moi, [...] viens pitancher un verre de cogne.
>
> J.-K. Huysmans, *Marthe*

Coiffer

Se coiffer : s'enivrer ; *coiffé :* ivre ; au 16ᵉ siècle, *coiffer son heaume* (cf. *casque*). Les effets du vin sur la tête et le visage sont les plus fréquemment décrits.

> Dis-nous un peu
> Quel est le cabaret honnête
> Où tu t'es coiffé le cerveau ?
>
> ' Molière, *Amphitryon*

Coiffer signifie aussi « ajouter une liqueur à une autre » (18ᵉ siècle). En Normandie, un *café coiffé* est un café arrosé.

Cointcher

La *cointche* ou *coinche* est un jeu de cartes, variante de la belote, et dont le nom est formé sur *coin, coincer.* Dans la région lyonnaise, *être cointché,* c'est être ivre ; en patois, *couontcha* signifie « coincé » et « ivre ». San-Antonio emploie volontiers ce mot.

Coller

Coller le vin consiste à lui ajouter une substance de nature protéique, qui coagule au contact du tanin et entraîne au fond les particules en suspension. Cette méthode de clarification était connue des Romains. On emploie le plus souvent du blanc d'œuf.

Colonial

En Afrique, on appelait *œuf colonial* l'estomac rond et débordant des Européens qui consomment trop de bière et d'alcool. Le *café colonial* est un café arrosé (fin des années 1930).

Coma

Du grec *kôma,* sommeil profond. Le terme médical de *coma éthylique* a été adopté et abrégé par l'argot : *être dans le coma,* être complètement ivre (milieu 20e siècle).

Comète

Depuis l'Antiquité, les passages de comètes ont la réputation de donner des vins remarquables *(année de la comète, vin de la comète).* Tel fut le cas en 1630 et en 1811.

> Vous monterez une fiole de mon pommard de 1811... *(au duc :)* Année de la comète... monsieur le duc !... quinze francs la bouteille ! le roi n'en boit pas de meilleur.
>
> Émile Augier, *Le Gendre de Monsieur Poirier*

Commun

En dégustation, *commun* est un terme péjoratif, qui ne signifie pas « de consommation courante », mais « sans originalité, plat, ou même mauvais ». Divers auteurs le traduisent par *sans race, vulgaire, plébéien* ou *roturier,* ce qui en apprend plus sur le locuteur que sur le vin lui-même...

Communard

Un *communard* est un vin rouge additionné de cassis.

> Laurent Tailhade [...] s'effare de la variété et donc du nombre
> des consommations avalées par mes héros. Un critique allemand
> en a dressé la liste éclairée de commentaires, l'Allemagne de
> Guillaume II ayant tout à apprendre du rince-cochon et de ce qui
> différait (ça ne se demande plus) un communard bien tassé d'un
> fédéré sérieux...
>
> André Salmon, Souvenirs sans fin, I

Métaphore sur le « rouge », par allusion aux partisans de la
Commune de Paris, en 1871.

Complet

En dégustation, *complet* qualifie un vin qui n'a aucun défaut
et à qui rien ne manque (synonyme : *entier*), ou bien un vin
dont tous les constituants s'équilibrent harmonieusement :

> [Grand cru classé Graves 1974] Belle robe grenat foncé ; nez
> puissant, très net, splendide, dominante florale, pivoine ; bou-
> che : vin puissant, charpenté, complet, pas encore à son apogée,
> tant s'en faut, mais déjà plein de force et de charme, de grand
> caractère, ferme...
>
> L'Étiquette, nº 10, printemps 79

Le latin *complere,* remplir, s'employait à propos des
buveurs : *potione completi,* remplis de boisson, disait Cicéron.
Complet, ivre, est aujourd'hui désuet (on dit *bourré*), mais
on trouve *se compléter,* s'enivrer, dans la bouche d'un
personnage normand de Maupassant :

> Pendant çu temps-là, Brument et Cornu ils buvaient un coup, et
> pi encore un coup, et pi encore un coup. Ils se complétaient de
> compagnie que je leur dis : « C'est vous qu'êtes pleins, pu pleins
> qu'çu baril. »
>
> Maupassant, Une Vente

Compte

Avoir son compte : du sens « avoir ce qu'on désire », on est
passé par antiphrase au sens « avoir des malheurs, être
maltraité, battu ». Le sens « être ivre » peut s'expliquer soit
par l'idée de coups (comme *arranger* peut signifier aussi bien
battre qu'*enivrer*), soit parce que l'homme soûl *a sa dose,* a bu
autant qu'il pouvait.

Comptoir

Vin de comptoir est une expression généralement péjorative, alors que *vin de café* ne l'est pas. Gilles Pudlowski protestait, dans le *Gault-Millau « Spécial vins »* de 1983, contre la mauvaise réputation dont ont longtemps souffert les vins d'Alsace, qu'on tenait pour des « vins de comptoir, donnant mal à la tête ».

Le comptoir laisse des traces sur l'ivrogne ; il a *un durillon de comptoir :* un estomac gonflé ; ou bien *une laryngite de comptoir* si sa voix est cassée par l'alcool. En Afrique, l'ivresse est un *palu* [paludisme] *de comptoir.*

Rappelez-vous le bon Jean XXIII avec sa brioche carrossée par Maserati ; on aurait dit qu'il se planquait la tiare sous la soutane ! Ça lui était pas venu par l'opération du Saint-Esprit, un pareil durillon de comptoir.

San-Antonio, *Le Standinge selon Bérurier*

Confondu

Entendu en Beaujolais et en Normandie, *il est confondu :* il est ivre. D'après le sens régional « abîmé, souillé, sali » ? ou le sens ancien « détruit, détérioré » ? L'idée de confusion mentale peut aussi expliquer le mot.

Connaisseur

Le mot de *connaisseur* a de telles nuances qu'il est difficile de le traduire dans une langue étrangère : les Anglais l'ont adopté tel quel, sous sa forme ancienne *connoisseur.* Le connaisseur n'a pas le savoir scientifique de l'œnologue, ni même une connaissance des vins aussi précise que celle des professionnels, comme les dégustateurs ou les sommeliers. Ses connaissances sont comparables à la culture d'un honnête homme plus qu'à l'érudition d'un savant.

Consistance

La perception tactile du vin dans la bouche peut donner une impression de volume et de solidité : on parle alors de la *consistance* du vin, qui dépend du tanin et du moelleux.

[Premier cru de Beaune, 1977] Vendange peu mûre. Robe évoluée légèrement fanée. Nez animal un peu « faisandé ». Bouche douce, peu consistante mais harmonieuse, avec des arômes d'épices.

Revue du Vin de France, sept./oct. 1983

Consoler

Comme le vin et l'alcool ont la réputation de « noyer le chagrin » et de « remonter le moral », à cause de l'effet excitant qu'ils ont, dans un premier temps, sur le système nerveux, diverses expressions leur attribuent la vertu de consoler. En Normandie, *se consoler :* prendre un petit verre, et *consoler son café :* y mettre de l'alcool ; c'est du *café consolé.* Dans l'argot parisien du 19e siècle, *consolation* signifiait « eau-de-vie », puis « boutique de marchand de vins ». Au début du 20e siècle, *une consolante* est une bouteille qu'on boit avant de se séparer, ou bien, chez les cuisiniers, après le coup de feu.

Constitution

La *constitution* du vin est le rapport entre ses divers éléments, alcool, tanin, glycérine, acidité. Il est *bien constitué* si ces éléments sont harmonieusement équilibrés.

Coque

Avoir ou *tenir la coque, être coque, être encoqué :* être ivre (19e siècle). L'origine de ces expressions est obscure. On peut penser à une image maritime, l'ivresse évoquant le balancement d'une coque sur les vagues, ou bien à une variante de *cocarde* et des métaphores sur la coiffure (un vin peut *taper sur le coqueluchon,* la tête). Mais il s'agit plus probablement d'une allusion à la *coque du Levant,* fruit du *menispermum cocculus,* un poison aux propriétés stupéfiantes, avec lequel on enivre les poissons pour les prendre plus facilement.

Cordelier

Gris comme un cordelier (fin 18e siècle) : ivre ; jeu de mots sur la couleur de l'habit, et plaisanterie commune sur l'intempérance des moines.

Corne

Objet allongé et creux, d'ailleurs longtemps utilisé pour boire, la corne est aussi une métaphore du gosier : *se rincer la corne. Corner* ou *encorner :* boire, de même que *se verser dans le cornet.*

98

Prends un siège, déclara pompeusement Ribouldingue, et administre-toi dans le cornet ces savoureuses liqueurs.

Louis Forton, Les Pieds-Nickelés en Amérique

On trouve aussi les formes régionales de **corniole, cornioule** (« Ah ! qu'y fat de bin à la corniole ! ») en Auvergne et dans la région lyonnaise, — et *la cornemuse (se rincer la cornemuse). La bataille de Saint Pensard à l'encontre de Caresme,* jeu de Carnaval du 15ᵉ siècle, joue avec brio sur ces mots :

> NOE : *Si leur soeif a ce coupt n'estanche,*
> Ilz seront plains de souffre au corps,
> Car si mon baril ne desmanche,
> Ilz corneront a double corps.
>
> LOT : J'ay encorné en ce cornet,
> Bacus, de telle cornerie
> Que nul d'eulx, s'il a le corps net,
> Ne vit oncques tel cornerie.
>
> BACUS : Lot, Lot, jamais en cornerie
> Je ne vy ung tel cornardeau !
> Dy a Chose que je luy prye
> Que plus n'en mette en cornet d'eau.

Corps

La définition du *corps* (mot attesté au 17ᵉ siècle) varie selon les auteurs. Depuis Ambroise Paré au 16ᵉ siècle, *corps* indique la « consistance que prend un liquide qu'on épaissit », mais ce n'est pas toujours ce sens de « consistance » qu'on entend lorsqu'on parle du *corps du vin.* On pourrait aussi penser que le *corps* est l'ensemble formé par la *charpente* et la *chair,* si ces termes avaient une définition stricte ; mais certains estiment qu'un vin peut avoir du *corps* sans avoir de *chair,* tandis que d'autres tiennent *corps* pour synonyme de *chair* ou de *charpente...* On peut repérer, dans l'ensemble des ouvrages sur la question, les définitions suivantes :

1) *a du corps* ou *est corsé* un vin riche en alcool. Le verbe *corser* est un dérivé direct de *cors,* orthographe ancienne de *corps. Corser* signifiait donc « redonner du corps ». Aujourd'hui, *corser un vin,* signifie « lui ajouter de l'alcool ». L'alcool étant *l'esprit-de-vin,* on en arrive ainsi à dire qu'un vin qui a de l'esprit a du corps...

2) c'est l'intensité conjuguée du tanin et de l'alcool qui fait le *corps ;*

3) le *corps* est formé par l'équilibre de l'alcool, du tanin et du moelleux ;

4) enfin, le *corps* serait l'impression de consistance donnée par la richesse en extrait sec. Cette définition a l'intérêt de correspondre à celle que donnait du mot la chimie ancienne ou l'alchimie, qui appelait *esprit* les substances volatiles, et *corps* le dépôt qui restait après l'évaporation des premières : c'est très exactement l'extrait sec.

Corsage

L'expression *vin qui a du corsage* est répandue chez les amateurs mais très imprécise. Ce peut être une déformation de *corsé*, mais certains auteurs l'entendent plutôt comme synonyme de délicat, féminin, fin, — auquel cas un vin « masculin » a non pas *du corsage,* mais *du gilet.* En fait, cette allusion à un corps féminin bien en chair se trouve indifféremment dans *il a de la cuisse, de la fesse* ou *une belle chute de rein,* ou même *il a du nombril !*

Côte, coteau

Les vins de côtes ou de coteaux sont meilleurs que ceux des plaines. Aussi le mot de *coteaux* suggère-t-il l'idée de bon vin ; on disait d'un amateur, au 17e siècle, qu'il était *de l'ordre des coteaux,* ou tout simplement *coteau.* Aujourd'hui, par ironie, on peut soupçonner un vin de coupage d'avoir été récolté *sur les coteaux de Bercy.* Il se fabrique au Mali une bibine à base de poudre qu'on nomme plaisamment *Coteaux-de-Bamako.*

Une côte, abréviation de *Côtes-du-Rhône :* un verre ou une bouteille de ce vin.

> Nous nous retrouvions à la terrasse du bistrot en bas, un machin prétentiard où l'on refusa un jour de me servir une « petite côte », « Nous ne servons pas de vin rouge, ici, monsieur », ce genre-là.
> Cavanna, *Bête et Méchant*

Coton

Un vin *cotonneux* ne peut évidemment pas avoir la douceur d'un vin *de taffetas, de soie* ou *de velours :* ce mot suggère en dégustation une impression de lourdeur.

Pour le buveur altéré, le coton évoque la soif : il *crache blanc comme coton* (16e siècle), il *crache du coton* (17e), ou comme on dit à Lyon, il *a du coton dans la corgnole.*

Au début du 19ᵉ siècle, l'ivrogne était comparé à **une
lampe consommant plus d'huile que de coton :** il lui faut
plus à boire qu'à manger.

Couche

Se donner une belle couche : s'enivrer (milieu 19ᵉ siècle);
sans doute une *couche de peinture,* métaphore ancienne de
l'ivresse qui enlumine les trognes.

Entendu en Beaujolais : **il a couché dans la couverture
rouge,** ce qui évoque à la fois l'enveloppement du vin où
l'ivrogne « se noie », et son effet soporifique. Dans la *Bataille
des Vins,* au 13ᵉ siècle, les vins de Paris accusent ceux de
l'Auxerrois de faire coucher les gens dans le foin :

> Mès Vermentun, S. Brice, Auçuerre
> Si font les gens gésir au fuerre.

Coude

Lever le coude, boire beaucoup, date du 18ᵉ siècle ; on disait **plier le coude** au 16ᵉ siècle, et **hausser le coude** au 17ᵉ. Au début du 20ᵉ siècle, **être adroit du coude** : être porté sur la boisson.

Couler

Etymologiquement, et tel est le sens du mot au 12ᵉ siècle, *couler* signifie « filtrer », du latin *colare,* faire passer à travers un filtre (*colum*). L'idée reste latente dans le sens de **coulant** en dégustation : on le dit d'un vin qui n'est pas « rude » (Furetière, 1690), qui glisse sans laisser une sensation d'aspérité ; il équilibre acidité et moelleux en étant peu tannique.

On dit **couleuse,** et **recouleuse** en Champagne, une bouteille qui perd du vin à cause de la mauvaise qualité ou de l'usure du son bouchon.

Soûl à couler bas : métaphore de la Normandie maritime, qui indique un degré d'ivresse plus grave que **avoir sa marée** ou **du vent dans les voiles.**

Couleur

L'observation de la couleur fait partie de l'examen visuel du vin, premier moment de la dégustation. La couleur peut dépendre du cépage, du climat (le soleil l'intensifie), de la nature du sol (l'argile, par exemple, donne des tons plus foncés), du temps de cuvaison, de l'âge du vin (les rouges prennent des nuances jaunes en vieillissant, les blancs virent vers l'ambre), de sa santé. La couleur donne donc de nombreuses indications, et permet même aux spécialistes de prévoir, au seul regard, le goût qu'aura le vin. On trouvera dans *Le Goût du Vin* d'Emile Peynaud la liste de tous les noms de couleur qui peuvent qualifier un vin. Elle s'est considérablement affinée depuis l'Antiquité, qui distinguait seulement le blanc, le jaune roux, le rosé, le rouge et le noir.

Dans la littérature bachique, l'attention se porte plutôt sur la couleur du buveur, et surtout de son nez, qui se pare de toutes les teintes vineuses.

Quand mon nez deviendra de couleur rouge ou perse,
Porterai les couleurs que chérit ma maîtresse.
         Le vin rend le teint beau !
Vaut-il pas mieux avoir la couleur rouge et vive
Riche de beaux rubis, que si pâle et chétive
         Ainsi qu'un buveur d'eau ?

Olivier Basselin, Vaux-de-Vire

Coup

Le mot *coup* est l'un des plus usités dans le vocabulaire des buveurs. Il est beaucoup plus rare chez les œnologues et dégustateurs : *coup de nez* s'emploie dans le Bordelais pour un vin qui a un arôme très intense, mais l'on n'a pas exploité le terme en ce domaine. En revanche, la langue familière en a fait l'expression la plus courante de l'agressivité réciproque du vin et du consommateur.

Le sens de *coup,* quantité de liquide absorbée en une seule fois, est attesté dès le 14e siècle et fonde diverses expressions signifiant « boire ». « Le cadet aimait à souper et à *boire le petit coup* », racontait Saint-Simon. Et Queneau : « Il s'assit et vit les trois verres. — Tiens, dit-il, elle *buvait le coup* avec vous ? » (*Pierrot mon ami*). *Boire un coup,* plus fréquent aujourd'hui, ou *s'en jeter un coup* peuvent être spécifiés selon les moments et les occasions. On connaît encore bien *le coup du milieu,* un verre d'alcool qui, pris au milieu d'un festin, a la réputation d'alléger l'estomac. Grimod de La Reynière, qui attribue cette invention à la ville de Bordeaux, explique aussi dans son *Almanach des Gourmands,* au début du 19e siècle, ce que sont *le coup d'avant* et *le coup d'après.* Le premier est « fort en usage dans le Nord de l'Europe, surtout en Suède et en Russie. Il consiste dans un grand verre de vermouth, ou même simplement d'eau-de-vie, que l'on présente à chacun des convives pour le mettre en appétit. Ce coup se boit dans le salon ». Bien que Grimod de La Reynière ait cru que ce *coup d'avant* ne serait jamais adopté en France, l'usage s'en est répandu sous le nom d'*apéritif !* Quant au *coup d'après,* ce n'est pas le digestif, mais « un demi-verre de vin pur, qu'on boit immédiatement après la soupe ». Il y a enfin le *coup de l'étrier* (19e siècle), qui s'appelait *vin de l'étrier* au 17e, dernier coup qu'on boit avant de partir, le *coup de départ* qui inspire au César de Pagnol ce discours solennel :

Donc, nous allons boire le coup du départ. C'est émouvant, le coup du départ. On quitte sa famille, ses amis, ses clients. On part pour les mers inconnues d'où l'on est presque sûr de ne pas revenir. Alors on prend son verre d'une main qui ne tremble pas. On boit le dernier coup sur la terre ferme... le coup du départ... C'est émotionnant... À votre santé...

Marcel Pagnol, *Marius*

Mais si le geste brusque du buveur qui lève son verre et le vide explique ce sens de *coup,* l'état comateux de l'ivrogne a suggéré un autre développement du mot dans des expressions désignant l'ivresse. Boire est un combat où le vin qui *cogne* s'affirme toujours comme « le dompteur d'hommes » (Homère); aussi Dionysos portait-il le surnom d'*anthroporrhaistès,* marteleur d'hommes. En effet, l'homme ivre *a pris un coup,* en divers endroits : *dans le nez, dans la pipe, dans les carreaux, dans les brancards* ou *les lattes* (les jambes), *dans l'aile.* Ce peut être un *coup de soleil,* un *coup de chasselas* ou un *coup de sirop.*

> Un tas d' bibons à douilles blanches,
> Sitôt qu'ils ont du carm' [= de l'argent] de trop,
> N'attendent pas les fêtes et dimanches
> Pour y pincer leur coup d' sirop.
>
> *L'assommoir de Belleville*, chanson, 1850

Avec plus de précision, Zola emploie l'expression *avoir son coup de bouteille ;* et la violence redouble dans une autre page de *L'Assommoir :*

> Coupeau ne connaissait qu'un remède, se coller sa chopine de cric, un coup de bâton dans l'estomac, qui le mettait debout.

J'ai aussi relevé à Cognac ce jeu de mots entre *barrique* et *bourrique : attraper un cot d' pied d' barrique...* Au 17e siècle, *coup de pied de bouteille* désignait le nez bourgeonnant de l'ivrogne.

Une ambiguïté sémantique fait la drôlerie d'une locution normande que Maupassant cite et qu'on retrouve chez Francis Carco : le *coup de pied au cul* est le dernier verre d'eau-de-vie qu'on prend après la *rincette* et le *pousse-rincette.*

Couper

Couper un vin (15e siècle) a d'abord signifié « le tempérer, l'atténuer en le mélangeant à de l'eau ou à un vin moins fort ». Aujourd'hui, on emploie plus souvent ce verbe au sens de « mélanger un vin à un autre » : c'est un *coupage* (19ᵉ siècle). On appelle pudiquement *vin d'opération* un vin coupé. On réserve d'ailleurs le terme de *coupage* aux vins ordinaires, alors qu'on parle d'*assemblage* pour les vins fins.

D'un vin épais, on dit depuis le 17ᵉ siècle qu'il est *à couper au couteau.* Rousseau se trouvait « le plus heureux des hommes » avec un « gros vin de Montferrat à couper par tranches » (*Confessions*).

Court

En dégustation, on dit qu'un vin est *court,* ou qu'il *tourne court,* lorsque l'impression ressentie à l'attaque disparaît rapidement, ou lorsqu'une fois avalé il a une trop faible persistance. On dit plus rarement qu'il *n'a pas de suite.* Curieusement, cet adjectif compte parmi les rares termes de dégustation connus au Moyen Age, mais il était alors laudatif, si l'on en juge par les contextes où il était employé. Dans le *Jeu de Saint Nicolas* (début du 13ᵉ siècle), le crieur vante un vin « seur lie, court et sec et maigre ». On ne sait s'il s'agit d'un vin corsé, ou si les trois adjectifs de ce vers sont synonymes et signifient « sec » au sens actuel.

[Muscadet Sèvre et Maine 1979] Très clair, paille, brillant ; très bon nez, grain, froment, agréable ; bouche : bon vin, mais ne tenant pas ses promesses ; assez alcoolique, ce qui masque ses qualités de finesse ; un peu court en bouche.

L'Étiquette, été 1980

Couvert

Vin couvert (16ᵉ siècle) : d'une couleur trop foncée ; sans doute par analogie avec un ciel couvert, comme le laisse penser l'*île des Plaisirs* inventée par Fénelon :

Il y pleut du vin couvert quand le temps est chargé, et dans les beaux jours, la rosée du matin est toujours du vin blanc.

Cracher

Les dégustateurs qui doivent goûter de nombreux vins à la suite crachent les gorgées après en avoir analysé les qualités. Un manuel destiné à des sommeliers, en 1884, contestait cette pratique : « cette manière d'opérer se nomme la dégustation à l'anglaise », ajoutait-il.

Le soiffard, lui, reconnaît son mal à ce qu'il lui est difficile de cracher puisque sa gorge est sèche :

> Prince, il n'eût su jusqu'à terre cracher ;
> Toujours criait : Haro ! la gorge m'ard !
> Et si ne sut oncq sa soif étancher
> L'âme du bon feu maître Jean Cotard.

François Villon

L'homme altéré *crache blanc,* il *crache du coton :* comme disait Rabelais, il *crache aussi blanc comme coton de Malte.* Il lui faut donc fluidifier ses humeurs, selon l'antique conseil d'Hippocrate : « Le vin doux procure le crachat mieux qu'un autre. » En revanche, il *ne crache pas sur la bouteille* (19e siècle). On disait d'un avare, au 17e : *il n'ose cracher de peur d'avoir soif.*

Crapule

Crapule signifia d'abord « ivresse, ivrognerie » (14e siècle), du latin *crapula,* même sens. *Crapuleux :* ivrogne ; *crapuler :* s'enivrer.

> Le grand s'enivre de meilleurs vins que l'homme du peuple : seule différence que la crapule laisse entre les conditions les plus disproportionnées, entre le grand seigneur et l'estafier.

La Bruyère

Cravate

S'en jeter un derrière la cravate : boire un coup. A la fin du 19e siècle, *mettre une épingle à sa cravate.* On dit aussi *s'en glisser un derrière le bouton de col* ou, comme Léo Malet :

> Il urgeait de se jeter quelque chose de raide derrière le gilet de corps.

Léo Malet, Pas de bavards à la Muette

Crème

Crème de tête désigne un vin de Sauternes provenant de la première trie de raisins, où l'on ne cueille que les plus mûrs : on obtient ainsi un vin très liquoreux, comparable à une *crème,* liqueur moelleuse (18e siècle).

Le *crémant* est un mousseux fait selon la méthode champenoise, mais dont la pression est inférieure au champagne. Le mot s'explique par le sens de « mousse, écume », que *crème* a dans diverses régions ; *crémer :* se couvrir d'une légère mousse.

Crête

Avoir la crête rouge : être ivre (Normandie) ; *s'ourder la crête, s'allumer la crête :* s'enivrer.

D'autres gaillardes se remontent périodiquement le moral avec des lampées de vin rouge. On les voit revenir furtivement de l'épicerie, la crête allumée d'avance, avec une bouteille sous le tablier.

P. J. Hélias, *Le Cheval d'Orgueil*

Creux

En dégustation, on dit *creux* un vin maigre, au même sens que *viande creuse*, peu substantielle (17e siècle). Mais le *creux* d'une bouteille est l'espace d'air qui sépare le bouchon du vin : si le creux augmente trop avec l'âge, la bouteille devient *basse.*

Creuser une bouteille, un verre : les vider (milieu 18e siècle) : « ils avaient creusé jusqu'au fond une bouteille de vin de Graves » (Brillat-Savarin).

Cric, croc

Le *cric,* dans l'argot parisien du 19e siècle, et le *croc* chez les marins à la même époque, sont de l'eau-de-vie de mauvaise qualité, de même que *crocmole* (fin 19e). Il est peu probable que ce soit un usage métaphorique de *cric,* appareil pour soulever les charges, bien que l'alcool soit « un remontant ». *Cric, croc* était depuis le 14e siècle une formule pour trinquer, comme aujourd'hui *tchin-tchin :*

Tic toc, chic choc, cric croc !
Chantons frère Roc
En vidant le broc.

Alexis Piron, *Chanson de l'abbé Legendre*

La formule pouvait se compliquer en *crique, croc, mace, taupe, trinque,* ou comme dans cette chanson du 17e siècle :

Si tost qu'on me voit
On doit crier ripaille
Crevaille
Cric, croc, taupe, masse qui boit.

Cric croc semble imiter par onomatopée le bruit des verres qu'on choque ; en ancien français, *croquier* signifie « frapper contre un écu pour provoquer quelqu'un en duel » ; or le rituel du toast ressemble par certains côtés à cette provocation.

Crieur

La profession du *crieur de vin,* ou *juré-crieur,* animait la vie urbaine au Moyen Age : après avoir vérifié les fûts mis en perce et touché la taxe chez le débitant, le crieur allait faire la réclame du vin dans les rues, deux fois par jour. Plus tard, les *crieurs de vin* ont été recyclés en *crieurs de corps,* chargés d'annoncer les enterrements quand les faire-part n'existaient pas encore...

Crocheteur

Les crocheteurs, ou portefaix, avaient la réputation de s'enivrer de mauvais vins. Au 16ᵉ siècle, Le Paulmier écrit que parmi les vins de la région parisienne « ceux qui sont cruds, aspres et rudes ou verts, sont propres seulement aux laboureurs, fossoyeurs et crocheteurs ». Et Grimod de La Reynière raconte, au début du 19ᵉ : « ... ils vous servaient des verres de vin pur, comme pour un crocheteur ». Le *vin de crocheteur,* gros vin, de mauvaise qualité, est devenu aujourd'hui *porto de déménageur.*

Croupi

Le *goût de croupi* qu'on rencontre dans certains vins leur est donné par des fûts dont on a mal vidé l'eau de rinçage.

Mais le verbe *croupir* est une curiosité du vocabulaire de la dégustation, car il faisait partie des termes usités au Moyen Age, et il a disparu par la suite. Le crieur du *Jeu de Saint Nicolas,* vers l'an 1200, vante un vin *croupant seur langue a lecheour,* « s'attardant sur la langue des gourmets ». Et dans le dit *des Trois dames de Paris,* au 14ᵉ siècle, on retrouve le mot dans cette belle leçon de dégustation :

> — Hé ! Que tu as la gorge gloute,
> dist Margue Clouve, bele niece !
> Je n'avrai encor en grant piece
> but tout le mien, mais tout a trait
> le buverai a petit trait,
> pour plus sus la langue croupir.

> Entre deux boires un soupir
> i doit on faire seulement :
> si en dure plus longuement
> la douceur en bouche et la force.

Croupir, autrefois synonyme de « être accroupi », signifie par la suite « se maintenir, s'attarder, rester ». A propos du vin, il s'agit, semble-t-il, de ce qu'on appelle aujourd'hui la *persistance,* le goût qui se prolonge quand on a avalé. Le crieur du *Jeu de Saint Nicolas* donne d'ailleurs ce conseil :

> Tien le seur la langue un petit,
> Si sentiras ja outrevin.

Il faut s'imprégner le palais pour que la sensation reste quand le vin est passé. Ce joli mot d'*outrevin* a disparu, comme *croupir.*

Cru (adj.)

L'adjectif *cru* (latin *crudus*) qualifie un vin trop vert, manquant de moelleux (16ᵉ siècle).

> Si je buvais un hanap de vin d'Orléans ? Non, il est trop cru !
>
> Charles de Coster, *Ulenspiegel*

Cru (subst.)

Cru, participe passé du verbe *croître,* a d'abord signifié « ce qui croît dans un terrain, sa production » (15ᵉ siècle) :

> Son vin noir et grossier, mais désaltérant et sain, est du cru de sa vigne.
>
> Rousseau, *Émile*

Puis le mot a désigné le terroir lui-même en tant qu'il fournit des produits spécifiques. Mais il ne faut pas confondre *un vin du cru* et *un cru.* Le *vin du cru,* que l'on consomme sur le lieu même où il est fait, risque de donner une satisfaction plus sentimentale que gustative. *Du vin du cru que Dieu nous garde,* dit un vieux proverbe que précise cet aphorisme de Grimod de La Reynière : « Le vin du cru, un dîner d'ami, et de la musique d'amateur, sont trois choses également à craindre. » Mais *cru* est aussi un titre dont l'application, légalement réglementée, est réservée à un vin qui provient d'une aire déterminée, et qui a droit à une appellation d'origine.

Cuisse

Qui a de la cuisse : cette expression, qualifiant un vin qui a de la chair, satisfait plus l'imagination de l'amateur que son souci de précision.

> [Du château Haut-Brion] Sa couleur foncée et vive, sa sève puissante, son bouquet *sui generis* (un vrai vin qui a « de la cuisse »), son moelleux, sa finesse et son corps en font vraiment [...] un vin splendide et personnel.
>
> Dr Paul Ramain, *Les Grands Vins de France*

En Touraine, on appelle ***cuisse de bergère*** un vin rouge de couleur très faible.

Quant au gros rouge, malgré sa réputation de ***brouille-ménage,*** il est censé rendre les femmes peu farouches : c'est de ***l'ouvre-cuisses.***

> Litanies que continuent les autres, les yeux fermés, gravement :
> — Du sirop de bois tordu, le malaga des boueux, le ça-qui-s'avale...
> — Le rouquin, le rouquinos, le rouquemoute...
> — L'ouvre-cuisses, le pousse-au-crime, le gros-qui-tache...
>
> Jean-Pierre Chabrol, *L'Embellie*

Cuit, cuite

En œnologie, un *vin cuit* est un vin doux obtenu par un chauffage qui concentre le moût avant sa fermentation. En dégustation, *goût de cuit* a des sens variés selon les auteurs : certains l'appliquent à des vins issus de raisins trop mûrs, d'autres à des vins qui ont un goût indu de vin cuit.

Mais, dans l'imaginaire, le vin est toujours de l'ordre du cuit : parce qu'il est une substance chaude née du feu solaire, parce que la fermentation le fait bouillonner, et parce qu'il est le produit d'une élaboration complexe analogue à une cuisine.

Ayant *du feu,* le vin finit par *cuire* le buveur. *Cuit* signifie « ivre » depuis le 17ᵉ siècle ; *la cuite,* l'ivresse, et *se cuiter* apparaissent au 19ᵉ. Le jeu de mots de Louis Forton dans *La bande des Pieds-Nickelés :* « Les bons crus font les bonnes cuites », s'est renouvelé depuis que Lévi-Strauss a publié *Le cru et le cuit,* dont on parodie le titre en *Le cru et la cuite.*

Cuivre

Le *goût de cuivre,* caractérisé par une forte astringence, peut être accidentel, mais il se trouve aussi naturellement, à un degré agréable, sur certains vins blancs.

Cuivré, ivre, est du même registre que *blindé* ou *rétamé ;* on dit aussi *bronzé.*

Cul

Cul de verre, de bouteille : le fond (17ᵉ siècle). *Faire cul sec :* vider son verre jusqu'au fond, a des variantes régionales comme *faire cul net, boire à cul net* ou *faire cul blanc.*

La forme de ces fonds a suggéré la comparaison *rond comme un cul de bol* ou *de bouteille :* complètement ivre.

Culbuter

Culbuter un verre, le boire d'un trait, s'explique par le geste brusque du buveur. Mais celui-ci est à son tour *culbuté,* ivre (vers 1950), puisque le vin « renverse » qui en boit trop : le docteur Ramain explique, dans *Les grands vins de France,* que les vins savoyards ne fatiguent jamais, « car jamais ils n'ont renversé leurs buveurs ». Au début du 20ᵉ siècle, le vin grossier se nomme *du culbutant.*

Culotte

Se donner une culotte, prendre ou *avoir une culotte :* s'enivrer (19e siècle), comme *se culotter le nez, se culotter.*

> Ils étaient déjà soûls comme des tiques. Et les dames avaient leur pointe, oh ! une culotte encore légère, le vin pur aux joues...
>
> Émile Zola, *L'Assommoir*

On pense généralement qu'il s'agit d'une comparaison avec le dépôt noir d'une pipe « culottée ». *Se culotter* serait donc une variante pittoresque de *se noircir,* d'autant que le gosier porte le surnom de *pipe* depuis le 15e siècle.

Cuve

Goût de cuve a des acceptions variées. On le dit d'un vin au tanin excessif, issu d'une cuvaison trop longue, un vin *forcé de cuve* (la vendange a macéré trop longtemps dans des cuves avant le pressurage) ; ou bien, comme *goût de fût,* d'un vin abîmé par des cuves en mauvais état ; en Bourgogne enfin, *goût de cuve* désigne de l'acescence.

Une *cuvée* est d'abord la quantité de vin qui provient d'une cuve donnée : plusieurs tonneaux peuvent donc contenir du vin d'une même cuvée. Mais en Bourgogne, *cuvée* a le même sens que *cru* en Bordelais : en 1860, on a classé les climats bourguignons en *têtes de cuvée, premières, deuxièmes* et *troisièmes cuvées.* On préfère aujourd'hui parler de *cru :* par exemple, Chambertin et Clos de Bèze, autrefois *têtes de cuvée,* ont maintenant l'appellation de *grands crus.*

En Champagne, *cuvée* signifie assemblage de vins ; le mot est attesté en ce sens en 1845. Mais d'autre part, dans la même région, on appelle *vin de cuvée* celui du premier pressurage.

Cuver son vin, le digérer en dormant, date du 17e siècle : plein comme une cuve, l'homme ivre laisse le vin se transformer en lui.

> Assez souvent d'un vin bien pris et mal cuvé
> Je vous ai vu le chef plus lourd qu'à l'ordinaire.
>
> Regnard, *Les Ménechmes*

Dalle

Au sens premier, une ***dalle*** est une pierre creusée où l'on jette les eaux usées, un évier. Par métaphore, le mot signifie

114

gosier dès le 15ᵉ siècle. Dans le *Débat du Vin et de l'Eau* de Pierre Jamec, au 15ᵉ, le vin accuse son ennemie :

> Meschante, tu n'es a rien bonne.
> Tu fais trembler une personne
> Si tost que t'a mis en sa dalle.

Se mouiller, se rincer la dalle : boire ; *avoir la dalle en pente :* être porté sur la boisson.

Dame

Une femme, en visite avec un groupe d'hommes dans une cave, risque encore de s'entendre dire, alors qu'eux goûtent un bon vin rouge : « Ah ! vous, je vais vous chercher du *vin de dames !* » Il s'agit généralement d'un vin doux, censé mieux convenir aux palais féminins...

La *dame-jeanne* est une petite bonbonne entourée d'un clissage de paille :

> ... elles versaient l'excellent vin du cru renfermé dans des dames-jeannes de la grandeur de trois bouteilles.
>
> Chateaubriand, *Mémoires d'Outre-Tombe*

Les bouteilles sont volontiers désignées comme des êtres féminins, par exemple la *fillette,* la *demoiselle,* ou la *dame blanche,* bouteille de vin blanc (argot, fin 19ᵉ siècle). Comme la *dame-jeanne,* elles ont des prénoms : la *jaqueline,* cruche de grès à large ventre en usage dans les Flandres (17ᵉ siècle) ; la *marie-jeanne* (Vosges, Saône-et-Loire, Poitou, Charentes) ; ou la *grosse jeanne* (18ᵉ siècle).

Daube

Avoir sa daube, variante de *avoir sa cuite,* se justifie d'autant plus que les daubes se font souvent avec du vin, où la viande cuit longuement.

Déboire

Au 15ᵉ siècle, *déboire* signifie « arrière-goût d'une boisson », sans nuance péjorative : c'est ce qu'on appelle aujourd'hui *l'arrière-bouche.* Puis le mot a désigné un arrière-goût désagréable, jusqu'au 18ᵉ siècle. Boileau se plaignait d'un vin

> Qui, rouge et vermeil, mais fade et doucereux,
> N'avait rien qu'un goût plat, et qu'un déboire affreux.
>
> *Satire X*

Mais dès le 16ᵉ siècle, *déboire* avait pris en outre le sens figuré qu'on connaît aujourd'hui.

Décanter

Décanter (fin 17ᵉ siècle) vient de l'alchimie : *decanthare*, débarrasser un liquide des matières en suspension qu'il contient, de *canthus*, bec de cruche. *Le décantage,* ou *la décantation,* consiste à transvaser doucement un vin vieux dans une carafe, en veillant à ce que les dépôts restent dans la bouteille. Cette opération permet de servir un vin limpide.

Décapant

Le *décapant* est un gros rouge corrosif. Le mot ne date que du 20ᵉ siècle, mais l'image est beaucoup plus ancienne. Juvénal parlait dans ses *Satires* d'un vin « dont ne voudrait pas la laine pour se dégraisser ». Philippe le Hardi, duc de Bourgogne, fit arracher et interdire le *gamay*, cépage qui aujourd'hui produit le beaujolais, « pour être de sa nature grandement corrosif ». Une anecdote ancienne sur les vins de

Moselle rapporte qu'il fallait un veilleur de nuit pour réveiller les buveurs toutes les deux heures : ainsi, en se retournant, ils n'avaient pas l'estomac rongé toujours du même côté...

Défoncer

Au sens propre (14ᵉ siècle), *défoncer* s'applique à un tonneau : ôter le fond d'un tonneau pour le vider. *Se défoncer,* s'enivrer, et *défoncé,* ivre, sont modernes. Comme *tomber en duelles,* ces mots jouent sur la comparaison ordinaire de l'ivrogne avec un tonneau. Variantes : *défonçaresse, défonçarès.*

> Finalement on s'était pieuté presque tous brindezingues, défonçaresse épouvantable.
>
> Alphonse Boudard, *Le Corbillard à Jules*

Déglacer

Se déglacer la glotte : boire, dans l'argot des cuisiniers. En cuisine, *déglacer* signifie mouiller d'un peu de liquide le fond d'une poêle ou d'une cocotte, pour dissoudre le jus caramélisé qui y adhère.

Dégoût

En dégustation, *dégoût* a gardé un sens ancien de *mauvais goût.* On dit que le vin *a un dégoût :* par exemple un goût de fût sale, de moisi, voire de bouchon.

Degré

La proportion d'alcool dans un vin se mesure en *degrés :* un degré alcoolique correspond à 1 cm³ d'alcool pur pour 100 cm³ de vin, à la température de 15 °C. Les vins ordinaires ne portent souvent pas d'autre indication que leur degré ; on les désigne en omettant soit le mot *vin : boire du dix degrés,* soit le mot *degré :*

> Vous vous en fourrez dans le coco du lapin et du vin à treize.
> Où donc, sans indiscrétion, que vous logez tout cela, maman ?
>
> J.-K. Huysmans, *Les Sœurs Vatard*

Les vins d'origine, eux, ne portent jamais d'indication de degré sur leur étiquette (celui-ci varie selon les récoltes), mais il faut savoir qu'une réglementation leur impose un degré minimum, variable selon les appellations.

Déguster

Curieusement, le verbe *déguster* n'est attesté qu'au début du 19ᵉ siècle, alors que *dégustation* date du 16ᵉ et *dégustateur* du 18ᵉ. Auparavant, on a dit *essayer,* puis *taster,* et enfin *goûter.*

La dégustation consiste non seulement à goûter le vin, mais aussi à en analyser tous les caractères organoleptiques (voir ce mot). Cela suppose un examen attentif et une grande concentration. Lorsque le mot *dégustateur* apparaît dans un texte écrit en 1793, c'est au sens professionnel : celui dont le métier est de déguster les vins. La chose est plus ancienne que le mot, puisque chez les Romains déjà, selon Caton, il fallait faire déguster (*degustare*) le vin par un expert trois jours avant toute vente.

Délicat

Délicat n'a pas le même sens pour l'œnologue et pour le dégustateur. Le premier dit *délicat* un vin fragile, sujet à des maladies. Pour le second, *délicat* qualifie un vin fin qui donne des sensations subtiles. Un proverbe du 16ᵉ siècle assurait :

> Vin délicat, friant et bon
> N'a mestier [= n'a pas besoin de] lierre ne brandon...

autre façon de dire « à bon vin ne faut point d'enseigne ».

Delirium tremens

Le nom du « délire tremblant » propre aux alcooliques a été créé par le médecin anglais Sutton en 1813, puis adopté en France en 1819. L'Académie l'a reconnu en 1878.

Démâté

Entendu en Bretagne : *il est complètement démâté :* complètement ivre. *Démâter quelqu'un* signifie le jeter à terre (milieu 19ᵉ siècle). Mais le verbe s'emploie depuis la fin du 17ᵉ siècle au moins à propos des tonneaux : *mâter un fût :* le mettre debout, posé sur son fond ; le *démâter :* le coucher.

Demoiselle

La *demoiselle* est une mesure variable selon les régions, tantôt demi-bouteille de vin rouge, tantôt verre d'eau-de-vie. Gérard de Nerval parle d'une eau-de-vie de cidre

> ... dont le prix varie selon la grandeur des petits verres [...].
> Le monsieur quatre sous. La demoiselle deux sous. Le misérable un sou.
>
> *La Bohême galante*

Démolir

Parmi les images de destruction ou de meurtre qui décrivent le rapport de l'homme aux boissons alcoolisées, *démolir* s'applique aussi bien à la bouteille qu'au buveur : *démolir une bouteille :* la vider ; *être démoli :* être ivre (Normandie).

> Il finit la quille de rouille. Et alors, chapeau. Un machin pareillement gazeux, le démolir sans respirer, faut pas craindre les bulles à ressort.
>
> San-Antonio, *Œuvres complètes*, t. XX

Dentelle

Dentelle, en dégustation, a des emplois contradictoires. Pour certains auteurs, un vin qui *tombe en dentelle* ou qui *est en dentelle* va sur sa fin, comme un tissu usé et déchiré. Raymond Dumay explique par exemple, dans son *Guide du vin,* que si l'on trouve de vieux vins à bas prix, c'est que « la vie du vin n'est pas éternelle et mieux vaut le solder que de le retrouver en dentelle ». Pour d'autres au contraire, *en dentelle* qualifie un vin fin et délicat. Dans le *Spécial Vins* de *Gault-Millau* en 1983, par exemple, l'expression revient plusieurs fois à propos de champagnes : « Crémant de Cramant, *une vraie dentelle* emplie d'un arôme exceptionnel », « *un vin en dentelle* et bien droit », « un pur Blanc de Blancs, tout en finesse et *en dentelle* ».

Dents

Se laver les dents : boire. Un proverbe du 15e siècle disait : *vin troublé ne brise dents.* Furetière le citait sous la forme : *le vin trouble ne casse point les dents.* Mais selon un autre proverbe, du 16e siècle, *vin aigre nuit aux dents.*

Entendu en Beaujolais : *il a les dents du fond qui baignent :* il a trop bu.

Il a du brandevin jusqu'aux dents, dit Ulenspiegel.

Charles de Coster, *Ulenspiegel*

Dépense

Dépense est l'un des noms anciens de la piquette, d'après *vin de dépense* (16ᵉ siècle).

> La vigne donne du vin de despence pour le mesnage, qu'on fait avec de l'eau sur le marc des raisins...
>
> Olivier de Serres, *Le Théâtre d'agriculture et Mesnage des champs*, 1600

Dépôt

Les **dépôts** sont les matières solides qui se sédimentent dans un vin en bouteille, tandis qu'on parle de **lie** pour le vin en fûts. On dit que le vin **dépose** (18ᵉ siècle). Il faut distinguer le **trouble,** ensemble de particules qui restent en suspension dans le vin, et le **dépôt** qui précipite au fond de la bouteille : si un vin au repos pendant plusieurs jours reste trouble et ne dépose pas, c'est un signe de maladie.

Dépouillé

Qualifiant un vin, **dépouillé** a des acceptions contradictoires. On l'emploie parfois au sens de *limpide :* le vin s'est « dépouillé » de ses matières en suspension, séparé de ses lies et de ses dépôts. Le mot vient en ce sens du vocabulaire alchimique : *dépouiller,* « purifier la matière, séparer le pur d'avec l'impur » (Dom Pernety, *Dictionnaire mythohermétique,* 1787).

> Il en est parfois des hommes comme de certains vins qui ont besoin de vieillir et de se dépouiller pour avoir toute leur saveur, toutes leurs qualités.
>
> Gérard de Nerval, *Le Marquis de Fayolle*

Mais **dépouillé** s'emploie aussi en mauvaise part, pour un vin qui a perdu ses qualités avec l'âge : on le dit aussi **décharné.** En grec ancien, *leptos,* au sens premier, « dépouillé de sa peau », s'appliquait aussi au vin.

Dépuceler

Dépuceler une bouteille : « l'ouvrir ».

> ... ce folâtre et rusé compère, grand brasseur de filles et dépuceleur de bouteilles, l'éternel rival d'Arlequin : Pierrot.
>
> J.-K. Huysmans, *Croquis Parisiens*

San-Antonio dit aussi : **déniaiser un flacon.**

Déranger

Dans l'Ouest de la France, *se déranger,* s'enivrer, équivaut à *s'arranger* qu'on emploie ailleurs par antiphrase. D'un homme qui boit sans tomber dans l'ivresse, on dit en pays nantais qu'*il ne se dérange pas.*

Déraper

Bien que le vin soit de l'*antidérapant,* on dit de celui qui a trop bu qu'*il a dérapé sur un bouchon de limonade* (entendu en Beaujolais).

Désaltérant

Quoique l'alcool augmente la soif, notre mythologie du vin entretient l'idée qu'il peut être **désaltérant.** On peut tout au plus reconnaître que certains vins, légers et frais, donnent en bouche cette impression.

> [Touraine, rouge, 1982] un fruité pulpeux qui emplit la bouche et cependant un goût léger et désaltérant ; un vin parfait de bacchanale !
>
> *Gault-Millau, Spécial Vins* 1983

Olivier de Magny (16e siècle) proposait une juste mesure dans son *Hymne à Bacchus :*

> Quel plaisir reçoit-on de s'arroser la bouche
> Avec quelque bon vin mêlé parmi de l'eau
> Pour se désaltérant n'altérer le cerveau.

Descendre

Descendre du vin, l'avaler, semble avoir d'abord été une métaphore sur la descente du vin en cave.

> Par le poulain [sorte d'échelle] on descend le vin en cave ; par le jambon, en l'estomach.
>
> Rabelais, *Gargantua*

> A table nul ne dort, chacun y est bien d'accord ; et c'est un beau spectacle de nous voir, tous six, manœuvrer des mâchoires, abattre pain à deux mains, et descendre le vin sans corde ni poulain.
>
> Romain Rolland, *Colas Breugnon*

Le gros buveur a **une descente de gosier, une bonne descente.** Il a **une descente qu'on n'aimerait pas faire en vélo.**

« Oh ! qu'y me font, Beausoleil, t'as-ti le gosier en direction de
Montéjour. » C'est la route de chez nous qui descend tant.

Gabriel Chevallier, *Clochemerle*

Désespoir

Voir le Mont du Désespoir : voir le renflement du fond de la
bouteille, quand elle est presque vide. Pierre-Jakez Hélias
rapporte, dans *Le cheval d'orgueil,* que la dernière goutte
d'eau-de-vie restant dans la bouteille s'appelle en breton
glaharig, « la douloureuse ».

Déshydrater

Bien que *déshydrater* (fin 19e siècle) désigne une perte d'eau,
on emploie familièrement ce mot pour justifier le désir de
boire une boisson alcoolisée, toujours réputée « désalté-
rante ».

> Si la boutanche est à portée de main [...] vous l'emparez en
> disant : « Oh, mais j'ai ma jolie petite voisine qu'est en train de se
> déshydrater, si ça continuerait faudrait que je redemande ma
> fourchette à huîtres pour y décoller la menteuse du plafond. » Et
> naturellement, vous remplissez votre verre en même temps que le
> sien.

San-Antonio, *Le Standinge selon Bérurier*

Dessin

Pour exprimer la sensation de forme que le vin donne en
bouche, certains dégustateurs réservent la métaphore du
dessin aux vins blancs, tandis que les vins rouges donnent
une impression de volume, formulable en termes d'architecture ou d'anatomie : *charpenté, construit, bien bâti,
charnu,* etc. Un vin blanc est *bien dessiné* quand ses
caractères agréables sont nettement perceptibles ; c'est l'acidité qui provoque cette perception linéaire et donne une
forme au moelleux.

Destructeur

Du destructeur, du mauvais vin, chargé en alcool, comme le
tue-mec.

123

Développer

En dégustation, la première sensation en bouche est l'*attaque,* la dernière est la *finale,* et entre les deux se situe le *développement.* C'est que les saveurs ne se révèlent pas toutes au même moment et n'ont pas la même persistance. Le goût sucré est perçu immédiatement, l'acidité l'est elle-même assez vite mais dure plus longtemps, et l'amertume, qui se révèle plus tardivement, est aussi plus prégnante. Le dégustateur est attentif à la manière dont le goût d'une gorgée de vin évolue dans sa bouche.

> [Médoc 1978] Très coloré, profond et brillant de beau rubis. Bouquet puissant et net, dominante épicée chaleureuse s'amplifiant à l'aération. Attaque élégante, développement très ample sans trop de complexité. Vin très structuré, trame solide d'une œuvre encore inachevée ce qui donne un final austère. C'est un vin prometteur dont il faut attendre un long vieillissement.
>
> *Revue du Vin de France,* mai/juin 1981

On dit aussi que le bouquet ou le nez est *peu* ou *bien développé* selon son ampleur.

124

Diable

Bien que le vin ait la séduction dangereuse du serpent
d'Eden :

> Ne regarde pas le vin : comme il est vermeil ! comme il scintille
> dans la coupe ! comme il coule tout droit ! Mais à la fin il mord
> comme un serpent et pique comme une vipère.
>
> La Bible, Proverbes, 23, 31-32

et bien que le champagne ait été appelé *vin diable* au
17ᵉ siècle, ce n'est pas de vin que parle ce proverbe franc-
comtois :

> Ne va pas boire à la cave
> Tu y verrais le diable.

Ce *diable* est une brouette qui sert au transport des
tonneaux.

Dieu

Il y aurait beaucoup à dire sur la relation du vin à Dieu dans
notre civilisation chrétienne, mais on se contentera de relever
ici quelques lieux communs qui, sans être toujours lexicali-
sés, sont constants dans la littérature et les propos sur le vin.
L'assimilation du vin à Dieu, qui fonde l'eucharistie, explique aussi « le bon dicton gaulois » que Romain Rolland cite
dans *Colas Breugnon* : **Qui bon vin boit, Dieu voit ;** c'est un
proverbe des cisterciens de Bourgogne. Aussi la consommation du vin passe-t-elle pour un acte de piété : « Boire du vin,
c'est honorer Dieu » (Fénelon), et « le bourgogne est la plus
belle louange de Dieu » (Brillat-Savarin). Mais quelques
sceptiques reconnaissent à l'homme le mérite d'avoir inventé
le vin alors que Dieu n'avait créé que l'eau : « Dieu n'avait
fait que l'eau, mais l'homme a fait le vin ! », dit Hugo dans
les *Contemplations* en s'inspirant sans doute de Baudelaire.

> Pour noyer la rancœur et bercer l'indolence
> De tous ces vieux maudits qui meurent en silence,
> Dieu, touché de remords, avait fait le sommeil ;
> L'Homme ajouta le Vin, fils sacré du Soleil !
>
> Baudelaire, *Le Vin des Chiffonniers*

D'où la tentation orgueilleuse qui se manifeste dans un
autre lieu commun : le vin rend l'homme égal à Dieu. Hugo à
quinze ans chante le jus de la treille qui « nous élève au rang
des dieux ». Le vin de Baudelaire promet à l'homme : « A
nous deux nous ferons un dieu... » (*Du vin et du haschisch*).
Musset redemande encore

Une chaleur nouvelle à ce vin qui dévore
Et qui [l'] égale aux dieux !

Inno ebrioso,

Et les chansons à boire renchérissent :

... Un flacon de vin radieux
Seul nectar qui nous fasse dieux.

Paul Sonniès, *Le Marquis de Gueule-en-Pente*

Dindon

Soûl comme un dindon : cet animal a la réputation d'être bête, colérique et gourmand, mais surtout son cri est un bel appeau à ivrognes... puisque le dindon *glouglloute* et fait entendre son *glouglou !*

Dipsomanie

Dipsomanie : impulsion morbide à boire de l'alcool en excès et par accès ; du grec *dipsa,* soif, et *mania,* folie ; terme médical forgé dans la seconde moitié du 19e siècle, et fort intéressant parce que les médecins y confondent la soif et le besoin d'alcool.

Discret

Est *discret* un vin qui donne des perceptions olfactives et gustatives de faible intensité.

[Alsace, Riesling 1979] Œil : jaune clair, limpide ; nez agréable de grains relevé d'une pointe de cannelle, de bergamote ; bouche : moyennement corsé, frais en bouche, arômes discrets de petits fruits, de cerise, souple, manquant un peu de vraie personnalité mais honnête.

L'Étiquette, été 1981

Distingué

« Un vin qui plaît au goût et qui a de la délicatesse est *distingué,* disent les Bordelais... » (Ali-Bab, *Gastronomie pratique*). Dans cette acception, le mot équivaut à *élégant, noble, racé.* « Cela se sent plus que ne se mesure. Comment définir en effet à quoi l'on reconnaît que quelqu'un a de la distinction, de la « branche », sinon par rapport à qui est vulgaire ? » écrit inconsidérément un auteur qui propose un glossaire de la dégustation. *Distinction* est de ces mots qui rendent compte non pas d'une analyse sensorielle, mais des projections idéologiques qui font du vin un symbole social.

126

En revanche, certains auteurs essaient de redéfinir le mot par son sens propre : un vin *distingué* se distingue nettement d'autres vins par ses qualités, il est original.

Dodiner

La *dodine* est un instrument servant à fouetter le vin lors du collage. Mais en dégustation, *faire dodiner le vin* signifie « le faire tourner dans le verre » : cela permet de dégager les arômes et d'observer les « jambes » qui se forment alors. En ancien français, *dodiner :* balancer, bercer, remuer.

Dosage, dose

L'opération du *dosage* consiste à ajouter aux vins mousseux de méthode champenoise une liqueur d'expédition dont la proportion de sucre est variable. Un vin mousseux excessivement doux est *trop dosé,* il a *trop de dosage.*

Avoir sa dose : avoir trop bu, d'où être ivre.

Double

L'un des effets les plus connus de l'ivresse est l'amblyopie (affaiblissement de la vue), qui fait *voir double :*

MARIANNE. — Encore ici, seigneur Octave, et déjà à table ? C'est un peu triste de s'ennuyer tout seul.

OCTAVE. — Le monde entier m'a abandonné. Je tâche d'y voir double, afin de me servir à moi-même de compagnie.

Alfred de Musset, *Les Caprices de Marianne*

A Lyon, au 19ᵉ siècle, on disait *avoir la langue double,* en raison des difficultés d'élocution que provoque l'alcool.

In vino duplicitas.
L'Ivrogne double tout, son chemin, sa fortune,
Prononce en bégayant deux sillabes pour une,
Voit deux ronds dans la lune :
In vino duplicitas.

Chanson du 18ᵉ siècle

Doux

Dans l'Antiquité, les mots qu'on traduit aujourd'hui par *doux* (*glukus* en grec et *dulcis* en latin) semblent avoir eu le double sens de « moelleux » et de « sucré ». Or si le moelleux d'un vin est bien dû à la transformation des sucres du raisin, il n'a pas nécessairement une saveur sucrée : un vin rouge doit être *moelleux,* mais surtout pas *doux.*

Au 17e siècle, Olivier de Serres oppose *doux* à *verdelet,* Richelet à **aigre,** et Furetière à **acide : doux** se définit comme « qui n'est pas acide ». Aujourd'hui, avec les progrès de l'analyse sensorielle, on appelle *doux* un vin qui n'a pas complètement fermenté : il lui reste des sucres résiduels, qui n'ont pas été transformés en alcool. Ce qualificatif s'applique aussi aux vins mousseux qui ont reçu une dose sensible de liqueur d'expédition.

Les *vins doux naturels* ou *V.D.N.* sont une appellation réglementée. Ils font partie, avec les *vins de liqueur* ou *V.D.L.,* des *vins vinés,* c'est-à-dire auxquels on a ajouté de l'alcool. Les *V.D.N.* sont dits « naturels » parce qu'ils sont mutés avec de l'alcool vinique neutre qui ne modifie pas leur goût.

Douceâtre, et à moindre degré *doucereux,*se disent de vins déséquilibrés par une saveur trop sucrée. *Douciné,* terme bourguignon, désigne la fadeur spéciale d'un vin qui commence à être atteint par la maladie de l'amer : il est *douciné* ou il *doucine.*

Droit

Un vin *droit,* ou *droit de goût,* a une saveur nette, sans aucun goût étranger. On le dit aussi *direct* ou *franc.* Furetière signale en 1690 l'expression *vin droit.*

Mais s'agissant du buveur, l'opposition du droit et du courbe forme les plus constantes images du vin et de l'ivresse. *Boire droit* (« boire droit et net », disait Rabelais), c'est-à-dire d'un geste décidé et rapide, empêche de *marcher droit :*

> Bacchus alors chappeau de treille avoit,
> Et arrivoit pour benistre la vigne ;
> Avec flascons Silenus le suyvoit,
> Lequel beuvoit aussi droict qu'une ligne ;
> Puis il trepigne [= trébuche] et se faict une bigne.
>
> Clément Marot, *Chansons*

Les producteurs du vin d'Arbois se prétendent protégés, avec leur devise : *Plus on en boit, plus on va droit.*

Duelle

Duelle ou *douelle :* douve, planche d'un tonneau. *Tomber en duelles :* être soûl ; pour être « plein comme un fût », l'ivrogne finit par se défaire de la même façon.

Dur

Durum se disait déjà en latin à propos du vin, et l'on parlait de sa *duritia*, dureté. Furetière signale ***vin dur*** à la fin du 17e siècle. Aujourd'hui, certains auteurs assimilent la dureté à un excès de tanin, et d'autres y sentent en outre de l'acidité ; en tout cas, tous s'accordent à reconnaître qu'un vin ***dur*** manque de moelleux.

En argot, un alcool trop fort est ***du dur*** (19e siècle).

Eau

Bien qu'il y ait jusqu'à 85 % d'eau dans le vin, il est de tradition que les œnophiles répugnent au *bouillon de canard,* au *sirop de grenouille,* au *jus de parapluie,* au *sirop d'ablette,* qui dans le meilleur des cas s'appelle *Château-la-Pompe* et *anisette de goujon.* « L'eau est un liquide si dangereux », disait Alfred Jarry, « qu'une goutte versée dans un verre d'absinthe suffit à la troubler ». Dès l'Antiquité, l'opposition des buveurs d'eau et des buveurs de vin a été un lieu commun, que le Christianisme a renouvelé par la référence aux noces de Cana :

> Prenons exemple Jésuchrist
> Du premier miracle qu'il fist :
> Ce fut qu'il mua l'eaue en vin
> Aux nopces de Architriclin.
> Se l'eaue eust été aussi bonne,
> Boire en eust fait toute personne ;
> Mais pour ce que vin valoit mieulx,
> Fist d'eaue vin le très doulx Dieux.

> Eustache Deschamps (14ᵉ siècle),
> *Sermon fort joyeux de Saint-Raisin*

Un proverbe du 16ᵉ siècle conseille : *Boy vin comme roi, eau comme taureau,* ou *L'eau à traits de bœuf boy, et le vin comme roy.* Autant dire que l'eau, produit de nature, est faite pour les bêtes. Seule l'*eau bénite de cave,* comme Rabelais nomme le vin, peut hydrater le soiffard ; et s'il lui faut des arrangements avec un ciel mahométan, il peut se laisser aller au vin de Château Carbonnieux, dans les Graves, que les bénédictins, propriétaires depuis 1740, vendaient en Turquie sous le nom d'*eau minérale de Carbonnieux,* pour détourner la loi coranique. C'est une captive du sultan, originaire du Bordelais, qui l'aurait fait importer à Constantinople ; on prétend que les Turcs, perplexes, ne comprenaient pas comment les chrétiens pouvaient boire du vin alors qu'ils avaient une eau si délicieuse.

Eau-de-vie

Eau-de-vie a d'abord eu le sens propre d' « élixir de longue vie ». C'est l'alchimiste Arnaud de Villeneuve qui, au début du 14ᵉ siècle, a le premier appliqué cette expression, par métaphore, au produit de la distillation du vin, qu'auparavant on appelait *eau ardente.* En argot, l'eau-de-vie s'est appelée *eau d'affe* aux 18ᵉ et 19ᵉ siècles, de *affe,* vie (origine inconnue) ; on lit « boire un verre d'aff-aff » dans le *Journal des Goncourt*.

Éclat

En avoir un éclat dans l'œil, avoir un éclat, dans l'argot des cyclistes vers 1920 : avoir une défaillance soit par fatigue, soit par excès de boisson.

Écluser

Écluser : vider (un verre ou une bouteille), d'où aussi : boire beaucoup, date des années 1930. Comparaison avec l'eau qui descend d'un bief à un autre.

Écoper

Au sens propre, *écoper :* vider avec une écope l'eau qui a pénétré dans un bateau. Dans la seconde moitié du 19ᵉ siècle, le mot a pris le sens de *boire : écoper un verre.* Bien que ce sens n'ait pas survécu, il est intéressant car on a d'autres exemples de mots qui, désignant l'acte de boire ou l'ivresse, ont fini par signifier « recevoir des coups, subir un dommage ». *Écoper,* en prenant le sens d' « être victime », a évolué comme *déguster* et *trinquer,* ou comme *déboire.* De même, *daube,* cuite, ivresse, signifie aussi « volée de coups » dans certaines régions ; et à Lyon, *avaler le gorgeon :* essuyer une perte, éprouver un déboire. Il est probable que le modèle de ces métaphores vient de l'expression proverbiale *boire la coupe jusqu'à la lie,* elle-même inspirée des Évangiles : sur le Mont des Oliviers, Jésus demande à son Père de le dispenser de boire « la coupe » de la passion et de la mort.

Édulcoration

En œnologie, l'*édulcoration* est l'adjonction de moûts à un vin qui manque de moelleux. La loi l'interdit pour les vins rouges, mais l'autorise à certaines conditions pour les blancs. Il ne faut pas confondre l'*édulcoration* avec la *chaptalisation,* qui ajoute du sucre à des moûts.

> Il serait fâcheux qu'on en vint un jour à posséder des recettes courantes pour faire du style original comme les chimistes de cabaret font du vin de Champagne en mêlant, selon certaines doses, à n'importe quel vin blanc convenablement édulcoré, de l'acide tartrique et du bicarbonate de soude.
> Ce style et ce vin moussent, la grosse foule s'en grise, mais le connaisseur n'en boit pas.

Victor Hugo, *Littérature et Philosophie mêlées*

Effervescent

Un vin *effervescent* se caractérise par des bulles de gaz carbonique qui remontent à la surface ; ce peut être un effet naturel de fermentation, ou un phénomène provoqué comme dans les champagnes.

Élégant

Qualificatif imprécis où domine l'idée de « distinction ». On dit aussi qu'un tel vin *a du chic, du cachet, de la tournure* ou *de la classe.* La métaphore n'est pas neuve puisque dans ses *Propos de Table,* Plutarque parlait déjà d'un vin *asteios,* ce qui peut signifier « élégant, fin », mais a d'abord le sens de « citadin, urbain » : un vin bourgeois et non paysan.

Éléphant

Enfin, fuyez le « blended Bourbon » (20 % de straight, et 80 % d'alcool neutre). En général, l'apparition d'escadrilles d'éléphants roses ne se fait pas attendre...

Revue du Vin de France, nov./déc. 1983

Voir des éléphants roses, ce qu'on suppose être une hallucination caractéristique de l'ivresse, semble avoir eu d'abord, dans les années 1960, la forme *voir voler des éléphants roses.* Est-ce une superposition de Dumbo, l'éléphant volant de Walt Disney, et de « la vie en rose » que l'euphorie alcoolique promet au buveur ? Alexandre Dumas père faisait dire à Athos : « Rien ne fait paraître l'avenir couleur de rose comme de le regarder à travers un verre de chambertin. »

Élever

Elever un vin consiste à le conserver et à le soigner jusqu'à sa maturité. Une récente publicité pour du bourgogne jouait sur ce mot : « En Bourgogne, ce n'est rien d'être bien né si l'on n'est pas bien élevé. » Le *négociant-éleveur* (expression créée vers 1940) achète de grands vins et les fait vieillir lui-même avant de les vendre.

Élixir

De l'arabe *al-iksîr,* « la pierre philosophale », lui-même du grec *xêrion,* poudre desséchant les plaies. En pharmacie, un *élixir* est une préparation faite d'un mélange de sirops et d'alcoolats. L'argot en a fait *élixir de hussard,* eau-de-vie, au 19ᵉ siècle.

Élu

Etre élu : être ivre. Voltaire disait d'un vin de Canarie : « C'est un nectar, un breuvage d'élu », par allusion au *banquet des élus* promis pour la vie éternelle.

Embardées

Embardées : écarts brusques d'un homme ivre (19ᵉ siècle). Métaphore sur le sens maritime : mouvement de rotation donné à un bateau par le vent ou le courant (voir **barder**). L'ivrogne *fait des embardées.*

Éméché

Eméché, un peu ivre, date du 19ᵉ siècle. L'origine en est obscure. Certains y voient une allusion aux cheveux en bataille de l'ivrogne. Il s'agit plus probablement d'une métaphore sur la *mèche* de la chandelle, comme l'indique la

première attestation du mot : « Quand je rentre un peu éméché après minuit, elle me dit : La cruche est dans le coin. Éteins-toi. » (Charles Monselet, 1859)

Empyreumatique

Terme de la chimie ancienne : l'*empyreume,* au 16e siècle, est la saveur — ou l'odeur — forte et âcre que prennent certaines substances organiques soumises à l'action d'un feu violent (du grec *empureuma,* braise sous la cendre). En dégustation, *empyreumatique* qualifie des arômes de produits brûlés, comme le pain grillé, ou comme la créosote qui caractérise le pinot noir très mûr.

Ému

Ému : un peu ivre (19e siècle), d'après le sens de *remué, troublé.* On disait d'un homme légèrement ivre, au 17e siècle, que le vin lui avait *ému la tête.* Le mot a pu se maintenir grâce au sens secondaire, « troublé par une émotion », qui rappelle la légendaire sentimentalité de l'ivrogne.

Encre

On dit parfois d'un vin très astringent qu'il a *un goût d'encre* (synonyme : *atramentaire*).

Dans l'argot des typographes, à la fin du 19e siècle, *boire de l'encre* signifiait arriver trop tard pour la tournée de vin. Mais l'encre est surtout une image du noir, représentant soit la couleur d'un gros rouge :

— Ah, je dis pas que si on carburait à l'encrier de déménageur [= un verre de gros rouge], on n'aurait pas des ennuis...

René Fallet, *Au Beau Rivage*

soit l'ivresse : *souffler dans l'encrier,* se noircir, s'enivrer.

(S') enfiler

Enfiler des verres (fin 19e siècle) : boire de nombreux verres à la suite. Au 20e siècle, *s'enfiler un verre :* le boire. Félix Paquet chantait dans les années 1930 :

> Là où y'a des frites
> Au son d'un orchestre qui fait des
> Pom'pom' !
> On s'enfile des litres,
> Le gros bleu ça fait mieux passer les
> Pom'pom' !

Là où y'a des frites, paroles de Dommel

Enluminer

La couleur que l'ivresse ou l'ivrognerie donne au visage est représentée soit en termes de décoration vestimentaire (*panache, pompon,* etc.), soit en termes picturaux ; la plus courante de ces images est celle de l'enluminure. Les couleurs précieuses que le dégustateur admire aujourd'hui sur les vins ont d'abord, en littérature, été remarquées sur la *trogne enluminée* des ivrognes.

> Bacchus qui vois nostre desbauche
> Par ton saint portrait que j'ébauche
> En m'enluminant le museau
> De ce trait que je bois sans eau,
> [...]
> Reçoy-nous dans l'heureuse trouppe
> Des francs chevaliers de la couppe...

Saint-Amant, 17e siècle

Ennemi

Autant de pris à l'ennemi : on n'entend heureusement plus cette formule prononcée en buvant du vin, et qui avait pour variante *encore un que les Anglais,* ou *les Allemands,* ou *les Prussiens n'auront pas.* Il est vrai que le pillage des caves est un fait de guerre ordinaire, mais il ravive le nationalisme qu'entretient le symbolisme du vin. Lorsqu'en 1840 la France revendiqua la rive gauche du Rhin, un poète allemand, Nicolas Becker, écrivit une chanson qui devint très populaire chez ses compatriotes, *Le Rhin allemand :*

> Ils ne l'auront pas, le libre Rhin allemand, aussi longtemps que les cœurs s'abreuveront de son vin de feu.

Musset répondit en 1841 par un poème du même titre :

> Nous l'avons eu, votre Rhin allemand.
> Si vous oubliez votre histoire,
> Vos jeunes filles, sûrement,
> Ont mieux gardé notre mémoire ;
> Elles nous ont versé votre petit vin blanc.

Entonner

Entonner, au sens propre *mettre en tonneaux,* a très vite signifié boire, car depuis Homère qui le comparait à une outre, l'ivrogne est souvent assimilé à un récipient vinaire. Tonneau lui-même, il est pourvu d'un *entonnoir,* son gosier (15e siècle).

Avant de nous appuyer la fine vadrouille, insinua Ribouldingue
dont le gosier souffrait perpétuellement de la disette, je propose
qu'on aille se vaporiser l'entonnoir, comme si qu'on s'rait des
liquidateurs, dans un établissement où c' qu'on trouv'ra également à briffer.

Louis Forton, La Bande des Pieds-Nickelés

Entrant

Vieux mot signifiant *d'accès facile*, et autrefois employé pour
qualifier un vin agréable à boire.

En améliorant nos vins, en les rendant désormais plus grâcieux,
plus entrans, plus salubres, plus propres au transport, nous
pouvons nous tenir assurés que l'Etranger s'y livrera bien plus
qu'à présent qu'il se plaint quelquefois de leur mauvaise qualité.

Maupin, L'Art de faire le vin, 1779

Entre

Être entre deux vins : être un peu ivre.

Elle disait que les amants entre deux vins sont les plus plaisants
de tous ; elle appelle ainsi ceux qui sont quasi fous. « Ils me font
rire, dit-elle, car ils croient que personne ne voit ce qu'ils font. »

Tallemant des Réaux, Historiettes

Quand le clairet était encore bien connu, cette expression
avait la forme première *être entre le blanc et le clairet.*

> Je ne puis souffrir les esprits
> Dont l'impudente rêverie
> Ne prêche rien que le mépris
> Du vin et de l'ivrognerie.
> Je veux mourir au cabaret
> Entre le blanc et le clairet.

Maynard, 1582-1646

Pour les marins bretons enfin, l'homme ivre est *entre la
vergue et le raban* (nom de voile), c'est-à-dire dans une
situation ambiguë, une posture difficile. Toutes ces expressions représentent les incertitudes de l'ivrogne que ses
troubles psychomoteurs empêchent de se situer dans l'espace.

Enveloppé

Comme un corps « bien en chair », un vin *(bien) enveloppé*
est charnu : le moelleux domine l'acidité ou le tanin.

136

[Haut-Médoc 1977] Nez fin et agréable où, dans un ensemble assez fondu, se devinent des tons de fruits très mûrs et des nuances sylvestres. Bon abord en bouche avec un peu de sveltesse certes — c'est du 1977 — mais assez bien enveloppée, se terminant par une finale un peu plus solide...

Revue du Vin de France, mai/juin 1981

(S')envoyer

S'envoyer un verre, s'en envoyer un : boire, comme *s'en jeter* ou *s'en expédier un.* Plus que l'image d'un cadeau qu'on se ferait à soi-même, c'est la brusquerie du geste qui compte. Alors que le dégustateur retarde le moment de porter le verre à ses lèvres, le regarde, le fait tourner, le hume, le buveur, lui, précipite le vin dans sa bouche en un jet direct.

Épais

Pakhus en grec, et *spissus* en latin signifiaient « épais » et pouvaient s'appliquer au vin : selon Athénée, le vin de Pramnos, « épais et nourrissant », était plus conseillé comme aliment que comme remède à la soif. *Épais* qualifie à la fois la couleur très sombre et la lourdeur en extrait sec d'un vin.

Épanoui

Au contraire d'un vin *fermé* ou *discret,* un vin *épanoui* a atteint le maximum de ses possibilités : il donne, au nez et en bouche, les plus riches sensations qu'on puisse en attendre.

[Coteaux-du-Layon 1966] robe d'or jaune splendide, lumineuse — nez fin, délicat, — vin moelleux, bouqueté, à dominante de fruits, abricot, raisin, — vin épanoui, dans sa pleine forme, — millésime déjà ancien — plus de 10 ans, beau vin nerveux, ayant gardé une délicate pointe d'amer qui lui donne beaucoup d'élégance...

Fernand Woutaz, *Comment reconnaître 30 bons vins*

Éperon

L'image de l'*éperon,* pour désigner ce qui « aiguillonne la soif », n'est plus d'usage aujourd'hui.

Un des mérites de l'écrevisse — et, par extension, du homard — est d'être un éperon à boire.

Charles Monselet, *Lettres gourmandes*

Notre époque se soucie davantage des apéritifs, c'est-à-dire de ce qui ouvre l'appétit plutôt que la soif. A l'inverse, la Renaissance faisait grand cas du jambon et des aliments salés qui incitaient à boire : on mangeait pour avoir envie de boire, tandis qu'aujourd'hui on boit l'apéritif pour avoir envie de manger.

Bon vin, bon éperon, dicton du 17e siècle : il faut boire un coup de bon vin pour faire bonne route.

Éponge

Boire comme une éponge date au moins du 16e siècle. Au 19e siècle, *avoir une éponge dans l'estomac,* ou *le gosier, avoir un gosier d'éponges,* et à Lyon *avoir un magasin d'éponges dans l'estôme :* être un gros buveur.

> Je dors comme un caillou, je mange comme un ogre et je bois comme une éponge.
>
> Gustave Flaubert, *Correspondance*

Équilibré

Est *équilibré* un vin dont les éléments constitutifs donnent une égale intensité de perception : alcool, acidité, tanin et moelleux s'harmonisent.

> [Châteauneuf-du-Pape 1980] Jaune assez clair, reflets verts, impression de rondeur. — Arômes intenses de fruits confits, sucre brûlé ou caramel. — Rondeur en bouche, suave, souple. Fin de bouche nette. Saveur chaude de l'alcool équilibrée par une bonne acidité. Vin « ensoleillé »...
>
> Michel Dovaz, *La Dégustation*

Esprit

Du latin des alchimistes (*spiritus*), *esprit* désigne depuis le 17e siècle le produit d'une distillation. On a d'abord désigné l'alcool éthylique sous le nom d'*esprit-de-vin.* Un glissement de *spiritueux* (qui contient de l'alcool) à *spirituel* puis *intellectuel* a fait dire à Alexandre Dumas que les viandes sont la partie matérielle du repas, et le vin la partie intellectuelle.

Esse

Faire des esses ou *des S :* « festonner », aller en zigzags, signe d'ivresse.

> Mes jambes, et mes pieds, tombent dans des faiblesses,
> Sans escrire, je fay des y grecs et des esses,
> Je n'en puy plus, je meurs, mais il m'importe peu
> Quand j'irois en enfer, le vin esteint le feu...

Brosse, 17e siècle

139

Étancher

Étancher la soif : l'apaiser, date du 13e siècle ; le mot semble aujourd'hui paradoxal, puisqu'*étancher* signifie « arrêter l'écoulement d'un liquide », ce qui serait contraire au vœu de tout soiffard. Mais l'image reste parlante : une fois la soif apaisée, on voit cesser l'écoulement de la bouteille au buveur.

> Amis, qu'à tête penchée
> Etanchée
> Soit notre soif là dedans ;
> Il faut que leur vin appaise
> Cette braise
> Qui cuit nos gosiers ardents.

Pierre de Ronsard, *Les Bacchanales*

Éteindre

Le Pseudo-Aristote explique dans ses *Problèmes* que « la chaleur du vin éteint la chaleur naturelle » : le buveur a le bénéfice provisoire d'une chaleur artificielle, qui cède au froid lorsqu'elle retombe. Il n'est donc pas incohérent que l'homme ivre soit dit **allumé** aussi bien qu'*éteint ;* ces mots décrivent des moments de l'ivresse que l'observation clinique constate ; car l'alcool provoque la dilatation des vaisseaux superficiels, où l'afflux de sang donne une sensation de chaleur épidermique, mais cette vasodilatation entraîne une perte de calories et abaisse la température centrale.

Eteindre une bouteille : la vider, de *éteindre une chandelle :* vider une bouteille. Mais, en dégustation, un vin *éteint* est un vin qui a perdu ses qualités.

Étoffe

La comparaison des sensations que le vin donne en bouche avec celle des étoffes est ancienne, puisque Rabelais se régalait d'un « vin de taffetas [...] bien drapé et de bonne laine ». Cela n'a rien à voir avec la **robe,** aspect visuel du vin. On dit *étoffé* un vin où prédominent le tanin et le moelleux, avec une acidité moindre : encore moins acide, ce vin serait **mou.**

[Listrac 1980] Teinte légèrement patinée. Arômes de fruits caramélisés. Manque d'étoffe en bouche mais bonne longueur. Jeunes vignes, à suivre dans les prochaines années.

Revue du Vin de France, nov./déc. 1983

Étouffer

Étouffer a pris, au 18ᵉ siècle, le sens de « faire disparaître » ; *étouffer une pinte :* la boire. Dans l'argot parisien du 19ᵉ siècle, le verbe est complété par des métaphores animées : *étouffer un perroquet* (un verre d'absinthe), *un pierrot* (un verre de vin blanc) ou *une négresse* (une bouteille de vin rouge).

Étrangler

Étrangler forme au 19ᵉ siècle les mêmes expressions qu'*étouffer* (*étrangler un pierrot,* etc.). Il est probable que ces images sont déterminées par celle du « col » de la bouteille. Elles illustrent en tout cas un thème ancien, celui de la pulsion meurtrière qui transforme les bouteilles en « cadavres », et dont témoigne par exemple cette *Epitaphe d'un ivrogne* au début du 16ᵉ siècle :

> Ci-dessous gît, or écoutez merveilles,
> Le grand meurtrier et tirant de bouteilles,
> L'anti-Bacchus, le cruel vinicide
> Qui ne souffrit verre oncques plein ni vide.
>
> Germain Colin-Bucher

Éveiller

Malgré la chanson :

> Le bon vin m'endort,
> L'amour me réveille,

on dit que le vin *éveille le palais* pour indiquer ses vertus apéritives ; une récente publicité pour des vins de Rivesaltes, « qui éveillent le palais sans altérer le goût », les opposait aux long-drinks qui « choquent la langue ». Montaigne expliquait ainsi les avantages d'un excès de boisson de temps à autre :

> J'ai ouï dire à Silvius, excellent médecin de Paris, que pour garder que les forces de notre estomac ne s'apparessent [= deviennent paresseuses], il est bon, une fois le mois, les éveiller par cet excès, et les piquer pour les garder de s'engourdir.

Parmi ses effets contradictoires, l'alcool a la particularité d'être d'abord un excitant, avant d'être un anesthésique à plus haute dose. L'ivrogne terrassé la veille au soir n'hésitera donc pas à reprendre dès le matin de ce qui l'a assommé, sous

Évolution

le prétexte que *ça réveille*. Et si c'est un vin dur ou un alcool fort, il ajoutera que *ça réveillerait un mort.*

Ne conviâmes-nous pas ce digne évêque qu'on conduisait à la frontière, à boire le coup, sans façon, au buffet de Mont de Marsan ?
— Un verre de blanc, Monseigneur ? Le matin, ça réveillerait un mort.

André Salmon, *Souvenirs sans fin,* I

Évent

Le *goût d'évent,* qu'Olivier de Serres connaissait en 1600 (*vin qui sent l'esvent*) est dû à l'oxydation. Certains auteurs désignent ainsi un début d'acescence, donc un goût de vin piqué. D'autres, plus nombreux aujourd'hui, réservent le nom d'*évent* à une altération qui diminue les caractères olfactifs et gustatifs du vin, et qui développe l'acétaldéhyde par oxydation de l'alcool : c'est l'odeur que prennent en brûlant les morceaux d'alcool solidifié dont on se sert pour allumer un feu.

Évoluer

On dit qu'un vin a une *couleur évoluée* ou un *nez évolué* lorsqu'il possède les caractères de la maturation. Mais *évolution,* synonyme de *développement,* désigne la modification des saveurs après *l'attaque :*

> [Graves, rouge, 1978] Belle robe rouge foncée nette. Floral et fruité comme du cassis. Très agréable en bouche avec une attaque tendre, une évolution douce, enveloppante. Vin charmant qui semble à son apogée.

Revue du Vin de France, mai/juin 1981

Expédier, expédition

De même qu'on *se jette* et *s'envoie* un coup, on *s'expédie un verre.*

En œnologie, la *liqueur d'expédition* (terme champenois) est une solution de vin, d'eau-de-vie et de sucre qu'on ajoute aux vins mousseux avant le bouchage définitif. Selon la quantité de sucre, le vin sera brut, extra-sec, sec, demi sec, demi doux ou doux.

Extrait

L'*extrait sec* d'un vin est l'ensemble des résidus obtenus après évaporation des substances volatiles à 100°. Il contient des acides, du tanin, des matières colorantes, des sels minéraux, du glycérol, du sucre... Il varie généralement de 17 à 30 grammes par litre.

> [Cru classé Pauillac 1976] Couleur nette et profonde. Commence à mûrir. Nez de Pauillac intense ; capsules de plomb, fruits écrasés. Une attaque corsée, plein en bouche. Beaucoup d'extrait sans beaucoup de finesse. Pas tout à fait prêt. A boire en 1984-1986. L'année 1976, très chaude, a donné des vins colorés, forts en extrait mais un peu courts en saveur.
>
> Michel Dovaz, *La Dégustation*

Tout cela importe peu à celui qui se contente de demander *l'extrait de sarment,* le vin.

Fa

Dans le parler des musiciens, un ivrogne malade est **un fa bémol** (fin 19ᵉ siècle), parce que le fa bémol *vaut mi* (vomit). Et s'il s'effondre, il est un **fa dièse,** parce qu'il est *près du sol...*

Fabrique

Alors que le vin est élevé, l'homme peut être **fabriqué,** ivre, d'après le sens *appréhendé, arrêté, pris :* il est « pris » par le vin. Le mot suggère aussi une idée de défaite et de trahison comme *être fait* ou *refait.* De quelqu'un qui l'a fait trop boire, l'homme enivré dit : « il m'a eu ! ».

Mais pour les professionnels du vin, le mot de **fabrication,** pour désigner la vinification, est inacceptable parce que le vin est « un être vivant ». Bien qu'une **déclaration de fabrication** soit légalement imposée à quiconque fabrique des vins pour la vente sans être propriétaire récoltant, ils préfèrent parler d'**élaboration.** Le *Dictionnaire-manuel du négociant en vins* d'Edouard Féret s'en explique clairement : « Pour nous, un vin fabriqué est un vin artificiel, et les fabricants de vins sont passibles des tribunaux. »

Fade

Est *fade* un vin qui donne peu de sensations gustatives, en particulier parce qu'il a une acidité déficiente.

D'une tout autre étymologie (provençal *fada,* faire un don, de *fado,* fée, d'où *fader,* partager), *fade,* part d'un butin volé, signifie par extension « ration, dose, compte ». C'est d'abord la dose d'alcool qu'on consomme :

> Les menesses [= prostituées] aboul'nt par douzaines
> R'nifler leur petit fad'd'eau-d'af.

L'Assommoir de Belleville, chanson, 1850

Se fader : s'octroyer (un verre).

> ... Armand se lève, se fade d'un petit chouaye de Rémy Martin...

A. Simonin, *Du mouron pour les petits oiseaux*

Mais **avoir son fade** (fin 19e siècle), comme *avoir son compte,* signifie être ivre, de même que *être fadé.*

Fagots

De derrière les fagots (18e siècle) se dit du vin le meilleur, qu'on a laissé vieillir dans un coin de la cave.

> — Jean. — Madame. — Deux bouteilles, de celles qui sont tout au fond, derrière les fagots. — J'entends.

Diderot, *Jacques le Fataliste*

Faible

Faible est un très ancien qualificatif dans le vocabulaire du vin. Pline opposait les *vina imbecilla,* vins faibles, aux *vina valida,* vins vigoureux. Athénée jugeait « faible » (*asthenês*) le vin blanc. Au 15e siècle, le *Débat du Vin et de l'Eau* vante le vin de Gascogne, déjà employé comme vin médecin pour en remonter de plus faibles :

> Vin de Gascoigne, sa couleur
> N'est pas de petite valeur.
> Les autres vins fait honorer,
> Quant de soi les veult coulourer.
> Force donne, aide et confort,
> Et d'un vin faible fet un fort.

Aujourd'hui, **faible** peut qualifier un vin qui manque de couleur, de corps et d'extrait sec, ou bien un vin peu chargé en alcool. Synonymes : **anémique, débile, gringalet, maigre, malingre.**

Falerne

Vin le plus célèbre de la Rome antique (il était produit dans la région de Naples) le **falerne** est resté longtemps une référence enviée, au point que son nom était au Moyen Age synonyme de grand vin : on parlait du *falerne* de Bourgogne ou d'Alsace, comme aujourd'hui du **bourgogne de Californie.**

Falsification

Il est fréquent aujourd'hui qu'on se plaigne de trouver des vins *trafiqués,* quand ce n'est pas *falsifiés,* et l'on aurait tendance à imaginer qu'au bon vieux temps les vins étaient « naturels ». Or sans parler des manipulations pour nous impensables que l'Antiquité avait imaginées, il ne faut pas oublier que toute l'histoire du vin en France est scandée comme en refrain par des plaintes contre la falsification. Par exemple, on *brouillait* les vins au 17e siècle en colorant les blancs de la région parisienne avec du *teinturier,* un gros vin noir, pour les vendre comme vins de Bourgogne ou de l'Hermitage. Au 18e siècle, Rousseau explique longuement par quelle analyse chimique on peut reconnaître un vin falsifié avec de la litharge, une préparation de plomb qui corrigeait la verdeur mais était évidemment toxique. Plus près de nous, le *Nouveau manuel complet du sommelier et du marchand de vin* de l'*Encyclopédie Roret,* en 1884, donne des recettes à base d'acide sulfurique, d'acide salycilique, de plomb, etc. Et le *Calendrier des vins* du même éditeur, en 1888, propose un catalogue de produits oenologiques où l'on relève, entre bien d'autres merveilles, le *Bouquet de Pommard* qui donne un goût de bourgogne vieux, le *Caramel-Malaga* qui transforme un vin blanc sucré en malaga, l'*Essence de Cognac* qui transmute les eaux-de-vie de betterave en cognacs, ou l'*Extrait de Bordeaux* dont un flacon suffit pour métamorphoser 500 litres de vin rouge, — sans compter les colorants et les vieillisseurs !

Fatigue

La plupart des auteurs disent *fatigué* un vin dont les qualités gustatives sont provisoirement amoindries par suite d'un soutirage, d'un filtrage, d'une mise en bouteilles ou d'un transport. D'autres préfèrent réserver le terme de *fatigue* aux seuls effets du transport, pour les distinguer de la *maladie de la bouteille* (voir ce mot). Pour d'autres enfin, *fatigué* qualifie un vin auquel l'âge a enlevé ses qualités : c'est en ce sens que le numéro *Spécial Vins* du *Gault-Millau,* en 1983, juge les bordeaux blancs de 1971 « fatigués et en voie de passer », et dit que ceux de 1969 « furent très beaux mais sont fatigués ».

Féminin, femmes

Il ne faut pas confondre *vin de dames,* vin léger ou doux que les femmes préfèrent, et *vin féminin,* vin souple, où le moelleux l'emporte sur le tanin. Le gastronome Charles Monselet, au siècle dernier, faisait ainsi la différenciation sexuelle du bordeaux et du bourgogne :

> Disons que Bordeaux c'est Elle
> Et que le Bourgogne c'est Lui.
> [...]
> A lui les airs fiers et superbes !
> Coquelicot parmi les herbes,
> Il se croit l'honneur du bouquet,
> Elle, plus discrète en sa flamme,
> Sourit d'un sourire coquet...
> Le vin de Bordeaux, c'est la femme.

On pourrait tout aussi bien dire le contraire, puisque le bordeaux est en général plus tanique, plus astringent que le bourgogne. De toute façon, au-delà de cette distinction, un symbolisme plus général représente le vin comme un être féminin et sa consommation comme un acte érotique (cf. *chair, cuisse, corsage,* et *baiser, caresser,* etc.). Au 14e siècle, Taillevent comparait le vin en perce à une jeune fille que l'âge rend de moins en moins mariable : au fût plein correspond une jeunesse de vingt-trois ans ; au milieu du tonneau, le vin ressemble à une femme de vingt-cinq ou vingt-six ans ; mais quand il est aigri, c'est une femme qui atteint la trentaine... Des images analogues illustrent aujourd'hui encore bien des ouvrages sur le vin.

Substance féminine avec laquelle le buveur a un rapport érotique, le vin est donc une affaire d'hommes. Le « vrai vin », complètement fermenté, n'est pas destiné aux femmes, qu'on contentera tout au plus avec des *vins doux,* des *vins de liqueurs,* ou même l'amusant champagne :

> « D'aucuns disent que la femme n'est pas plus faite pour soigner et déguster les vins qu'elle n'est capable d'approfondir une question de politique ou de philosophie. Le champagne l'amusera sans doute un instant par ses bulles et son piquant, mais nos grands vins de Bordeaux et de Bourgogne ne seront-ils pas au-dessus de son appréciation ? L'expérience répond que oui.

> C. du Cellier, *Ma cave,* 1894

Madame de Pompadour prétendait elle-même que le champagne est « le seul vin qu'une femme puisse boire sans s'enlaidir » ! Quant aux autres, ce serait tout simplement du gâchis que d'en servir aux femmes, comme le dit ce proverbe bourguignon : ***Du vin es fanne e pé d'l'aivonne ès bique ça du bé pèdu,*** c'est-à-dire : « du vin aux femmes et de l'avoine aux biques, c'est du bien perdu ». Les femmes n'auront donc le bénéfice du vin que par la procuration masculine vantée dans un dicton trivial : ***le vin fait du bien aux femmes quand ce sont les hommes qui le boivent.*** Mais cette formule a d'abord été appliquée au café, qu'on tenait pour aphrodisiaque, dans un poème publié dans *La Muse de la Cour* en 1666 :

> Sa vertu n'a point de pareille,
> Tout le monde s'en aperçoit
> Et surtout pour la femme elle opère à merveille
> Quand c'est son mari qui la boit.

Ferme

Les Romains parlaient de vin *ferme* (*firmum*) et de sa **fermeté** (*firmitas*). En 1680, Richelet signale le mot sans en indiquer le sens. Un vin **ferme** est riche en tanin, avec une acidité sensible, et un moelleux faible ; encore moins moelleux, il serait **dur.**

[Pinot noir de Californie, 1979] Rouge brique assez soutenu, un peu dégradé sur les bords. Nez épicé avec l'acidité de la jeunesse suivi d'arômes riches et intenses de fruits. Encore jeune et agressif. La richesse du fruit s'allie avec la fermeté du tanin et de l'acidité. Bien construit. Très bon Pinot, bien typé.

Michel Dovaz, *La Dégustation*

Fermé

On dit **fermé,** en dégustation, un vin qui ne donne pas encore toutes les sensations qu'on peut en attendre. Il est **en réserve, discret, distant, étouffé.** Gault et Millau parlent par exemple d'un cru classé du Haut-Médoc « encore très jeune, fermé, ramassé sur lui-même », ou d'un vin des Côtes de Buzet « qui aime à se laisser chercher, très *vertueux,* pour amateurs éclairés ».

Fermentation

Du latin *fermentatio*, dérivé de *fervere*, bouillir (voir **efferves-cence),** **fermentation** est le nom d'un phénomène qui n'a été compris que vers 1860, grâce à Pasteur. Des levures, micro-organismes qui se trouvent sur la peau du raisin, se nourrissent des sucres que libèrent le foulage et le pressu-rage, et les décomposent en alcool et en gaz carbonique : c'est **la fermentation alcoolique.**

Une seconde fermentation peut se produire, **la fermenta-tion malolactique** qui transforme l'acide malique (acide naturel du fruit) en acide lactique, plus doux, et améliore donc les vins trop verts. Elle s'accompagne d'un dégagement de gaz carbonique : le vin est légèrement pétillant, on dit qu'**il travaille.**

[Crozes-Hermitage 1981] Jolie robe jaune très claire. Nez délicat et floral de chèvrefeuille. Plein en bouche sans mollesse. Certaine austérité en fin de bouche. Très réussi. L'absence de fermentation malolactique le rend très sec et souligne son bouquet délicat et floral.

Michel Dovaz, *La Dégustation*

Fesse

Selon leurs fantasmes, les amateurs attribuent au vin *du corsage, de la cuisse* ou *de la fesse,* auquel cas il est *fessu.*

Aujourd'hui inusitée, l'expression *fesse-pinte* désignait un gros buveur, qui « fessait » la pinte avec une agressivité moins spectaculaire qu'en *étranglant une fillette* ou en *étouffant une négresse.* Un érotisme brutal se manifeste dans l'argot, mais aussi chez des auteurs au langage châtié qui se régalent encore des vulgaires poncifs de la tradition dite « gauloise ».

> La dégustation n'est pas qu'un plaisir. Avant de faire son bonheur avec un vin, il faut se rappeler le conseil des auteurs de fabliaux à qui voulait prendre femme : lui administrer d'abord une bonne raclée.
> Le premier contact ne ressemble guère au tendre et chaste baiser de deux fiancés. Il s'agit au contraire d'une véritable explication...
>
> Raymond Dumay, *Guide du Vin*

Festonner

Faire du feston, pincer un feston, festonner, aller en zigzags sous l'effet de l'ivresse, datent du 19e siècle.

> Vrai, la rue finissait par être soûle ; rien que l'odeur de noce qui sortait de chez les Coupeau faisait festonner les gens sur les trottoirs.
>
> Émile Zola, *L'Assommoir*

Feu

Homère parlait d'un vin « de feu », *aithôps,* ce qui qualifiait non sa couleur, mais sa force : il est « le plus puissant d'effet », commente Athénée. Aujourd'hui, on dit d'un vin chargé en alcool qu'il *a du feu,* car l'alcool procure en bouche une sensation pseudo-thermique. Bachelard a écrit de belles pages sur l'alcool comme *eau de feu,* « l'eau qui flambe », dans *La psychanalyse du feu.*

En un sens différent, on parle d'un *goût de feu* soit pour les eaux-de-vie qui sortent de la chaudière, soit pour les vins qui ont séjourné dans des fûts dont le bois a été brûlé lors de leur fabrication.

Les Bourguignons disent que le bouquet du vin de Chablis *éclate comme un feu d'artifice ;* cette comparaison s'est répandue chez tous les amateurs pour exprimer la complexité et l'intensité aromatiques d'un vin.

Fiévreux

Un vin *fiévreux* n'a pas la chaleur de l'alcool, comme on pourrait le penser, mais il est légèrement acescent, donc *ardent, chaud* ou *échauffé*. Le mot fait en outre allusion à la maladie. Quant à l'ivrogne échauffé par le vin, il a *la fièvre de Bercy.*

Fifrer

Fifrer : boire, en Suisse et dans la région Rhône-Alpes ; métaphore musicale comme *flûter, siffler* ou *boire à tire-larigot.*

Figué

On dit *figué,* en Bourgogne, un vin qui doit son goût spécial à des raisins *figués,* c'est-à-dire passerillés : ils sont desséchés et ridés comme des figues.

Fil

Fil-en-trois, fil-en-quatre, fil-en-dix : désignations des eaux-de-vie au 19e siècle.

> ... si la paye fondait dans le fil-en-quatre, on se la mettait sur le torse au moins, on la buvait limpide et luisante comme du bel or liquide.
>
> Emile Zola, *L'Assommoir*

> Et il cria de tous ses poumons, à travers l'auberge : « Rosalie, apporte la fine, la surfine, le fil-en-dix. »
>
> Guy de Maupassant, *Contes de la Bécasse*

Mais le *fil-en-double* est du vin.

Filer

Le vin atteint de la maladie de la graisse (voir ce mot) *file,* coule comme de l'huile, il est *filant.* Dans le *Jeu de Saint Nicolas* (fin 12e siècle), le tavernier assure qu'il vend un vin « qui point ne file ».

Fillette

La *fillette* est une petite bouteille angevine, d'environ 35 centilitres. Robert Sabatier joue sur le sens de ce mot dans le titre de son roman, *Les fillettes chantantes.*

Vin jeunet, tâté dans le jour bleu du chai, — « fillette »
angevine décoiffée sous une tonnelle poudrée à blanc par un après-
midi d'été bien orageux, — reliquats émouvants découverts dans
un vieux cellier qui ignore ses richesses ou les oublie...

Colette, Poisons et Paradis

Fin (adj.)

Fin qualifiait déjà le vin au Moyen Âge :

> Car c'est uns vins clers, fremians [=pétillant],
> Fors, fins, fres, sus langue frians,
> Douz et plaisans a l'avaler !

Watriquet de Couvin, Dit des trois dames de Paris

Qu'un vin soit à la fois ***fort*** et ***fin*** ne s'explique qu'en
entendant ***fin*** dans son sens étymologique : qui est au point
extrême, accompli. Aujourd'hui on appelle ***vins fins,*** par
opposition aux vins ordinaires, ceux qui se distinguent par
leur qualité ; mais outre que le mot n'a pas une définition
précise, il est souvent employé abusivement sur les étiquettes.

En dégustation, ***fin,*** qui devrait simplement signifier
délicat, est défini par la plupart des auteurs en un sens très
vague, comme synonyme de « racé, élégant, de classe
élevée » ; l'idée de perfection que comportait l'étymologie du
mot semble s'être maintenue dans cet emploi.

Fin (subst.)

En dégustation, on appelle ***fin de bouche, finale*** ou ***final,*** les
dernières saveurs qui se révèlent lorsqu'on garde le vin un
moment dans la bouche ; c'est généralement l'amertume ou
l'astringence qui apparaît alors. Selon que ces sensations sont
ou non agréables, on dit que le vin ***finit bien*** ou ***mal,*** et si
elles passent très vite, il ***finit court.***

> Rouge 1978 [de Bellet] assez capiteux, mais de très belle
> structure, aux tanins très fins, évoquant la griotte, le kirsch, le
> coing et d'une interminable finale.

Gault-Millau, Spécial Vins, 1980

Fine

On commande banalement ***une fine*** quand on veut du
cognac, ou même une eau-de-vie d'une autre origine. En fait,
le mot a des acceptions plus subtiles que beaucoup de

consommateurs ignorent : l'appellation **Fine Champagne** est réservée à une seule sorte de cognac, un mélange d'eaux-de-vie provenant de la **Grande** et de la **Petite Champagne,** les meilleurs secteurs du vignoble de Cognac. Employé seul, le mot **fine** désigne un mélange d'origines diverses et non spécifiées.

Fioler

Fioler : vider une fiole, une bouteille, et, par extension, boire beaucoup (18e siècle). **Se fioler :** s'enivrer (19e siècle), comme **se pinter** (voir ce mot).

Flacon

> Aimer est le grand point, qu'importe la maîtresse ?
> Qu'importe le flacon, pourvu qu'on ait l'ivresse ?
>
> Alfred de Musset, *La Coupe et les Lèvres*

Musset renverse ici les métaphores habituelles qui font de la bouteille une femme.

Flacon vient du bas latin *flasco,* qui a donné **flasque,** flacon plat, et **fiasque,** bouteille italienne pansue et paillée. **Flaconner,** boire, se trouve chez Rabelais.

Flaveur

Flaveur est un anglicisme récent (anglais *flavour,* saveur) qui désigne en dégustation l'ensemble des perceptions olfactives et gustatives.

> [Minervois] œil : beau grenat. — nez : puissant, agréablement floral, arômes de fruits mûrs. — bouche : rond, souple, charpente légère, équilibrée, flaveur de fruits exotiques, de fruits mûrs, pointe d'épices.
>
> *L'Étiquette,* automne-hiver 82

Fleur

On appelle **fleur** le voile de levures (*mycoderma vini*) qui se forme sur un vin exposé à l'air : il a la **maladie de la fleur.** Mais c'est ce phénomène qui fait l'arôme singulier des vins jaunes du Jura ou des vins de Xérès.

Fleuri peut qualifier un vin couvert de la fleur, ou bien un vin dont le bouquet rappelle certaines fleurs (rose, jasmin,

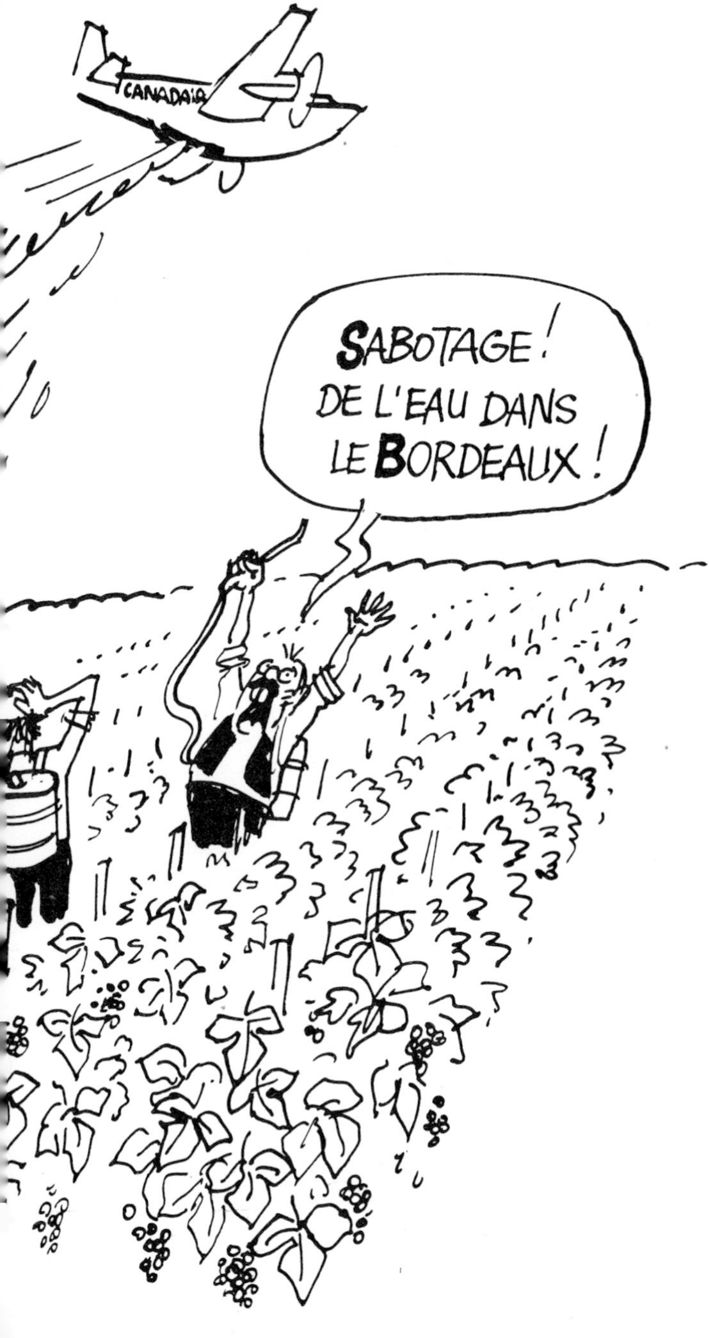
CANADAIR
SABOTAGE ! DE L'EAU DANS LE BORDEAUX !

violette, pivoine, etc.), qui a un **nez fleuri** ou un **arôme floral.** L'ivrogne aussi a un **nez fleuri :**

> ... le nez de Ponosse fleurit magnifiquement, devint un nez beaujolais, énorme, dont la teinte hésitait entre le violet des chanoines et la pourpre cardinalesque. Ce nez inspirait confiance dans la région.
>
> Gabriel Chevallier, *Clochemerle*

Flou

Flou se dit d'un vin qui n'est pas parfaitement limpide. A des degrés plus graves, il serait **louche, trouble,** et **opalescent.**

Fluet

Richelet et Furetière relèvent **vin flouet** au 17ᵉ siècle ; c'est un vin « de faible constitution », un vin *qui n'a que l'épée et la cape,* dit Furetière, donc qui manque de corps ou de chair.

Flûte

La **flûte** est une bouteille de forme allongée réservée aux vins d'Alsace, de la Moselle ou du Rhin, mais aussi un verre conique pour le champagne. Grimod de La Reynière décrit ce verre en 1808 sans en donner le nom, et dit qu'il ne le connaît que depuis quelques années.

Flûter, boire, d'abord attesté au 17ᵉ siècle sous la forme **flûter pour le bourgeois,** fait partie des diverses images qui assimilent le geste du buveur à celui du musicien portant son instrument à ses lèvres. Le plus beau développement de ces métaphores se trouve dans *A Rebours* de Huysmans, où Des Esseintes invente *l'orgue à bouche,* une série de barils dont il goûte les liqueurs selon un ordre subtil qui compose des symphonies de saveurs. Boris Vian s'en est sans doute inspiré en inventant le *pianocktail,* dans l'*Écume des Jours.*

Fond

On dit d'un vin corsé, tanique, qu'il a **du fond,** ou **de la base ;** il donne une impression de solidité.

> [Pomerol, 1978] Belle robe d'un rouge foncé profond. Bouquet assez chaleureux un peu boisé avec un fruité de cerise. Assez rond en bouche sur un fond solide. Encore avec des caractères divergents qui ont besoin d'être fondus par le vieillissement et qui le rendent difficile à apprécier avec certitude.
>
> *Revue du Vin de France,* mai-juin 1981

Fondu

Fondu qualifie un ensemble de sensations harmonieuses, aucune ne dominant les autres : *vin fondu, nez fondu, finale fondue,* etc.

[Bordeaux supérieur 1975] belle robe, riche, bien qu'un peu légère — bon bouquet, très fin — vin souple, fondu, rassis, léger, beaucoup de finesse et d'allonge...

Fernand Woutaz, *Comment reconnaître 30 bons vins*

Forme

Bien que liquide, le vin peut laisser en bouche une sensation tactile de *forme* qu'il est bien difficile de définir.

Quant aux sensations de relief ou de formes, il est évident qu'elles sont de nature subjective ; ces images paraissent une résultante de sensations sapides, tactiles et thermiques qui, dans leur alternance de naissance et d'extinction, dessinent par rapport au plan de la langue des lignes ou courbes plus ou moins bien orientées, de consistance et de persistance ou rémanence variables.

Initiation à la dégustation des vins,
Institut Technique de la Vigne et du Vin

Certains auteurs réservent le mot de *forme* pour parler des vins rouges, et non des blancs : la *forme* d'un vin dépend donc du tanin.

Fort

Fort signifie chargé en alcool ; un vin auquel on ajoute de l'alcool par vinage est *fortifié,* et les *boissons fortes* sont les boissons alcooliques. *Fort* se disait du vin au Moyen Age :

Et j'ai lou vin en tonel
Froit et fort et friandel
Por boivre a la grand chalor.

Colin Muset, 13ᵉ siècle, *Ancontre le tens novel*

Sur le vin et l'alcool s'est développée toute une mythologie de la force : ce sont des boissons d'hommes, dont la consommation est tenue pour un critère de virilité même si nul n'ignore que leur abus conduit à l'impuissance ; des boissons de travailleurs « de force » et de soldats ; et même si depuis l'Antiquité les traités d'économie domestique ou rurale ont toujours recommandé de donner du vin aux ouvriers pour améliorer leur rendement, même si l'on sait que les soldats de 14-18 étaient dopés à la *gnole* ou au *pinard,* l'optimisme l'emporte dans les propos en faveur de ces boissons qu'on continue à boire non parce qu'elles peuvent être des chefs-d'œuvre odorants et savoureux, mais sous le prétexte fallacieux qu'elles **donnent des forces,** ou parce que les boire prouve qu'on est fort.

Fougueux

Fougueux, qualifiant un vin, est un qualificatif imprécis, qui peut s'expliquer par l'effervescence quand Brillat-Savarin se souvient du « champagne fougueux qui s'agite sous la main de la beauté ». Une publicité récente pour un vin des Côtes de Buzet lui attribue « la fougue et la sève des mousquetaires du pays. »

Foxé

Foxé qualifie le goût particulier qu'ont les vins issus des hybrides de *Vitis labrusca* (vigne sauvage, ou **lambruche**). Considéré comme repoussant en France, le **goût de foxé** est apprécié dans l'Est des Etats-Unis. Le mot vient du nom de *fox-grape* que les Américains donnent à cette variété de vigne parce qu'elle pousse à l'état sauvage (*fox,* renard).

Frais

Frais peut soit désigner un vin de température basse (**servir frais**), soit un vin qui donne une sensation de fraîcheur par son acidité et sa légèreté en alcool. C'est l'un des qualificatifs les plus fréquents au Moyen Age.

Au 15e siècle, on trouve aussi l'adjectif *frisque,* où se confondent l'idée de vivacité et celle de fraîcheur :

> Je vous souhaite, entre vous gens de mer
> Qui avez chaut dedenz vostre galée [= votre galère]
> De ce bon vin frisque, friant et cler
> Dont à la cour est ma gueule arrousée.

Eustache Deschamps

Frisque est une réfection de l'ancien *frique,* sémillant, pimpant, vif (13e siècle) sous l'influence de *fresche,* fraîche.

Franc

On dit **franc,** ou **franc de goût,** un vin qui donne des perceptions nettes, sans odeur ou goût étranger ; au 17e siècle, on le disait **franc à boire.**

J'estime le bordeaux, surtout dans sa vieillesse ;
J'aime tous les vins francs, parce qu'ils font aimer.

Alfred de Musset, *La Coupe et les Lèvres*

Musset poursuit sa déclaration par une diatribe contre les hypocrites et les tartuffes, selon une association d'idées qui le fait passer de la franchise du vin à celle de l'homme. Rousseau et Baudelaire considèrent eux aussi que les buveurs de vin sont francs, car il faut n'avoir rien à cacher pour oser prendre cette boisson qui fait parler :

J'ai toujours remarqué que les gens faux sont sobres, et la grande réserve de la table annonce assez souvent des mœurs feintes et des âmes doubles. Un homme franc craint moins ce babil affectueux et ces tendres épanchements qui précèdent l'ivresse...

J.-J. Rousseau, *La Nouvelle Héloïse*

... les gens qui ne boivent jamais de vin [...] sont des imbéciles ou des hypocrites [...] Un homme qui ne boit que de l'eau a un secret à cacher à ses semblables.

Baudelaire, *Du Vin et du Haschisch*

Frapper

Frapper un vin consiste à le rafraîchir dans de la glace, — mais si on le frappe trop, on l'assomme... On a d'abord dit *vin frappé de glace* (18ᵉ siècle) : qui a reçu l'impression de la glace où on l'a mis à rafraîchir. Cet usage a été introduit en France à partir d'Henri III, sous l'influence de l'Italie et de l'Espagne. Au temps de François Iᵉʳ, on chauffait au contraire le vin en le laissant près du feu.

Frelater

Frelater, au 16ᵉ siècle, signifie « transvaser » (du néerlandais *verlaten*), au siècle suivant, « couper », puis au 18ᵉ « falsifier ». Un vin *frelaté* est dénaturé par l'adjonction de substances étrangères.

Friand

Friand est l'un des qualificatifs qui permettaient aux poètes du Moyen Age, lorsqu'ils chantaient le vin, de s'amuser la bouche avec des allitérations en F : le vin était *fin, frais, froid, fort, friand, friandel, fremiant* (= pétillant)...

Friand, écrit *friant* au 13ᵉ siècle, est l'ancien participe présent du verbe *frire*. Or, dans le *Jeu de Saint Nicolas*, Jean Bodel emploie ce verbe, à propos du vin, au sens de *pétiller :*

Vois con il mengüe s'escume [= comme il mange sa mousse]
Et saut et estincele et frit.

Il est probable que *friant* a d'abord signifié pétillant. Or le mot, aujourd'hui, qualifie un vin jeune et vif : il a donc en dégustation un sens plus précis que son sens général d'appétissant, délectable, parce qu'il a gardé des traces de son sens premier.

Friser

L'étymologie de *friser* est obscure, mais on suppose généralement que ce verbe dérive de *frire*. Or on dit d'un vin légèrement pétillant, dont le gaz carbonique agace la langue, qu'il *frise sur la langue,* expression à rapprocher de *sus langue frians* (*Dit des trois dames de Paris*, 14ᵉ siècle).

... il adore ce vin [Crépy, vin de Savoie] qui frise sur la langue comme un poil de cul.

San-Antonio, *Concerto pour porte-jarretelles*

On boit le coup de la bienvenue. C'est un vin rouge transparent, pétillant à peine à peine, léger, un peu sucré, qui fait friser la langue.

Cavanna, *Bête et Méchant*

Froid

Froid, qui a un degré alcoolique trop faible, n'implique aucune appréciation de l'acidité, à la différence de *frais* qui qualifie un vin où la légèreté en alcool s'allie à une nette acidité.

Fruit

On dit qu'un vin *a du fruit* ou qu'il est *fruité* (19ᵉ siècle), soit s'il a gardé le goût du raisin, soit s'il a celui d'un autre fruit, comme l'abricot, la fraise, la framboise, la pomme, etc. Huysmans disait *fruiteux :*

> Ici, les foudres s'alignaient, détaillant toute la série des portos, des vins âpres ou fruiteux, couleur d'acajou ou d'amarante...
>
> *A Rebours*

Fumet, fumeux

Fumet, émanation odorante, s'est d'abord dit du vin, au 16ᵉ siècle, avant de s'appliquer aux aliments. Le mot est de la même famille que *parfum* et *fumeux.* On l'emploie rarement aujourd'hui, bien que certains auteurs le réservent pour désigner le bouquet tertiaire qui se forme avec le vieillissement.

Un vin *fumeux* (14ᵉ siècle) fait monter à la tête des vapeurs enivrantes.

> Mais d'instant en instant, ce fumeux vin nouveau
> Me remplit de vapeurs le donjon du cerveau,
> Je sens qu'il m'estourdit, je trouve qu'il m'enroüe,
> La court, et le logis, tournent comme une roue...
>
> Brosse, 17ᵉ siècle

Les *fumées de l'ivresse* sont l'effet produit sur le cerveau par l'alcool, dont on pensait que ses vapeurs montaient de l'estomac à la tête. Aujourd'hui qu'a disparu ce type d'explication, on parle de *fumée* ou de *fumé* pour désigner l'odeur de produit fumé qu'on rencontre dans certains vins.

Entendu en Beaujolais : *il a fumé dans la pipe neuve,* il est ivre et malade ; parce qu'une pipe neuve provoque des malaises, et en réminiscence des jeux de mots sur *pipe* et *se culotter.*

Fuschia

Fuschia, nom du vin rouge pour les soldats de la Première Guerre mondiale, est sans doute une déformation de *fuschine,* une matière rouge tirée de l'aniline dont on colorait les vins au 19e siècle (*vin fuschiné*).

> — On avait [...] une boule de son et un seau d' vin que nous avait donné la 18e, en nous installant, et toute une caisse de cartouches, mon vieux. On a brûlé les cartouches et bu le fuschia.
>
> Henri Barbusse, *Le Feu*

Fusil

Le *fusil* est une métaphore du gosier depuis le 19e siècle : *se charger le fusil, se rincer le fusil, s'en coller dans le fusil* (Hugo, 1862) : boire, de même que *fusiller.* Un chef de cave champenois expliquait à Gault et Millau en 1983 que « le magnum est idéal lorsqu'on est beaucoup, sinon il s'agit de fusiller vite. » Mais comme la plupart de ces images d'agression sont réversibles, le vin rendant au buveur les coups qu'il reçoit, ce dernier est à son tour *fusillé,* ivre.

> Il dit que je suis saoul, mais c'est lui qui tient plus debout. Un verre de vichy ça le fusillerait.
>
> René Fallet, *Les Vieux de la Vieille*

Voir aussi le *goût de pierre à fusil,* p. 220.

Fût

Il faut distinguer le *goût de bois,* agréable, donné par un bon fût, et le *goût de fût,* désagréable, dû à un fût de mauvaise qualité ou mal entretenu, bien que certains emploient les deux expressions indifféremment. A Lyon, on dit de quelqu'un qui a quelque chose à se reprocher qu'*il sent le fût.*

Le vin qui a ce faux goût est *affuté* (*afusté,* 15e siècle) ou *fûté* (16e).

Gai

Gai, légèrement ivre, se dit depuis le 18e siècle. En Normandie, on est *gai-soûl.* Généralement, on *a le vin gai* avant de l'avoir *triste* ou *mauvais,* car son effet excitant est suivi, à plus haute dose, d'un effet dépresseur.

Comme ils devenaient un peu plus gais sur la fin du repas, selon la coutume des philosophes qui dînent...

Voltaire, *Les Oreilles du Comte de Chesterfield*

Gai se dit aussi d'un vin léger et vif :

Très bon blanc 1978 [Bandol] très fin, gai et frais, bien sec et bien friand avec une touche anisée, sans toutefois une personnalité très marquée.

Gault-Millau, *Spécial Vins, 1980*

Galope-chopine

Galope-chopine : celui qui court les cabarets ; se trouve par exemple chez Huysmans (*L'Oblat, Certains*). « Je ne galope pas après le vin, mais le café » (Jules Renard).

Garde

Le vin est *de garde, de bonne, haute,* ou *longue garde,* s'il peut et doit vieillir (début 17e siècle) : « Le vin est verd cette année, il sera de garde » (Furetière).

Soûl comme un garde-champêtre : les gardes-champêtres ont une réputation de grands buveurs parce que leurs fonctions les conduisent chez les particuliers, qui leur offrent à boire.

Gargariser (se)

Se gargariser : boire, sous le prétexte que le vin est un médicament.

Gervaise en vit deux autres devant le comptoir en train de se gargariser, si pafs qu'ils se jetaient leur petit verre sous le menton, et imbibaient leur chemise, en croyant se rincer la dalle.

Émile Zola, *L'Assommoir*

La racine *garg-* a formé divers mots désignant la gorge. On *se rince la gargamelle* (15e siècle), *la gargane* (mot régional passé dans l'argot parisien au 19e siècle sous la forme *gourgane*), *la gargagnole, la gargoulette...* L'argot moderne en a retenu *la gargue.* De cette racine viennent aussi les noms de *Gargantua* et de sa mère *Gargamelle ;* dans la région de Saumur, on dit d'un ivrogne qu' « il a une gueule comme Gargantua », *a l'ai eune gueule autant le grand Gargantia.*

Garni

Garni : ivre (20ᵉ siècle), par extension de *se garnir le ventre, la panse :* manger et boire beaucoup.

> « Ah ! j' dis pas, concède-t-il tout de suite, que ces deux-là n' soient pas un peu garnis, ni un peu vaseux... Sans être tout à fait mûrs, ils ont l' nez sale, quoi. »
>
> Henri Barbusse, *Le Feu*

Gaz

On dit *gazéifié* un vin qui a été rendu effervescent par adjonction d'acide carbonique, et *gazeux* un vin dans lequel la présence de gaz carbonique est anormale.

Être gazé, être gaz, ivre, datent de la première guerre mondiale, par comparaison de l'ivresse avec l'intoxication par le gaz de combat (cf. *asphyxie*). Dans le coma éthylique, la mort peut survenir en effet par paralysie des centres respiratoires et cardiaques.

Gelé

Gelé, ivre (fin 19ᵉ siècle), s'explique peut-être par l'expression *avoir le nez gelé,* être pris de boisson, c'est-à-dire avoir le nez rouge comme sous l'effet du froid. On sait d'autre part qu'un excès d'alcool peut faire baisser d'un degré la température d'un buveur, ce qui expliquerait la fréquence des pneumonies chez les alcooliques.

Un vin *gelé,* accidentellement exposé au gel, a un goût spécial de rôti ou de raisin figué, mais on le faisait volontairement autrefois dans certaines régions (cf. *glace*). Dans le Jura, on appelle *vin de gelée* le vin jaune issu de raisins qu'on récolte au début de l'hiver : en séparant l'eau qui forme de la glace, le gel concentre les sucres.

Gésier

Gésier désigne la gorge, par une métaphore d'autant mieux venue que les buveurs ont une maladie spécifique des volailles, la *pépie* (voir p. 216).

> Ma pauvr' femm' non plus n' gagn' guère ;
> Lui faut trop d' litr's dans l' gésier.
>
> Charles Cros, *Brave Homme*

Gilet

On dit parfois d'un vin qui a « du corps » qu'il **a du gilet :**

Le vin qui a « du gilet » est un vin opulent, bien constitué, mâle, enfin le vin d'un monsieur sérieux et bien portant, tandis que le vin qui a « du corsage » est un vin plus délicat, plus féminisé, bien fait aussi, mais plus fin, plus amoureux...

Louis Forest, *Monseigneur le Vin*

Ginguet, ginglard

C'est au 16ᵉ siècle, dans la région parisienne, qu'on appela **ginguet** un vin très vert. On suppose que le mot est formé sur *ginguer,* danser (la gigue) : c'est du vin **à faire danser les chèvres.** Apparues au 18ᵉ siècle, les **guinguettes,** petits cabarets établis au-delà des barrières de Paris (où il n'y avait pas à payer les taxes d'entrée dans la capitale), devraient leur nom à ce qu'on y servait du **ginguet.** Au 19ᵉ siècle, **ginguet** est devenu **ginglet** puis **ginglard,** que l'argot emploie encore. Voir **reginglard.**

Givré

Givré, ivre, est une variante moderne de **gelé,** mais s'emploie de plus en plus au sens de « fou », selon la même évolution que *cinglé.*

Glace

Il ne suce pas (que) de la glace : il boit beaucoup de boissons alcoolisées (19ᵉ siècle).

Dans des troquets comme en ces bourgades,
J'avais rôdé, suçant peu de glace

Verlaine, *Poème saturnien*

Roland était un garçon doux et calme, dont le visage rougeaud reflétait bien son passé, qui n'avait pas été de sucer de la glace.

Roger Pillard, *La Poivrade*

On fait dans le Valais du **vin de glacier :** conservé aux abords des glaciers dans des foudres qu'on ne vide jamais, car on ajoute la nouvelle récolte aux précédentes, il a un goût particulier.

Glass

Glass, verre à boire, a été emprunté à l'allemand *Glass.* Il est attesté en argot dès le 17ᵉ siècle avec l'orthographe *glace.* On dit encore en 1900 *sucer un glacis,* prendre une consommation, expression qui n'a pas survécu, peut-être parce qu'elle induisait une confusion avec *ne pas sucer de la glace.* La graphie *glass* apparaît à la fin du 19ᵉ siècle.

Gloire

Partir pour la gloire, s'enivrer, dérive de l'ancienne expression *être dans la gloire de Bacchus,* qui fait allusion à la béatitude des élus au paradis, « le séjour de gloire ».

Un *gloria* (début 19ᵉ siècle) est un café arrosé d'eau-de-vie. *Faire gloria :* ajouter de l'alcool au café. Référence parodique au *Gloria* des psaumes.

Glou-glou

L'onomatopée **glou-glou** n'est attestée qu'au 17ᵉ siècle, alors qu'on trouve **glouglouter** dès le 16ᵉ.

> Qu'ils sont doux
> Bouteille jolie,
> Qu'ils sont doux
> Vos petits glou-gloux !
> Mais mon sort ferait bien des jaloux,
> Si vous étiez toujours remplie.
> Ah ! bouteille, ma mie,
> Pourquoi vous videz-vous ?
>
> Molière, *Le Médecin malgré lui*

Aujourd'hui, un **glou-glou** est soit un coup à boire, soit un ivrogne.

Glouglouter, produire un bruit de glou-glou, signifie aussi boire et, par extension, être alcoolique.

En Belgique, on dit d'un vin souple, moelleux, qu'il est **glou** (attesté au 19ᵉ siècle).

Gnôle

Gnôle, eau-de-vie (19ᵉ siècle), se trouve sous des graphies variées : **gniôle, gniolle, gnolle, niolle, niôle.** Au début du 18ᵉ siècle, **gniole** signifie « coup » (cf. *torgniole*), mais le nom de l'eau-de-vie semble venir d'un autre mot, *niôla* (Haute Bourgogne, Lyonnais), qui dérive du latin *nebula* et signifie *brouillard :* parce que la gnôle met le buveur dans le brouillard ?

Gobelet

Un radical gaulois * *gobbo,* bouche, a formé en ancien français *gobel,* puis **gobelet** au 13ᵉ siècle ; l'argot l'abrège en **gobe** depuis le milieu du 19ᵉ (**prendre un gobe :** prendre un verre). Au 17ᵉ siècle apparaît **gobelotter :** boire à petits coups ; aimer boire. Dans le vocabulaire des prisons, au 19ᵉ, on a appelé **gobette** le gobelet d'étain réglementaire de 33 centilitres, puis son contenu.

> Jean-Paul s'est allongé, il se remet mal de ce qu'il a bu, il n'a pas l'habitude, il est jeunot comme moi. On n'est pas encore de vrais bons Français tous les deux, on ne tient pas suffisant à la gobette.
>
> Alphonse Boudard, *Le Corbillard à Jules*

Godailler

Godailler, faire des excès de boisson, est attesté au 18ᵉ siècle. On suppose que le mot vient de *godale,* bière (mot du Nord, de l'anglais *good ale,* bonne bière). Mais il pourrait aussi dériver de *godet.* Il est en tout cas probable qu'il a subi l'influence de *gogaille,* débauche de table (16ᵉ siècle).

Godet

Godet, petit récipient à boire, sans pied ni anse (13ᵉ siècle), est familièrement employé au sens de *verre,* et abrégé en **gode** (20ᵉ siècle), sur quoi on a fait **goduche.**

> Sus à ce vin, compaings ! Enfans, beuvez à pleins guodetz !
>
> Rabelais, *Tiers Livre*

Goguette

De l'ancien *gogue,* réjouissance, **goguette** a d'abord signifié *propos joyeux* (13ᵉ siècle), puis *ripaille* au 15ᵉ. *Etre en goguette :* être légèrement ivre.

> Il aimait aussi à boire, comme Milord et Jean-Jacques, et disait, dans ses goguettes, qu'il était très content du tonneau quoiqu'un autre l'eût percé.
>
> Voltaire, *Mélanges*

Au 19ᵉ siècle, les **goguettes** étaient des sociétés chantantes qui se réunissaient le plus souvent dans les arrière-boutiques des marchands de vin.

Gorge

Chez l'ivrogne peu soucieux du goût, la gorge a beaucoup plus d'importance que la langue ou le palais. Il y ressent une sécheresse douloureuse — *Haro ! la gorge m'ard* (Villon et La Fontaine) — que seul peut soigner du *c' qu'i faut pour la gorge* (fin 19ᵉ siècle).

> ... mais on n'a pas conservé d' vin.
> — On a z'eu tort, dit Volpatte, vu qu'i fait soif. Dis-donc, les gars, vous n'auriez pas rien pour la gorge ?
>
> Henri Barbusse, *Le Feu*

C'est évidemment **un gorgeon,** un coup de vin, qu'on prend dans **les outils à gorge,** les verres. **On se gorgeonne :** on boit.

Gosier

Mais si t'as l' gosier
Qu'une armur' d'acier
Matelasse
Goûte à ce velours
Ce petit bleu lourd
De menaces.

Georges Brassens, *Le Bistro*

Le gosier des grands buveurs est censé être fait de matières peu humaines, qu'il soit *d'éponge* (*un gosier d'éponge :* un ivrogne), *pavé* ou *blindé* par sa résistance à l'alcool.

Gouleyant

Gouleyant est un mot d'origine incertaine, attribué tantôt aux Angevins, tantôt aux Beaujolais. On y reconnaît en tout cas le radical de *gueule,* ancien français *goule :* un vin *gouleyant* se laisse boire *à grandes goulées,* il coule bien.

Goulot

Goulot, col de bouteille, désigne par métonymie la bouteille elle-même, puis son contenu, et par métaphore le gosier (19ᵉ siècle) :

— Soûl comme une bourrique, c'est le cas de le dire, fit remarquer Jésus Christ, qui le contemplait d'un œil d'admiration fraternelle. Un baquet d'un coup, quel goulot !

Émile Zola, *La Terre*

Être du goulot : être alcoolique.

Gourmet

De l'ancien français *gormet,* valet de marchand de vins, le mot *gourmet* a d'abord désigné un dégustateur expert en vins, jusqu'à la fin du 17ᵉ siècle. Il ne s'est étendu à l'ensemble de la gastronomie qu'au 18ᵉ siècle. Les experts parisiens ont gardé aujourd'hui le nom de *courtiers-gourmets-piqueurs de vins.*

Goût

L'analyse du goût d'un vin distingue en fait des sensations gustatives à proprement parler (les saveurs sucrées, salées, acides et amères), et des perceptions tactiles et olfactives.

171

D'un vin agréable on dit qu'il *se goûte bien,* ou même : *i goûte pas mal !* Il est *goûteux* (il a beaucoup de goût), ou *il a les mille goûts,* ce qui équivaut à *il fait la queue de paon.* Mais il peut au contraire avoir un *faux goût,* étranger ou anormal.

De l'inventeur du raisin
Il révérait la mémoire
Et pour bien goûter le vin
Jugeait qu'il fallait en boire

Monsieur de La Palisse, chanson

Cette « lapalissade » n'en est pas une, puisque les dégustateurs qui recrachent le vin le goûtent sans le boire.

Goutte

Le *vin de goutte* ou *mère-goutte* (Furetière, 1690) est celui qui s'écoule directement de la cuve avant le pressurage du raisin. Mais *la goutte* est de l'eau-de-vie (19e siècle) : *boire la goutte.*

Grain

En dégustation, *grain* est un mot équivoque. Le *grain* est « une espèce d'âpreté qui, sans avoir rien de désagréable, se fait plus ou moins sentir dans la plupart des vins secs ou moelleux, lorsqu'ils ne sont pas très vieux » (Jullien, 1832). *Goût de grain* désigne un goût dû à un excès de pressurage.

Mais on parle aussi du *grain* du vin au même sens que pour une étoffe, en désignant sa texture : *grain serré, grain lâche, finesse de grain* décrivent les sensations tactiles que le vin peut donner en bouche selon l'équilibre du tanin et du moelleux.

[Mâcon 1976] beau vin, clair, brillant, très fruité, rond, fin ; il a de l'enveloppe (il donne une impression harmonieuse de bouclé, de fini, malgré sa jeunesse), le grain serré... vin qui allie finesse, caractère et corps.

Fernand Woutaz, *Comment reconnaître 30 bons vins*

Graisse

La *maladie de la graisse* rend le vin filant comme de l'huile : il devient *gras* (Furetière, 1690). Mais l'on emploie plus généralement cet adjectif pour qualifier un vin moelleux, riche en alcool et en glycérine. Les Grecs anciens avaient un mot équivalent, *liparos* (cf. *lipide*), gras, onctueux.

[Saint-Estèphe 1978 :] Parfum de terre ou de graves séchées au soleil. Très tannique et encore fermé, mais avec du gras, de la chair et de la soie. Puissant, mâle et vif, très direct, de bonne finale.

Gault-Millau, Spécial vins 1981

Pour l'ivrogne, tout vin est une huile lubrifiante : il *se graisse les roues* (19ᵉ siècle), ou il *se graisse le toboggan* (20ᵉ siècle); et quand il demande à boire, c'est sous le prétexte qu'il *n'est pas assez graissé* (Zola).

Grenouiller

Grenouiller, d'après Furetière, c'est « yvrogner en beuvotant dans de meschants cabarets, et à la manière des gens de néant ». On le disait encore au 19ᵉ siècle. L'ivrogne est une *grenouille de cave.* Ronsard a écrit cette *Epitaphe de François Rabelais :*

> Le galant buvoit nuit et jour
> Mais quand l'ardente Canicule
> Ramenoit la saison qui brûle,
> Demi-nu, se troussoit les bras
> Et se couchoit tout plat à bas
> Sur la jonchée entre les tasses,
> Et, parmi des écuelles grasses
> Sans nulle honte se touillant,
> Alloit dans le vin barbouillant,
> Comme une grenouille en la fange.

Gris

Le *vin gris* est un vin rosé très clair, obtenu par un foulage et un pressurage immédiats, c'est-à-dire sans cuvaison, de raisins rouges parmi lesquels on admet parfois un faible pourcentage de raisins blancs. Le plus connu des vins gris est celui des *Côtes de Toul* en Lorraine.

Gris, légèrement ivre, est attesté au 17ᵉ siècle. Il s'agit probablement d'une métaphore inspirée par la définition du vin gris, « qui est entre le blanc et le clairet » (Furetière) : *être entre le blanc et le clairet* signifie aussi être un peu ivre. *Griser,* enivrer légèrement, date du 18ᵉ siècle ainsi que *dégriser.*

Vous allez me griser ! dit le clerc en lampant un neuvième verre de vin de champagne.

Balzac, Modeste Mignon

Grive

Mangez les tartines comme du pain bénit
Que la mariée soit soûle comme une grive

Apollinaire, *Mille Regrets*

Soûl comme une grive date du 15ᵉ siècle. La grive est l'un des « volatiles amateurs de vin », comme le dit un traité d'économie rurale du 18ᵉ siècle, qui pillent les vignes à maturité. Furetière recommande de les manger à la saison des vendanges quand elles s'enivrent de raisins mûrs.

Gros

Si **gras** désigne une qualité, **gros** est nettement péjoratif. Pourtant, le crieur du *Jeu de Saint Nicolas,* vers l'an 1200, faisait la réclame d'un vin **gros,** ce qui signifiait sans doute « charnu ». Mais dès le 17ᵉ siècle, un **gros vin** est un vin très épais ; on l'appelle aujourd'hui **du gros rouge,** ou **du gros-qui-tache.** Marcel Lachiver rapporte, dans *Vin, vigne et vignerons en région parisienne du XVIIᵉ au XIXᵉ siècle,* un témoignage du début du 19ᵉ, selon lequel les marchands ne goûtaient même pas les vins, mais les jetaient contre un mur blanc et retenaient celui qui faisait la tache la plus marquée.

Guindal

Guindal, verre (19ᵉ siècle), est d'origine obscure. On peut supposer un usage métaphorique de *guindal,* grue de bateau pour soulever les charges et les déposer dans la cale : c'est en effet avec le verre que le buveur « se charge ».

Habillé

Paradoxalement, **bien habillé** ne se dit pas d'un vin qui a une belle robe, mais d'un vin qui a du corps, sans doute parce qu'il est « étoffé » ; et s'il « se dépouille » avec l'âge, il *se déshabille.* Ces métaphores imprécises se trouvent plus chez les amateurs que chez les œnologues.

On dit aussi qu'un vin est **trop habillé** s'il est chargé en couleur. Quant aux bouteilles, les **habiller** consiste à les parer avec une étiquette, une collerette (petite étiquette posée sur le col), et une capsule de surbouchage.

Il faut rhabiller fillette : les verres sont vides, il faut resservir.

Hachesse

Hachesse, c'est-à-dire **H.S.**, initiales de *Hors-Service,* désignant un véhicule militaire immobilisé, s'emploie pour qualifier un homme épuisé, et particulièrement ivre mort (20e siècle). L'ivrogne est depuis le 19e siècle décrit comme une machine : il *se graisse les roues,* il *fait le plein,* il *consomme du carburant,* — et il finit **H.S.**

Haleine

Une *haleine avinée* est un signe si certain que chez les Romains, tout homme avait le droit de baiser sur la bouche les femmes de sa famille, pour vérifier si elles n'avaient pas bu du vin, qui leur était interdit.

Harmonie

L'*harmonie* d'un vin est l'équilibre entre ses différents caractères *organoleptiques* (voir ce mot). C'est la seule métaphore musicale dans le vocabulaire de la dégustation, qui emprunte plutôt ses images aux arts plastiques.

> [Saint-Julien, 2e grand cru classé, 1978] Robe profonde, concentrée, velouté, jeune et intense. Bouquet d'épices, de fruits mûrs, de jeunes feuilles de cassis et de bois neuf. Goût franc de Médoc : harmonie entre fruit, alcool et bois. Grande classe. Vin parfait...
>
> Michel Dovaz, *La Dégustation*

Hauteur

Dans l'argot des marins, *prendre une hauteur* (fin 19e siècle) signifie boire à la bouteille, et celle-ci s'appelle *sextant :* le geste du buveur évoque celui du navigateur qui prend une hauteur de soleil ou d'étoile au sextant.

Herbacé

Herbacé est un terme équivoque, qui qualifie tantôt une odeur désagréable que certaines plantes croissant dans les vignes (comme la rambergue ou mercuriale) ont communiquée au raisin, tantôt au contraire des arômes plaisants comme ceux de la fougère, de la menthe ou du foin coupé.

Honnête

Les Romains parlaient, à propos de vin, de goût « honnête, estimable », *probabilis gustus*. On dit qu'un vin est **honnête** quand il a le minimum de qualités qu'on puisse en attendre, mais pas plus.

Huile

Un vin atteint de la maladie de la graisse est **huileux** (début 17ᵉ siècle), il **fait l'huile**. Mais pour le langage familier, tout vin est de l'**huile** qu'on se met **dans la lampe.** On dit d'un ivrogne, en Poitou, qu'il est **gormand coume un chareuil** (une lampe à huile); et en Beaujolais, **te me coute mès d'heule que de faron,** « tu me coûtes plus en huile qu'en mèche », s'adresse à quelqu'un qui boit plus qu'il ne mange.

Huître

Nom de Dieu, proféra Antoine, on n'est pas noirs, à peine demi-deuils. Les bonnes femmes, ça nous voit toujours pleins comme des huîtres.

René Fallet, *Au Beau Rivage*

Plein comme une huître : complètement soûl (fin 19ᵉ siècle). En Bretagne, on dit aussi **plein comme un régadeau** (nom d'un coquillage).

Humecter

L'opposition de la diététique ancienne entre le sec et l'humide explique certaines considérations sur le vin. Héraclite disait que l'ivrogne titube sans savoir où il va parce que « son âme est humide », mais les *bien yvres* de Rabelais, dans *Gargantua,* aspirent au contraire à cette humidité vitale :

— Je mouille, je humecte, je boy, et tout de peur de mourir.
— Beuvez tousjours, vous ne mourrez jamais.
— Si je ne boy, je suys à sec, me voylà mort. Mon ame s'en fuyra en quelque grenoillere. En sec jamais l'ame ne habite.

Le vin est une substance paradoxale, humide parce que liquide, mais sèche parce qu'elle participe du feu. Ces qualités contraires se manifestent en deux temps, puisque boire s'exprime en termes d'humidification (**s'humecter**), tandis que l'ivresse est représentée par des images de cuisson et de brûlure.

176

MESSIEURS GAULT ET MILLAU, POUR COMMENCER, UN **POMEROL** 1954 ...AVEC DES HUÎTRES!

Humer

Humer a le double sens de respirer une odeur et d'aspirer par la bouche : ce sont bien deux moments de la dégustation. *Il a humé du piot :* il est saoul (Furetière).

> Paillard regardait son verre, par-dessus, par-dessous, à l'ombre et au soleil, le humait, reniflait, buvait du nez, de l'œil, autant que du palais.
>
> Romain Rolland, *Colas Breugnon*

Hydrophobe, hydropathe

Hydrophobe est un mot burlesque forgé au 17e siècle pour désigner un buveur de vin, qui a la « phobie » de l'eau. Quand son maître lui propose un régime à l'eau bénite, au cas où il serait possédé du diable, Jacques le Fataliste proteste :

> — Moi, monsieur, à l'eau ! Jacques à l'eau bénite ! J'aimerais mieux que mille légions de diables me restassent dans le corps, que d'en boire une goutte, bénite ou non bénite. Est-ce que vous ne vous êtes pas aperçu que j'étais hydrophobe ?
>
> Diderot, *Jacques le Fataliste*

177

Le **Club des Hydropathes** fut fondé en 1878 par l'écrivain Emile Goudeau, avec Maurice Rollinat, Georges Lorin, Charles Frémine et Charles Cros. Ce sont eux qui poussèrent Rodolphe Salis à créer *Le Chat Noir* à Montmartre.

Imbiber

Etre imbibé : être soûl, être alcoolique ; « Le Vin, qui vous imbile et vous tord imbibés... » (Verlaine, *Jadis et Naguère*). En termes médicaux, on parle d'*imprégnation alcoolique.*

Incendié

Incendié, ivre, garde la trace de croyances pseudo-scientifiques dont Bachelard, dans *La psychanalyse du feu,* rapporte des exemples très curieux : en pleine époque des Lumières, on citait des cas de combustion spontanée qui aurait réduit en cendres des ivrognes trop imbibés d'alcool ! « N'a-t-on pas vu des ivrognes, dont les corps étaient surabondamment imprégnés d'esprits ardents par la boisson habituelle et excessive de liqueurs fortes, qui ont tout à coup pris feu d'eux-mêmes et ont été consumés par des incendies spontanés ? » écrivait l'abbé Poncelet en 1766.

Informe

> Ou verse-moi tes sommeils lourds
> Dans le vin informe et mystique,
> Volupté, fantôme élastique !
>
> Baudelaire, *La Prière d'un Païen*

Pour les dégustateurs, un vin est *informe* « si son image en bouche est indécise » (Emile Peynaud) ; c'est qu'il manque de tanin et d'acidité.

Ivre

La première législation sur l'ivresse remonte à Charlemagne, qui punit les coupables d'excommunication. Le châtiment n'était sans doute pas assez impressionnant, puisque François Ier dut promulguer une ordonnance, en 1536, en décidant de peines qui allaient de la prison (au pain et à l'eau) jusqu'à l'amputation d'une oreille.

Les connaisseurs, que les lenteurs de la dégustation protègent de ces excès, ne veulent pas être confondus avec des ivrognes, et parodient le proverbe biblique sous la forme : *il faut séparer le bon vin de l'ivresse.* Brillat-Savarin félicitait les gens de lettres, qui étaient *ivrognes* sous Louis XIV, d'être devenus *gourmands* — distinction que fait aussi l'ivrogne de Verlaine :

> Vraiment, en seriez-vous à croire que je bois
> Pour boire, pour licher, comme vous autres chattes,
> Avec vos vins sucrés dans vos verres à pattes
> Et que l'Ivrogne est une forme du Gourmand ?
> Alors l'instinct qui vous dit ça ment plaisamment
> [...]
> Ah, si je bois c'est pour me soûler, non pour boire.
>
> Verlaine, *Amoureuse du Diable*

Jaja, jinjin

Jaja et *jinjin,* vin rouge, sont de formation récente mais obscure. On a supposé que *jaja* (vers 1918) venait de *jarret,* coup d'eau-de-vie (qui donne du jarret) ; et *jinjin* (vers 1960 ?) peut être un abrégement de *ginglard.*

> Plus une goutte de jaja, en France. Plus une larme de beaujolpif. Rasé, Saint-Amour ! Juliénas, c'est Oradour ! [...] Ça donne qu'en l'an 2000 on s'envoie plus que du tutu chinois. Du Mao-Villages ! Du Clos-Bouddha ! Du Château-Pékin ! Du Saint-Nid d'Hirondelles !
>
> René Fallet, *Le Beaujolais nouveau est arrivé*

Jambes

On appelle *jambes* les traînées que le vin laisse sur les parois du verre quand on l'y a fait tourner. Elles sont fonction du degré d'alcool, et non de la glycérine comme on le croit souvent. On les appelle aussi *larmes.*

Cela n'a rien à voir avec l'expression *faire jambes de vin,* se donner des forces pour la marche en buvant un coup avant de partir (17e siècle). Dans diverses régions, on offre un second verre pour que le visiteur *ne parte pas sur une jambe,* voire même une troisième *pour la petite jambe...* Il est pourtant bien connu que trop boire « coupe les jambes ». Rabelais disait que les vins d'Anjou *font la jambette,* c'est-à-dire le croc-en-jambe (*Pantagruel*).

Jaune

Le *vin jaune* du Jura, issu d'une vinification en blanc, est conservé six ans dans des fûts où il se couvre d'un voile de mycodermes, la *fleur,* qui lui donne sa couleur et un goût spécial, *le goût de jaune,* évoquant la noix. Mais cette expression est péjorative si on l'emploie à propos d'un vin blanc qui madérise.

En argot, *la jaune* est, comme *la blanche,* de l'eau-de-vie :

— Dites donc, espèce de Borgia ! cria-t-il au père Colombe, donnez-nous de la jaune, de votre pissat d'âne premier numéro.

Émile Zola, *L'Assommoir*

Jeter

S'en jeter un, se jeter un verre derrière la cravate, le bouton de col ou *les écussons,* succèdent à la vieille expression *jeter en sable,* avaler d'un trait, bien attestée au 17e siècle (cf. *sabler*).

180

Jeune homme

On trouve dans *Les nuits d'octobre,* de Gérard de Nerval, l'expression *avoir son petit jeune homme,* être ivre : peut-être parce que le vin a la réputation de rendre la jeunesse aux vieillards, mais plus vraisemblablement à cause du nom de *jeune homme* donné à un broc de quatre litres, dit aussi *moricaud* et *petit père noir.*

Jupé

Jupé, juponné, ivre, datent des années 1950. On ignore s'il s'agit d'une variante de *culotté,* ou d'une formation sur *jus.* L'ivresse est parfois décrite en termes vestimentaires, comme *avoir son frac,* ou, dans le Bas-Maine, *se mettre en requimpette* (nom d'habit), mais à moins de songer au scotch, on voit mal les raisons d'une allusion à la jupe !

Jus

C'est une belle dénégation d'alcoolique que d'appeler le vin du *jus,* en passant sous silence les effets de la fermentation. Il est *le jus de la vigne* ou *de la treille, le jus de septembre, d'octobre* ou *d'automne,* ou tout simplement *le jus* (mot qui, à la fin du 19ᵉ siècle, change de sens pour désigner le café).

> J'suis issu de gens
> Qu'étaient pas du gen-
> Re sobre.
> On conte que j'eus
> La tétée au jus
> D'octobre.
>
> Georges Brassens, *Le Vi.:*

Brassens reprend là une vieille expression, qu'on trouve chez Scarron.

Kil

Kilo (de rouge, de vin) puis *kil* datent de la fin du 19ᵉ siècle, et *kilbus* est postérieur à la Première Guerre mondiale ; on désigne ainsi un litre de vin.

> Tiens, ma vieille elle a soixante-cinq ans, j'habite avec elle. Eh bien, à son âge, elle se tape encore son kil de rouge dans la journée.
>
> Jean-Paul Sartre, *La Mort dans l'Ame*

Kir

Le nom du chanoine Kir(1876-1968), qui fut maire de Dijon et député, est en principe réservé au blanc-cassis fait exclusivement avec de l'aligoté : **un kir.** La liqueur de cassis est une spécialité dijonnaise.

Lait

Georges Brassens appelle le vin **du bon lait d'automne.** La métaphore est ancienne : un proverbe du 16e siècle disait que **le vin est le lait des vieillards,** et Erasme complimentait la Bourgogne, « mère des hommes », de ce que « ses mamelles contiennent de si bon lait ». A l'inverse, dans l'argot lorrain des fondeurs, le lait est « du vin de vache » (*cherin de cornoffe*). Il y a pourtant, dans notre mythologie du vin, une totale opposition entre le lait, boisson d'enfants et de femmes, et le vin. Dans *Du vin et du haschisch,* Baudelaire explique qu'après avoir été horrifié, dans une exposition de peinture, par un tableau d'une « criminelle extravagance », il en a découvert la cause en apprenant que ce monstrueux auteur ne buvait que du lait...

Mais si l'on tient à ces deux boissons opposées, des proverbes conseillent de finir par le vin : **Vin sur lait est souhait, lait sur vin est venin,** ou *vin sur lait fait le cœur gai, lait sur vin fait vilain.*

Lampe

S'en filer un coup dans la lampe, s'envoyer une giclée sur le lampion : la lampe, qu'il faut alimenter d'huile, est depuis le 17e siècle une métaphore de l'estomac ou du gosier. Mais le mot a été renforcé par un croisement avec *lamper* (17e siècle), forme nasalisée de *laper ;* le **lampas** (fin 12e) est le gosier ; **humecter le lampas :** boire (La Fontaine).

Lampant, brillant (16e siècle), du provençal *lampa,* briller, s'est d'abord dit de l'huile d'olive. Mais on a tendance aujourd'hui à interpréter ce mot sous l'influence de *lamper,* au sens de « qui se laisse boire ».

Lancé

Lancé, un peu ivre, comme **parti,** date du 19e siècle. En Bretagne, **avoir sa lancette.** Rabelais disait **boire en lancement.**

Langue

Alors que tout dégustateur éclairé connaît les zones de sa langue qui perçoivent les saveurs élémentaires, le langage familier exprime le vœu que le vin arrose la gorge, mais ignore les sensations de la langue : il s'agit de boire, non de goûter. On fait seulement état de la soif (*tirer la langue,* 17e siècle ; *avoir soif à avaler sa langue,* 19e), et des effets de l'ivresse sur l'élocution (*avoir la langue double*).

Larme

Une larme de vin : une petite quantité (17e siècle). Mais en dégustation, on appelle *larmes* les gouttes qui restent sur la paroi du verre et s'écoulent lentement ; synonymes : **chape-let, jambes.** Le docteur Ramain disait des vins de Graves rouges que « dans un verre de cristal ils pleurent des larmes de sang ou égrènent un chapelet de rubis » *(Les grands vins de France).*

Le **lacryma Christi,** dont le nom, en latin, signifie « larme du Christ », est récolté sur les pentes du Vésuve. On raconte que le Christ, contemplant Naples du sommet du volcan, aurait pleuré sur sa dépravation, et que de ses larmes aurait germé une vigne. Mais selon une autre version, c'est la mauvaise qualité du vin qui lui aurait arraché ses pleurs...

Laver

Un vin **lavé** n'est pas mouillé d'eau, mais il a un degré d'alcool trop faible ; on dit aussi **aqueux.** Quant à l'amateur de vin non lavé, il aurait tendance à trop **se laver,** lui-même, **les tripes, le poumon, les dents,** voire **la conscience,** toutes expressions déjà attestées au 16ᵉ siècle. Mais la pire manière de « se laver » au vin est encore celle qu'ordonne le médecin de des Esseintes, un lavement avec une mixture de vin de Bourgogne et d'huile de foie de morue (Huysmans, *A Rebours).*

Léger

Les Grecs parlaient de vin *kouphos,* léger, qui ne pèse pas, non chargé. Aujourd'hui, **léger** (18ᵉ siècle) qualifie un vin relativement faible en alcool. Certains opposent **léger** à **corsé,** parce qu'ils identifient le corps à une forte teneur en alcool ; mais pour d'autres, un vin peut être à la fois **léger** (faible en alcool) et **corsé** (tannique).

Licher

Licher, boire, variante de *lécher,* est attesté au 11ᵉ siècle et réapparaît au 19ᵉ dans le langage familier. Plusieurs verbes en dérivent : **lichoter,** qu'on trouve chez Huysmans, **lichailler, lichecailler,** et, par croisement avec *trogne,* **lichetrogner :**

> Duboin a justement pour les gosiers fourbus un Pommard qui ne vient pas de la coopérative des scaphandriers de Haute-Savoie. Du nectar ! On en lichetrogne trente décilitres lui et moi, et après, on tombe d'accord sur le fait que la vie vaut d'être vécue.
>
> San-Antonio, *Passez-moi la Joconde*

Licheur, buveur, se disait en ancien français *(lecheor)* mais concernait surtout le parasite qui boit aux dépens des autres. *Lichette* (milieu 19ᵉ siècle) a d'abord désigné un verre bu chez le marchand de vins, alors qu'aujourd'hui le mot désigne une petite quantité : « Tu prends un verre ? — Oh ! juste une lichette. » *Lichade,* action de boire, date aussi du 19ᵉ siècle : *s'offrir de copieuses lichades* (Huysmans). La fréquence et la variété de ces mots formés sur *lécher* montre, comme *sucer, téter* ou *biberonner,* qu'il existe une manière de boire en douceur, très différente de la hâte ou la violence qu'évoquent d'autres mots d'argot, mais avec un plaisir qui ne semble pas gustatif : les mouvements de la bouche comptent toujours plus que le goût.

Lie

La *lie* (du gaulois ** liga*) est le dépôt tombé au fond des tonneaux. On sépare le vin de sa lie en le soutirant, sauf dans le cas du *vin sur lie,* qui reste au contact de ses sédiments jusqu'à la mise en bouteille, comme les bons muscadets et certains vins suisses. Cela donne de la fraîcheur et un peu de perlant. Les poètes du Moyen Age vantaient le *vin sur lie :*

> … et j'errant m'en retour
> As chapons en sauce aillie
> Et as gastiaus qui sont blanc come flor
> Et au tres bon vin sor lie.

Colin Muset

Limonade

Comme l'eau, le lait ou la tisane, la limonade est l'antithèse du vin.

> Je suis chrétien
> Je mange du pain
> De la saucisse
> Et du boudin.
> La limonade
> Me rend malade
> Et le bon vin
> Me fait du bien.

Comptine de Lorraine

C'est donc l'une des pires condamnations du vin que de l'assimiler à cette boisson : *c'est de la limonade* se dit d'un vin trop doux, généralement un médiocre mousseux.

Les *limonadiers,* vendeurs de limonade, sont apparus sous le ministère de Mazarin. Au 19ᵉ siècle, *limonade* prend les sens de « profession de restaurateur », puis de « débit de boisson ».

> — Bonsoir, dit Pierrot. Je boirais bien un verre.
> — Difficile, dit le bonhomme. La limonade est fermée. Mais ça ne fait rien, je vous dégoterai du liquide dans un coin.

Raymond Queneau, Pierrot mon ami

Aujourd'hui, *limonade* signifie aussi « boisson alcoolisée ».

Limonadier de la Passion : désignation burlesque d'un marchand de mauvais vin, par allusion à l'homme qui tendit au Christ en croix une éponge imbibée de vinaigre (Lyon, 19ᵉ siècle).

Limpide

En latin, *vinum limpidum.* Un vin *limpide,* qui ne présente aucun trouble, n'est pas forcément *transparent* s'il est rouge : il laisse passer la lumière, mais, si l'on ne voit pas nettement un objet à travers lui, il n'est pas transparent.

Liqueur

Le mot de *liqueur* (12ᵉ siècle au sens de « liquide » comme en latin *liquor,* et 18ᵉ au sens de « boisson spiritueuse ») est en littérature la métaphore d'un bon vin (*la liqueur des treilles, la liqueur de Bacchus*), mais a, en œnologie, des usages précis. Les *vins de liqueur* ou *V.D.L.* sont faits de moûts mutés à l'eau-de-vie, comme le Pineau des Charentes. Il ne faut pas les confondre avec les *vins liquoreux,* riches en sucre et onctueux, issus de raisins atteints de *pourriture noble,* comme le Sauternes, ou de raisins passerillés, comme les vins de paille du Jura.

Dans l'élaboration des mousseux selon la méthode champenoise, on distingue la *liqueur de tirage,* qu'on ajoute au vin tranquille pour provoquer la fermentation et la prise de mousse, et la *liqueur d'expédition* qu'on ajoute dans l'ultime opération du dosage pour donner un goût plus ou moins sucré ; ces liqueurs sont faites de sucre dissous dans du vin.

Lit

Deux expressions entendues en Beaujolais pour représenter l'ivresse : *prendre son lit en marche,* et *prendre son lit pour une tirelire en mettant un gros soûl dedans.*

Litre

Le vin fin se vend en bouteilles de trois-quarts de litre, mais le vin ordinaire se vend au litre. C'est pourquoi à Lorient, quand on désire un vin meilleur que l'ordinaire, on commande *un litre de trois-quart !*

Sur *litre* on a fait *litron* (19e siècle), litre de vin grossier, et *litronner* (20e s.), boire.

Long

Quand un vin a une persistance aromatique intense, on dit qu'il est *long, long en bouche,* qu'il a *de la longueur, de l'allonge,* qu'il *s'allonge.*

[Tokay d'Alsace 1979] Beau jaune net. Sa jeunesse surprend. Riche. — Bouquet frappant de rose. Grande classe. Aromatique avec une note de citron en rétro-olfaction. — Beaucoup d'élégance. Souple et persistant en fin de bouche. Joli contraste entre le bouquet un peu citronné et une saveur très suave. Très long en bouche...

Michel Dovaz, *La Dégustation*

Mais le gros buveur ne se préoccupe que de la longueur de son cou, en une plaisanterie connue depuis l'Antiquité, et qui suppose une physiologie très fantaisiste puisqu'on souhaite avoir *le cou aussi long qu'une grue* pour mieux savourer un bon vin, ce qui situe les perceptions gustatives dans l'œsophage !

Je voudrais, buvant mauvais vin,
Me voir la gorge tout soudain
Bien courte devenue ;
Mais quand le bon vin je boirois,
Que le col j'eusse encore trois fois
Aussi long qu'une grue.

Olivier Basselin, *Vaux-de-Vire*

Louche

Louche : qui présente un trouble (17e siècle). Le vin qui perd sa limpidité *louchit.*

... je m'avisai de convoiter un certain petit vin blanc d'Arbois très joli, dont quelques verres que par-ci par-là je buvais à table m'avaient fort affriandé. Il était un peu louche ; je croyais savoir bien coller le vin, je m'en vantai ; on me confia celui-là ; je le collai et le gâtai, mais aux yeux seulement. Il resta toujours agréable à boire, et l'occasion fit que je m'en accommodai de temps en temps de quelques bouteilles pour boire à mon aise en mon petit particulier.

Jean-Jacques Rousseau, Confessions

Lourd

Un vin **lourd** est épais, trop chargé en couleur et en extrait sec (19e siècle).

En Bresse, ***avoir son lordot :*** avoir la tête lourde par excès de boisson.

Loyal

Une expression du 15e siècle, ***loyal et marchand,*** s'entend encore dans le commerce des vins pour désigner un vin qui correspond aux normes et ne présente aucun vice apparent ou caché.

Ce vin est du clos de la Commaraine ; il est produit par des vignobles dépendant du finage de Pommard ; nos pères le qualifiaient de « loyal, de vermeil et de marchand ». Il est, dans tous les cas, bouqueté par l'âge et de bonne garde ; regardez, c'est de l'escarboucle liquide qui coule dans le verre.

J. K. Huysmans, L'Oblat

Lumière

La belle expression ***goût de lumière*** est champenoise. Elle s'applique à des vins en bouteilles auxquels une longue exposition au jour a donné un goût spécial.

Macadam

Le ***macadam*** (19e siècle) était du vin blanc nouveau de Bergerac, doux et bourru, très apprécié des Parisiens, et que son aspect troublé par les lies en suspension faisait comparer au matériau dont on revêtait les chaussées.

Après le dîner, on buvait une larme de bénédictine ou de prunelle, parfois même André allait chercher des marrons et du macadam et, tout en grignotant et en buvant, ils échangeaient ces banales effusions...

J. K. Huysmans, En ménage

Macération carbonique

La *macération carbonique* est une technique de vinification employée surtout dans le Beaujolais et la vallée du Rhône. Elle consiste à laisser fermenter les raisins entiers, *sans foulage,* dans une cuve fermée et saturée de gaz carbonique. Il se produit une fermentation intracellulaire à l'intérieur des grains. Cette méthode donne des vins très fruités et vite consommables, mais qui se conservent peu, comme les vins de primeur.

Mâche

On dit qu'un vin *a de la mâche* lorsque sa consistance laisse l'impression qu'on pourrait le mâcher ; mais s'il a trop de mâche, cela devient un défaut : *il se mange plus qu'il ne se boit.* Il ne faut pas confondre *qui a de la mâche* et *mâché,* qui se dit d'un vin terni ou altéré par des manipulations brutales, un transport ou une oxydation ; un vin *mâché* est plus atteint qu'un vin *fatigué,* et moins qu'un vin *éventé.* Le mot est issu de l'ancien français *macher,* écraser, qui a laissé en Poitou *maché,* meurtri, et *machure,* ecchymose.

[Rully rouge 1981] Couleur rouge noire. Nez délicat et élégant, senteur des bois, framboise sauvage. Viril et charpenté en bouche, du corps, de la mâche, amertume et astringence sans agressivité. Toutes les promesses d'un grand vin.

Revue du vin de France, sept./oct. 1983

Dans le vocabulaire des imprimeurs, *mâchuré,* ivre, repose sur une comparaison avec une feuille *mâchurée,* c'est-à-dire barbouillée de noir. C'est une variante expressive de *noir,* ivre.

Maculature

En imprimerie, une maculature est une feuille qui a reçu un excès d'encre. *Prendre une maculature :* « s'enivrer », équivaut à *se noircir, se barbouiller.*

Madérisé

On dit *madérisé* un vin blanc oxydé dont la couleur vire au brun et dont le goût s'altère en évoquant un peu celui du *madère.* C'est un mot péjoratif.

Maigre

Maigre se disait du vin au Moyen Age, en un sens laudatif qu'il est difficile de préciser : le crieur du *Jeu de Saint Nicolas* promet un vin « court et sec et maigre ». Aujourd'hui, la *maigreur* d'un vin est un défaut, puisqu'on désigne ainsi le manque de corps et de chair. Si c'est un effet du vieillissement, on le dit *amaigri,* et, à un degré plus grave, *décharné.*

Malaga

Malaga de boueux est, comme *porto de déménageur,* une variante moderne de *vin de crocheteur,* gros rouge.

Malle

Ramasser une malle, avoir sa malle : variante expressive d'*avoir sa charge,* être ivre.

> ... on avait ramassé une malle qu'un régiment de déménageurs n'auraient pu décoller de par terre.
>
> San-Antonio, *Du plomb dans les tripes*

Mannezingue

Mannezingue (milieu 19ᵉ siècle), écrit aussi *manezingue, manzingue, menzingue,* marchand de vin, puis cabaret, serait une déformation de *malzingue,* issu de *maltais,* cabaretier dans l'argot des soldats d'Afrique.

Marc

Le *marc* est le résidu du raisin pressé ; écrit *march* au 15ᵉ siècle, c'est un déverbal de *marcher,* écraser. *Eau-de-vie de marc* date du 18ᵉ siècle et devient simplement *marc* à la fin du 19ᵉ.

Marée

Avoir sa marée, être ivre (Normandie), *prendre une marée* (fin 19ᵉ siècle) viennent de l'argot des marins. On peut rapprocher ces expressions de *en avoir maré,* être dégoûté, de l'espagnol *mareo,* mal de mer (cf. *en avoir marre*). La comparaison de l'ivresse au mal de mer se trouve déjà dans les *Proverbes* bibliques, qui décrivent l'ivrogne comme un homme couché en haute mer ou accroché au sommet d'un mât.

Margot

Femme de mauvaise vie (16e siècle), une *margot* est plus particulièrement une femme qui s'enivre — ce qu'Hemingway ignorait sans doute quand il a appelé sa fille Margaux en l'honneur du cru classé qui porte ce nom en Haut-Médoc. Dans la région lyonnaise, *prendre une margot,* s'enivrer, est courant. En Bretagne, à la fin du 19e siècle, *Marguerite* était un nom de l'eau-de-vie.

Il s'agit de jeux de mots sur *pie*, l'oiseau qui a pour surnom *Margot*, et *pie,* vin et ivresse au 15e siècle.

Marré

On dit *marré* un vin rouge qui a cuvé trop longtemps et en a gardé un goût de rafle. Formé sur *marc*, dont le *c* ne se prononce pas.

Martin

On attribue à saint Martin de Tours (4ᵉ siècle) la viticulture tourangelle. Sa fête, le 11 novembre, coïncide depuis long-temps avec la première consommation du vin nouveau, et son nom est à l'origine de divers mots : *martiner le vin,* le mettre en perce ; *martinage,* tirage du vin nouveau ; *martiner,* boire beaucoup (chez Rabelais) : « Par quoy un chascun de l'armée commencza martiner, chopiner et tringuer de même. » *Avoir le mal Saint Martin* (13ᵉ siècle) : être ivre.

Mastroquet

Mastroquet : marchand de vins, puis débit de boissons (19ᵉ siècle). Mot d'origine obscure, qu'on suppose issu du flamand *meisterke,* patron d'auberge, ou de *maistroqueux* (16ᵉ siècle), forme de *maître-queux.* L'abréviation *troquet* (fin 19ᵉ) est plus fréquente aujourd'hui.

Matière

On appelle *matière extractive* ou simplement *matière* l'extrait sec d'un vin. On dit d'un vin qui en est riche qu'il *a de la matière.*

[Saint-Emilion, 1976] d'un fin bouquet floral, est souple, chaud, avec une bonne attaque et une élégance dont la finesse accuse un léger manque de matière et de tanin (boire vite)...

Gault-Millau, Spécial vins 1980

Mauvais

On peut *avoir le vin mauvais* sans boire du vin mauvais, puisqu'il s'agit d'une ivresse agressive :

Mais le père Johannes ne riait pas ; il avait le vin mauvais et surtout le vin blanc.

Erckmann-Chatrian, *La Taverne du Jambon de Mayence*

Mazout

Mazout, autre nom du *carburant :* vin ou alcool (contempo-rain).

Il me versa à boire. Il regarda ensuite, avec un vif intérêt, la bouteille [de fine] qu'il tenait à la main, et alla chercher un verre pour son usage personnel.

— En votre honneur, dit-il, je vais faire une entorse à mon régime. Un doigt de ce mazout ne peut être dangereux...

Léo Malet, *Le soleil naît derrière le Louvre*

Mèche

Pour stériliser des fûts, on y fait brûler des **mèches soufrées,** selon une technique que les Romains connaissaient déjà. En Champagne, quand on finit de vider une bouteille, on dit : « Encore une qu'est bonne à mécher ! »

Médecin

Un vin **médecin** n'est pas un vin **médicinal.** Le vin **médecin** est celui qu'on utilise en coupage pour en améliorer un autre. Les Romains avaient le 11 octobre une fête de la « médication » du vin, les *Meditrinalia,* au cours de laquelle on ajoutait au moût du vin de l'année précédente.

Le vin **médicinal** est une préparation à base d'herbes diverses. Mais de toute façon, une vieille tradition veut que le vin ait la vertu d'une médecine, plus efficace que celle de la Faculté. Les proverbes le disent :

> Après souper un verre de vin
> Retire un écu de la poche du médecin.

et « on voit plus de vieux ivrognes que de vieux médecins » (Rabelais, *Gargantua*).

Méfranc

Méfranc se dit d'un fût, d'un vin ou d'un alcool qui a un goût ou une odeur étrangère. De *mé-,* préfixe négatif et péjoratif, et *franc.*

Mercaptan

L'odeur de **mercaptan,** dite aussi de **crotte de poule,** ressemble à celle des œufs pourris ; c'est celle de l'hydrogène sulfureux, dégagé par la transformation de l'anhydride sulfureux dans des vins mal aérés.

Messe

Bien qu'il soit le sang du Christ, le *vin de messe* est exclusivement blanc depuis le 16e siècle, pour ne pas laisser de taches sur le linge qui sert à essuyer le calice après la communion. On raconte que le cardinal de Bernis, protégé de Mme de Pompadour, ne voulait que du Meursault comme vin de messe, pour ne pas, disait-il, faire la grimace devant le Seigneur.

Mètre

Servir du vin au mètre (entendu en Dauphiné) consiste à aligner sur le comptoir un mètre de verres et à remplir d'un seul trait toute la série. On peut aussi commander *un mètre de pots* (entendu en Beaujolais).

Mettre

Qu'est-ce qu'il s'est mis ! se dit d'un homme ivre. Le dégustateur, lui, *se remet le palais à zéro* en buvant une gorgée d'eau avant de goûter un vin différent du précédent.

Remettre ça, remettre une tournée, remettre les verres à jour : servir une nouvelle tournée.

La *mise en bouteille au château* ou *au domaine* est en principe différente de la *mise du château* ou *du domaine.* Dans le second cas, elle est faite par l'exploitant lui-même, sous sa responsabilité, alors que dans le premier elle est due à un négociant. La *mise,* quand on parle d'un vin, signifie la mise *en bouteille.* On dit par exemple : « La mise est récente. »

Meule

La *meule* est la langue : *s'arroser la meule.* Mais par confusion avec *malle,* on entend parfois *se prendre une meule :* s'enivrer.

> — Tu n'aimerais pas écluser un gorgeon de blanc ? lui demandai-je.
> — Tout ce qu'il y a de volontiers, s'épanouit-il. Si je mouille pas la meule au départ, je suis comme qui dirait déshérité toute la journée.
> — Tu veux dire déshydraté ?

San-Antonio chez les Gones

Millésime

Le *millésime* (17e siècle) est l'année de récolte d'un vin. Celui-ci est *millésimé* s'il porte sur sa bouteille l'indication de son année. En Champagne, on ne millésime que les bonnes années.

On raconte que Duhamel, visitant une usine à vins en Argentine, s'étonnait de ne pas voir de millésime sur les étiquettes. — « Pour quoi faire ? Ici, toutes les années sont bonnes ! » — « Vous n'avez pas de chance ! », répondit Duhamel.

Mince

Pline parlait d'un falerne *tenue*, mince, qu'il disait d'autant plus odorant. Aujourd'hui, *mince* qualifie un vin moins décevant que *maigre,* mais dont les caractères sont peu intenses.

> [Rully, 1979] Œil : rouge clair, scintillant. — nez : fin, discrètement Pinot (dominante animale) avec pointe groseille. — bouche : très plaisant, frais en bouche, un peu mince, bouquet de fruits rouges, mûres, groseilles, plus élégant que puissant.

L'Etiquette, hiver 81

Mirer

Mirer un vin consiste à l'examiner devant une source de lumière pour juger de sa limpidité.

> D'Artagnan [...] revint à Athos qu'il trouva toujours attablé et mirant son dernier verre de Malaga à la lueur de la lampe.

Alexandre Dumas, *Les Trois Mousquetaires*

Moelleux

Rabelais trouvait aux vins de Vouvray « un moelleux de taffetas ». Le *moelleux,* qu'il ne faut pas confondre avec le goût sucré, est une onctuosité due à l'alcool et au glycérol.

> [Chardonnay de Californie, 1978] Jaune moyen, quelques reflets verts. Assez gras. — Très joli nez, floral et délicat avec une pointe de vanille et de chêne. — Moelleux, goût de fruit bien arrondi, nuances de citron et de vanille. Elégant et racé. A son optimum. Très beau.

Michel Dovaz, *La Dégustation*

Moisi

Le mot *moisir* est intéressant parce qu'il vient d'un terme de l'œnologie latine : *mucere,* qu'on traduit par « moisir », s'appliquait à un vin atteint de la maladie de la graisse, que l'agronome latin Columelle appelle *mucor,* moisissure. Aujourd'hui, on nomme **goût de moisi** celui qui est dû à une vendange pourrie ou à des fûts mal entretenus.

Montant

Qui a du montant (18ᵉ siècle) se dit tantôt d'un vin très aromatique, tantôt d'un vin chargé en alcool et qui monte à la tête, tantôt enfin d'un vin acescent dont l'odeur monte au nez comme celle du vinaigre.

> Mon vin de Chablis de cette année a du montant ; étant bu, il embaume, enchante le gosier et laisse une suave odeur de mousseron.

Lettre du chanoine Gaudin à Mᵐᵉ d'Epinay

La médecine antique, qui divisait les corps selon leur propension à monter ou à descendre, affirmait que le vin « se porte vers le haut ». Dans le *Jeu de Saint-Nicolas,* au tout début du 13ᵉ siècle, le crieur recommande un vin *rampant comme escuireus en bos,* « montant comme un écureuil dans un bois ».

Mordant

Morsus, en latin, désigne un goût âpre ou piquant. Ce sens est resté dans les expressions *vin mordant* ou *qui a du mordant :* acide ou acerbe.

Mou

Du latin *mollis,* qui se disait du vin dans le sens laudatif de « souple, sans âpreté », *mou* est maintenant péjoratif. Un vin mou manque d'acidité ou de tanin, et il a trop de moelleux.

> [Muscadet de Sèvre-et-Maine] robe un peu trop jaune — présente certainement une légère oxydation — vraisemblablement surmaturation, limpidité normale, mais assortie de reflets regrettables. Peu de nez ! bouquet trop discret [...]Vin légèrement oxydé — court en bouche, quelconque, finit mou — a manqué d'acidité naturelle — un peu triste...
>
> Fernand Woutaz, *Comment reconnaître 30 bons vins*

Mouchoir

On appelle *vin de mouchoir* un vin très parfumé. Raymond Dumay dit que le bordeaux est un vin de mouchoir, « mais qui ne convient pas moins à celui des mousquetaires qu'à celui des belles » (*Guide du vin*).

Mouiller

Se mouiller, boire, est une métaphore ancienne, bien connue au Moyen Age :

> Voler oïr une grant fable
> Qu'il avint l'autrier [= l'autre jour] sur la table
> Au bon roi qui ot non Phelippe,
> Qui volentiers moilloit sa pipe [= son gosier]
> Du bon vin qui estoit du blanc.
>
> Henri d'Andeli, *Bataille des Vins*

Souvent entendu en Beaujolais : *être mouillé,* être ivre.

Mouiller du vin (19e siècle) consiste à lui ajouter de l'eau : le *mouillage* est une fraude.

Mousse

Les *Problèmes* d'Aristote considèrent le vin comme une substance venteuse et aérienne parce qu'il mousse. La *mousse* (17e siècle) est l'ensemble des bulles du gaz carbonique produit par la fermentation ; les bulles montent à la surface du liquide et y forment une écume. On appelle *prise de mousse* la fermentation secondaire, naturelle ou provoquée, qui rend le vin effervescent.

Moustiller

Moustiller (16e siècle, formé sur *moût*) se dit d'un vin légèrement effervescent. Il est *moustillant,* ce qu'il ne faut pas confondre avec *émoustillant,* qui met de bonne humeur, qui excite, bien que ce mot soit un emploi figuré de *amoustiller,* gorger de vin mousseux (16e siècle).

Moût

Le pressurage sépare le *moût,* jus du raisin, et le *marc,* parties solides de la grappe. Le mot vient du latin *mustum.*

Muet

Muet a deux sens distincts : il qualifie un vin *tranquille,* non effervescent, et semble s'être dit d'abord d'un vin dont la fermentation a été arrêtée (18e siècle). Mais on dit aussi qu'un vin est *muet* lorsqu'il ne laisse pas en bouche des sensations nettes, qu'il « ne dit rien ».

Muflée, muffée

Muflée, muffée : ivresse (19e siècle), mots formés sur *mufle,* museau (cf. *musette*).

> J'ai les guibolles coupées ! déclara-t-il en s'arrêtant. Ça y est, je me souviens à présent. J'ai pris une muffée de whisky. Quelle infection, cette drogue-là. J'aurais liché une barrique de tord-boyau français, que c'te blague ne me serait pas arrivée. Voilà que j'ai la gueule de sapin, sans avoir ressenti le moindre plaisir !
>
> Louis Forton, *Les Pieds-Nickelés en Amérique*

Munitions

Munitions a d'abord eu le sens général de « provisions », qu'il s'agisse d'armes ou d'aliments. Ce sens est resté dans le langage familier, où *munitions* désigne des boissons alcooliques.

> Nous avions aussi emmené nos munitions. Dans les cliniques, comme boissons, ils ne connaissent que l'eau et les tisanes. On ne peut rien fêter avec ça.
>
> Simone Berteaut, *Piaf*

Mûr

Mûr qualifie soit un vin fait, qu'on peut mettre en bouteilles ; soit un vin qui a atteint le summum de ses possibilités (synonyme : *épanoui*) ; soit enfin un vin issu de raisins très mûrs. C'est en ce dernier sens qu'Olivier de Serres l'employait en 1600 ; on parle aussi, en ce cas, d'un vin *surmûri.*

Mûr, ivre (vers 1920), joue sur la comparaison du nez de l'ivrogne avec un fruit rouge, et sans doute aussi sur l'idée d'une maturation comme cuisson à point *(avoir sa cuite).* *Muraille,* ivre, est un croisement de *mûr* et de *muraille,* de l'expression *battre les murailles,* aller en zigzag.

Murge

Avoir sa murge, être murgé : être ivre ; expressions régionales.

Muscaté, musqué

Bien que le nom du raisin *muscat* dérive de *musc,* il ne faut pas confondre ces deux odeurs. Un vin qui a l'arôme du musc, sécrétion produite par un genre de chevreuil, est *musqué,* tandis qu'un vin *muscaté* sent le raisin *muscat.*

> Ces vins de Beaune [...] une rose et souple robe de satin en voile la pudique flamme, et une mate saveur musquée en pénètre la chair heureuse.
>
> Gaston Roupnel, *La Bourgogne. Types et Coutumes*

Musette

Jouer de la musette : boire (19ᵉ siècle). *Avoir un coup dans la musette :* être ivre.

> — Oh moi ! C'est clopin-clopant...
> — Ouais, fis-je, c'est titi-tiban !
> — T'as raison ! J'en ai encore un bon coup dans ma musette !
> Roger Pillard, *La poivrade*

La *musette* est d'abord un instrument de musique, du genre de la cornemuse ; le buveur qui « joue de la musette » fait le même geste qu'un musicien. *Avoir un coup dans la musette* joue sur *musette* et *museau,* qui ont d'ailleurs la même racine. Cf. *se rincer la cornemuse, s'en jeter un dans la cornemuse.*

Muter

Muter un vin (début 19ᵉ siècle) consiste à arrêter la fermentation d'un moût avec de l'alcool ou de l'anhydride sulfureux. Le **mutage** à l'alcool fait les vins doux naturels et les vins de liqueur. L'ancienne variante *muetter* laisse à penser que le mot dérive de *muet*, « [vin] tranquille ».

Naturel

VINS. Sujet de conversation entre hommes. Le meilleur est le bordeaux, puisque les médecins l'ordonnent. Plus il est mauvais, plus il est naturel.

Flaubert, *Dictionnaire des Idées Reçues*

L'idée d'un vin **naturel** peut sembler un non-sens, dans la mesure où le vin suppose une élaboration complexe, alors que son état « naturel » est à très courte échéance le vinaigre. Mais on donne à ce mot le sens de « non frelaté », ou même de « qui n'a été mêlé à rien d'étranger ».

En Champagne, on appelle **vin nature** un vin tranquille, non mousseux.

Naze

Sur l'ancienne forme *nas*, nez, a été formée au 16ᵉ siècle l'expression, aujourd'hui disparue, **vin de Nazareth :** celui qui passe par le nez quand on avale de travers. Alexis Piron se vantait d'avoir tenu à son ennemi Voltaire, lors d'un dîner chez le général Desbrosses, des propos qui le firent s'étrangler : « Tous les vins du général, qui sont sans nombre, se sont changés en vins de Nazareth. »

Naze ou **nase,** ivre (20ᵉ siècle), succède à **prendre une nasée** (fin 19ᵉ) qui est formé sur **nase** comme **muflée** sur **mufle.** C'est une extension de *naze*, syphilitique, d'où en mauvais état, par attraction de *nase*, nez *(avoir un coup dans le nase)*.

Négresse

Négresse (19ᵉ siècle), bouteille de vin rouge, par condensation des images de bouteilles comme êtres féminins (cf. **fillette**), et de celle du vin **noir. Etouffer, étrangler une négresse :** boire une bouteille.

> Encore une négresse qui avait la gueule cassée ! Dans un coin de la boutique, le tas des négresses mortes grandissait, un cimetière de bouteilles sur lequel on poussait les ordures de la nappe.
>
> Zola, *L'Assommoir*

Nerveux

L'Antiquité parlait déjà des nerfs du vin, et Plutarque conseillait de ne pas le filtrer parce que cela lui « coupe les nerfs ». Un vin **qui a du nerf** (attesté au 19ᵉ siècle) ou **nerveux** a une acidité dominante. Certains auteurs définissent la **nervosité** plus précisément comme la combinaison d'une certaine force alcoolique et d'une acidité soutenue.

Net

Net (19ᵉ siècle) qualifie un bouquet ou un goût nettement perceptibles, et sans aucune anomalie. Synonymes : **franc, droit.**

> [Côte Rôtie 1974] Œil : belle robe grenat foncé, riche, soyeuse. — Nez : Bouqueté, puissant et séduisant. — Bouche : vin très harmonieux, très franc, net, d'une grande finesse, étoffé, forte personnalité, nerveux, rond, vin fait mais encore jeune...
>
> *L'Étiquette*, printemps 1978

Nez

En dégustation, on emploie souvent **nez** pour *odeur :* on dit que le vin **a du nez** ou **un bon coup de nez** (19ᵉ siècle). Le langage familier, lui, est attentif au nez du buveur, non pas comme siège des sensations olfactives, mais comme témoignage ostensible de ses faiblesses : c'est un nez **fleuri, bourgeonné, enluminé,** un nez **qui a coûté cher à mettre en couleurs.**

> Toi qui veux railler sottement
> De ce nez de couleur de roses,
> Tu seras berné hautement,
> Si tu ne juges mieux des choses :
> Crois-tu que ce beau coloris
> Qui t'est un sujet de mépris,
> N'ait coûté que peu de journées ?
> Non, non, cet ouvrage divin
> Est l'ouvrage de vingt années
> Et de quatre cents muids de vin.
>
> Georges de Brébeuf (17ᵉ siècle), *Sur un nez cramoisi*

L'ivrogne *se culotte le nez,* le *salit,* le *noircit,* le *tord,* le *pinte, se le pique.* Il a **un coup dans le nez, un verre dans le nez,** bien qu'il s'en soit **jeté un sous le nez** — « bouté sous le nez », disait Villon. Mais la sagesse lyonnaise assure qu'il **vaut mieux mettre son nez dans un verre de beaujolais que dans les affaires des autres.**

Noble

« Jamais homme noble ne hait le bon vin » (Rabelais). L'idée de noblesse, associée au vin, tient avant tout à l'importance conjuguée du cépage et du terroir, de la lignée et de la terre. Les meilleurs vins sont donc estimés en termes de **noblesse** et de **race,** où la notion de qualité due à l'origine s'efface

205

souvent devant des métaphores plus nettement sociologiques, quand on parle de vins *princiers* ou *grands seigneurs.*

Noir

Noir qualifiait déjà un vin rouge sombre dans l'Antiquité. On l'a d'abord dit en provençal au début du 13ᵉ siècle (*ner*), mais le mot n'est attesté en français qu'au 17ᵉ. En revanche, le Moyen-Age appréciait le *moré* ou *morillon,* issu du cépage *morillon,* dont on suppose qu'il est le pinot, dit aussi *noirien :*

> Prince, gent comme émerillon,
> Sachez qu'il fit au départir :
> Un trait but de vin morillon
> Quand de ce monde voult partir.
>
> François Villon

Mais *noir* a un autre sens dans *avoir le vin noir,* avoir l'ivresse triste (19ᵉ siècle), où le noir représente la mélancolie que la médecine ancienne attribue à un excès de bile noire. Il ne semble pas, toutefois, que *noir,* ivre, vienne de là : cette métaphore apparaît à la fin du 19ᵉ siècle chez les imprimeurs, et semble une variante d'expressions antérieures comme *se barbouiller,* et surtout *gris,* qui indique un degré moins grave de l'ivresse. Les joyeuses couleurs que la fin du Moyen Age et la Renaissance admiraient sur les trognes enluminées s'effacent au 19ᵉ siècle, quand surgit la notion d'alcoolisme, devant des images de noirceur et de saleté. *Se noircir* et *noircicot* se forment au 20ᵉ siècle. Diverses métaphores illustrent cette « noirceur » : cf. *beurré, bitume, cirage, coaltar, encre ;* on relève aussi *être canaque* (fin 19ᵉ) et *sénégalais.*

Nouveau

Nouveau se dit tantôt du vin de cuve ou de presse qu'on boit au moment des vendanges :

> La chaleur de ce mois d'octobre donnait plus de corps à l'odeur du vin nouveau qui flottait sur le pays et même sur toute la contrée.
>
> Gabriel Chevallier, *Clochemerle*

tantôt du vin qu'on commence à boire au mois de novembre qui suit la vendange (*le beaujolais nouveau est arrivé*), tantôt enfin d'un vin qui n'a pas un an d'âge et reste donc nouveau jusqu'à la récolte suivante.

Noyer

Noyer son chagrin, sa peine... ou *sa raison dans le vin* remontent au 15ᵉ siècle.

> Que vienne le temps
> Du vin coulant dans
> La Seine.
> Les gens par milliers
> Courront y noyer
> Leur peine.
>
> Georges Brassens, Le Vin

Mais l'ivrogne débordé par l'excès du liquide qu'il ingurgite finit par être lui-même **noyé**, ivre, selon une image qu'on trouve dans la Bible : « Ils sont engloutis par le vin » (*Isaïe*).

> « En attendant, buvons un coup. »
> Il en boit deux, trois, sans savoir ce qu'il faisait. Il allait se noyer, comme il s'était épuisé, sans s'en apercevoir, si je n'avais déplacé la bouteille qu'il cherchait de distraction.
>
> Diderot, Le Neveu de Rameau

Nunc est bibendum

Nunc est bibendum, « maintenant il faut boire ». Cette formule connue vient d'un poème d'Horace célébrant la victoire d'Octave sur Antoine et Cléopâtre à Actium : « Maintenant il faut boire... Avant ce jour il était sacrilège de tirer le Cécube du cellier des aïeux. »

Odeur

> Tant de flacons étaient brisés dans cette cave
> Que l'odeur du vin bu par le sable montait
> Comme un brouillard d'octobre au-dessus des vieux quais
>
> Robert Desnos, Youki 1930 Poésie

On évite en dégustation le terme d'*odeur*, qu'on remplace par **arôme** et **bouquet,** qui définissent l'odeur spécifique d'un vin particulier. *Odeur* reste donc limité au sens général d'un caractère olfactif qui permet simplement d'identifier un liquide comme étant du vin.

Œil-de-perdrix

Nom de couleur donné au vin depuis le 14ᵉ siècle au moins, mais difficile à définir. Certains pensent qu'il qualifie le clairet, entre le rouge et le rosé ; d'autres y voient un rouge tirant sur le brun ; et pour d'autres enfin, c'est la couleur d'un vin blanc comme celui de Meursault !

Œno-

Le grec *oinos,* vin, forme le préfixe de divers mots : *œnologie,* science du vin (début 17e siècle), suivi par *œnologue* (deux siècles après) ; *œnophile,* amateur de vin (19e s.) ; et des termes plaisants du 19e siècle comme *œnopote,* buveur de vin, et *œnopique,* gonflé de vin, sur le modèle d'*hydropique.*

Ombre

Saint-Amant voulait être « à l'ombre des chopines » (17e siècle), comme plus tard les Lyonnais *à l'ombre des bouchons.* Toute la poésie du vin rêve de rafraîchissement dans l'ombre des treilles ou des caves, où le vin sera protégé dans le ventre des buveurs : *en mettre à l'ombre,* c'est le boire. Entendu à propos de la mort de René Fallet, atteint d'un cancer du foie : « Attention ! c'est qu'il en mettait à l'ombre ! »

Onctueux

Onctueux se dit d'un vin auquel un moelleux dominant donne une consistance presque crémeuse. Certains auteurs réservent ce terme aux vins blancs liquoreux et l'entendent comme « doux et moelleux à la fois ». Le docteur Ramain disait des blancs de Saint-Croix-du-Mont qu'ils ont une « onctuosité toute épiscopale ».

Oreille

On n'est pas certain du sens d'expressions très répandues aux 15e et 16e siècles, *vin à une oreille* et *vin à deux oreilles.* Furetière explique que le vin à deux oreilles fait secouer la tête en signe de refus, tandis que l'autre fait pencher une oreille en signe d'assentiment.

Avoir chaud aux oreilles : être ivre (Bretagne, Normandie).

Organoleptique

Organoleptique (milieu 19e siècle) se dit des propriétés que possède un produit de faire impression sur les divers organes des sens. Les spécialistes préfèrent aujourd'hui parler d'*examen organoleptique* plutôt que de *dégustation,* car la

« dégustation » d'un vin ne se réduit pas au goût, et analyse aussi des sensations visuelles, olfactives et tactiles.

Ouiller

Ouiller un fût (13ᵉ siècle) signifie étymologiquement *remplir jusqu'à l'œil* (c'est-à-dire la bonde). L'opération consiste à lui ajouter du vin s'il en a perdu par une cause quelconque, en particulier par évaporation, pour éviter qu'un creux d'air ne provoque des maladies. Par comparaison avec un tonneau plein, on dit que l'ivrogne est **bien ouillé.**

Ourdé

Ourdé, hourdé : ivre, (début 20ᵉ siècle). Mot régional, de l'Est et du Nord, signifiant « sali » : on a le cou *ourdé* de crasse, les chaussures *ourdées* de boue. Le passage au sens d' « ivre » est analogue à celui de *se barbouiller* ou *se salir le nez.*

Il tient sérieux la boutanche mais là, avec les coktails antillais, mexicains, il va s'ourder sévère la crête, rouler comme ses hommes sous les tables...

Alphonse Boudard, *Le Corbillard à Jules*

Ouvert

Ouvert est synonyme d'*épanoui ;* on le dit d'un bouquet ample et bien développé.

[Pomerol 1970] Belle couleur encore peu évoluée. Nez assez ouvert. Vin franc de goût, encore tanique. Bonne bouteille.

Revue du Vin de France, mai/juin 1981

Oxydé

Un contact prolongé avec l'oxygène de l'air finit par **oxyder** le vin : sa couleur brunit, les arômes de fleur et de fruit disparaissent, il prend le **goût d'évent,** il **madérise.** Mais l'oxydation est provoquée volontairement pour les vins jaunes du Jura, ceux de Xérès, de Madère, les vins du type Rancio.

[Arbois 1980] Jaune paille net, sans l'aspect riche d'un Sauternes. Nez de noisette légèrement oxydé. Arômes rappelant le Xérès. Saveur aromatique de noisette qui emplit la bouche. Très charpenté. Noix en fin de bouche. Très sec. Exemple classique d'un vin du Jura : caractère oxydé sans être tout à fait un vin jaune. Déjà mûr. Se conservera bien.

Michel Dovaz, *La Dégustation*

Paf

Paf a d'abord signifié eau-de-vie au milieu du 18e siècle : sans doute d'après l'onomatopée d'un coup. Il est suivi de *s'empaffer* (fin 18e siècle), manger et boire beaucoup, peut-être croisement entre *paf* et *s'empiffrer*, puis de *paffé* et enfin *paffe, paff, paf,* ivre, au 19e siècle.

Empaffez-vous honnêtement pour avoir un petit grain de goguette dans la tête, mais ne vous soûlez pas...

Lettres du Père Duchêne

Paille

Le *vin de paille* est fait avec des raisins passerillés, qu'autrefois on faisait sécher sur de la paille. Mais le mot désigne aussi des nuances de couleur : celle du *jaune paille,* ou celle d'un rouge qui vire à la *pelure d'oignon ;* on appelait *paillet* ou *vin paillé,* au 16e siècle, un vin intermédiaire entre le rouge et le rosé, et on dit encore qu'un rouge *se paille* quand il se décolore avec une nuance tuilée.

En argot, on appelle *paille de fer* le gros rouge, le « décapant ». Au 17e siècle, *mettre de la paille dans ses souliers :* s'enivrer. *Tenir une paille,* être ivre, peut venir, par antiphrase, de *une paille,* « peu de chose, rien » : *il en a une paille !*

Pâle

Pâle désigne la faible intensité de couleur d'un vin, mais c'est par antiphrase que les Bourguignons disent d'un ivrogne rubicond qu'il est *pâle comme une écuelle à vendanges* (début 19e siècle).

Panser

Se panser : s'enivrer ; métaphore sur *panser un cheval,* le nettoyer ; le sens équivaut alors à « s'arranger » (voir p. 34), mais il y a un croisement avec *panse,* ventre *(se remplir la panse).*

En ce moment, la voix du père Fourchon qui chantait un vieux Noël bourguignon se fit entendre, accompagnée par Mouche en fausset.

— Ah ! ils se sont pansés ! cria la vieille Tonsard à sa belle-fille, ton père est rouge comme un gril, et le petit brésille comme un sarment.

Balzac, *Les Paysans*

Pâques

Faire ses Pâques, au sens propre « communier un jour du temps pascal », se dit d'un vin qui atteint le premier printemps qui suit sa récolte : au lieu de le boire en primeur, on attend qu'il ait *fait ses Pâques* pour le mettre en bouteilles ou le consommer.

Paquet

Avoir son paquet, être ivre (19e siècle), équivaut à *avoir sa charge.* Ne pas confondre avec *faire son paquet,* partir, mourir.

Paradis

Que ce soit au Banquet des Justes où, selon le témoignage de Platon, les fidèles de la secte des « orphiques » espèrent connaître une ivresse éternelle, au Banquet des Élus où les chrétiens boiront le vin de l'alliance, ou dans le Jardin réservé aux musulmans, le vin est généralement associé au paradis. En attendant, on peut à chaque vendange *boire le paradis,* vin doux nouveau (Forez, région lyonnaise).

Parfum

On dit qu'un vin est *parfumé* s'il a des caractères olfactifs agréables et intenses, mais on utilise peu le mot *parfum.* Certains auteurs, cependant, le réservent au vin blanc et parlent de *bouquet* pour les rouges. D'autres entendent *parfum* au sens péjoratif d'odeur anormale.

Partir

Etre parti, être bien parti (milieu 19e siècle) : être ivre. L'ivresse est un « transport »...

> Elles étaient grises... La comtesse, les jambes en l'air sur le dossier d'une chaise, était plus partie encore que son amie.
>
> Maupassant, *Le Horla*

Passer

D'un vin facile à boire, on dit qu'il *passe bien,* ce qui sous-entend aussi qu'on n'éprouve guère le besoin de le garder en bouche, car il n'a pas d'autres qualités ; mais il est un peu mieux que *passable* (qui peut passer, acceptable). Jean-Jacques Rousseau, qui n'était pas vraiment un connaisseur, disait dans ses *Confessions* qu'il se régalait d'un repas rustique « avec du laitage, des œufs, des herbes, du fromage, du pain bis et du vin passable ».

Formule consacrée, connue au 19ᵉ siècle, *ça fait du bien par où ça passe* exprime la satisfaction d'un buveur plus que d'un dégustateur.

> Cette petite demoiselle va se réchauffer avec un doigt de vin chaud !
> Un doigt ? Le verre tendu, si le cafetier relevait trop tôt le pichet à bec, je savais commander : « Bord à bord ! » et ajouter : « A la vôtre ! », trinquer et lever le coude, et taper sur la table le fond de mon verre vide, et torcher d'un revers de main mes moustaches de petit bourgogne sucré, et dire, en poussant mon verre du côté du pichet : « Ça fait du bien par où ça passe ! » Je connaissais les bonnes manières. Ma courtoisie rurale déridait les buveurs...
>
> Colette, *La Maison de Claudine*

Passerillé

Les Romains faisaient un vin de raisins séchés au soleil, le *passum,* de *pandere,* étendre. De ce mot dérivent l'ancien français *passe,* sec (13ᵉ siècle), puis *passerillé* (début 17ᵉ siècle), qui se dit du raisin séché à l'air, et du vin qu'on en tire, en particulier le *vin de paille* du Jura.

Pâteux

Un vin *pâteux* (début 19ᵉ siècle) a une consistance épaisse, due à une onctuosité excessive.

Pavoiser

Pavoiser, au sens propre garnir de drapeaux, se dit de l'ivrogne dont la couleur signale le penchant.

> Il a l'air, cézig, d'un heureux vivant... un luron de bonne compagnie, avec le teint couperosé des fières poivrades. Il pavoise, c'est pas l'hypocrite biberonneur lousdoc !
> [...] Il pavoise de trogne, couperosé, cuit au pinard...
>
> Alphonse Boudard, *Le Corbillard à Jules*

Pays

Vin du pays et *vin de pays* n'ont pas le même sens. Le *vin du pays* est celui qu'on boit dans sa région de production, tandis qu'un *vin de pays* est un vin de table sans appellation d'origine mais dont le lieu de production (canton, département) est indiqué.

Peinture

Se ramasser une peinture (20ᵉ siècle) : s'enivrer ; de *se peindre le nez,* (17ᵉ) : l'enluminer en buvant beaucoup. *Se peindre* a le même sens.

> Je violente mon humeur
> D'abandonner ce lieu charmeur [le cabaret].
> Toutefois, je n'ose me plaindre,
> Etant déjà si fort gâté
> Que je m'achèverais de peindre
> Pour peu que j'en aurais tâté.

Pierre Corneille, *L'Ivrogne*

Au 17ᵉ siècle, un pichet de vin a la dénomination burlesque de *pinceau à peindre le nez,* mais au début du 20ᵉ, c'est le nez qui se nomme *pinceau,* parce qu'il trempe dans le verre.

Pelure d'oignon

Pelure d'oignon (17ᵉ siècle) qualifie soit la couleur d'un vin rosé tirant vers l'ambre, soit celle d'un vin rouge décoloré.

> — Il faut pourtant que j'essaie de manger un peu, se dit-il. Et il tenta de tremper un biscuit dans un vieux constantia de J.-P. Cloete, dont il lui restait en cave quelques bouteilles.
> Ce vin, couleur de pelure d'oignon un tantinet brûlé, tenant du malaga rassis et du porto, mais avec un bouquet sucré, spécial, et arrière-goût de raisins aux sucs condensés et sublimés par d'ardents soleils, l'avait parfois réconforté...

J. K. Huysmans, *A Rebours*

Pente

Avoir une pente dans le gosier, avoir la dalle en pente : être porté sur la boisson ; boire beaucoup ; d'abord sous la forme *avoir une pente* ou *sa pente :*

> — Bon : qu'y prenne son soûl, j'ai le mien ! j'ai ma pente.

Tristan Corbière, *Les Amours jaunes*

215

Pépie

Maladie qui atteint la langue des oiseaux, la *pépie* désigne la
soif par métaphore (15ᵉ siècle) :

> Ayant le dos au feu et le ventre à la table,
> Estant parmi les pots pleins de vin délectable,
> Ainsi comme un poulet
> Je ne me laisseray mourir de la pépie,
> Quand en devrois avoir la face cramoisie
> Et le nez violet.

Olivier Basselin, Vaux-de-Vire

Perfide

Perfide se dit d'un vin qui paraît léger et se laisse boire
facilement, mais qui monte à la tête. Le poète latin Martial
disait qu'on produisait sur la colline du Vatican des « piquet-
tes perfides », *perfida vappa*.

> Le Juliénas, surtout lorsqu'on le picole sur son terrain, y a rien
> de plus perfide. Il flatte le palais résidentiel, mais ses vapeurs
> s'accumulent dans votre grenier et vous vous mettez à parler
> patois...

San-Antonio chez les Gones

Perlant

Un vin *perlant* est un vin très légèrement pétillant, dont les
bulles sont comparées à des perles : le muscadet sur lie est
souvent *perlant,* il **a du perlant.**

Persistance

Lorsqu'on avale un vin après s'en être imprégné, on garde
pendant quelques secondes l'impression qu'on l'a encore
dans la bouche. On appelle **persistance** (et **persistance
aromatique** lorsqu'on prête surtout attention aux arômes) la
durée de rémanence de ces sensations : elle peut dépasser 20
secondes ou *caudalies* avec les grands crus.

Peser

Peser un liquide spiritueux consiste à déterminer la quantité
d'alcool qu'il contient. Par extension, on dit qu'un vin **pèse
dix degrés,** par exemple, bien que le degré mesure le volume,
et non le poids, de l'alcool.

Péter

Faire péter le bouchon, faire péter un obus : ouvrir une bouteille de vin mousseux. En Suisse romande, le vin est *du petau.*

La péter, avoir faim ou soif, date de la Première Guerre mondiale ; c'est sans doute une variante de *crever de faim, de soif, la crever :*

— Tu bois un godet ?
— C'est pas de refus. Je la pète.

René Fallet, *Au beau rivage*

Etre pété : être ivre ; *se péter la gueule, avoir une pétée* (20ᵉ siècle) : image de l'éclatement par bourrage.

Pétillant

Oudin, dans ses *Curiosités Françaises* (17ᵉ siècle), définit *pétiller* comme « produire un petit bruit », et Furetière comme « briller avec éclat ». Au 18ᵉ siècle, *pétillant* prend le sens d' « effervescent ». Le mot ne s'emploie réglementairement que pour des vins dont l'effervescence est due à des sucres résiduels, donc distincts des mousseux obtenus par la méthode champenoise.

> D'un vin d'Ay dont la mousse pressée
> De la bouteille avec force élancée
> Comme un éclair fait voler le bouchon...
> Il part : on rit. Il frappe le plafond !
> De ce vin frais l'écume pétillante
> De nos Français est l'image brillante.

Voltaire, *Le Mondain*

Petit

Petit est depuis le 15ᵉ siècle au moins un qualificatif péjoratif : on appelle encore *petit vin* (Furetière, 1690) la piquette obtenue avec de l'eau. Mais un *vin petit* est un vin faible, qui donne peu de sensations.

Sur quoi le père Tastet dit, après avoir humé son verre plusieurs fois et pris quelques gouttes sur la langue : « C'est gentil, mais c'est petit, petit ! »

Edouard Kressmann,
Du Vin considéré comme un des beaux-arts

On peut pourtant apprécier un *bon petit vin* doté d'une appellation et agréable à boire.

Pichet

Par métonymie, **pichet,** petit broc, désigne aussi le vin.

N'en franchissent le seuil désormais [d'un mastroquet] qu'une phalange réduite d'amateurs de quiétude, de pichets authentiques aussi, Bouboule se montrant, sur le chapitre de la qualité des tutus, d'une intransigeance féroce.

A. Simonin, *Du mouron pour les petits oiseaux*

Dérivent de ce mot, depuis la fin du 19e siècle, **pichenet,** vin, et les formes variées de **pichtegom, pichtogom, pichtagore, pichegorge, pichtogorne, pichtegorne, pichtegonne, pichtogorme... Pichteau,** vin ordinaire, en est une abréviation.

UN POISSON AVEC UNE BOUTEILLE DE BOURGOGNE... JUSQU'OÙ IRA LE RELÂCHEMENT DES MŒURS ?

Picoler, picolo

Piccolo ou **picolo,** petit vin, apparaît dans les années 1870. Il s'agit sans doute d'une réinterprétation de *piquette* sous l'influence de l'italien *piccolo,* petit, qui désigne aussi une flûte. **Picoler,** boire, à la fin du 19ᵉ siècle, peut donc jouer sur le double sens « boire du picolo » et « flûter ».

> Et alors ? Tous les grands peintres, ça picolait. Tous des poivres. Van Gogh, Utrillo, la peinture à l'eau c'était pas leur fort.
>
> René Fallet, *Le Beaujolais nouveau est arrivé*

Picrate

Au sens propre, **picrate** désigne le sel de l'acide picrique, utilisé dans la fabrication des explosifs. Par métaphore, on a appelé **picrate,** à l'époque de la Première Guerre mondiale, un vin rouge grossier, parce qu'il est corrosif et destructeur ; plus généralement, le mot signifie vin rouge, sans précision sur sa qualité.

> On passe la commande. Se pose alors le difficile problème des vins. Pinuche prêche pour le muscadet (son vice) et le Gros affirme que, poisson ou pas poisson, il n'y a de vrai que le solide picrate, la première qualité d'un vin, même blanc, étant d'être rouge.
>
> San-Antonio, *Œuvres complètes,* t. IX

Pie

Le français moderne a développé l'initiale *pic-* en de nombreux mots désignant le vin, mais la fin du Moyen Age a d'abord vu proliférer les mots en *pi-*. Leur origine est controversée : on a longtemps cru qu'ils dérivaient du grec *piein,* boire, mais l'on pense plutôt aujourd'hui à une métaphore sur la pie : *pier,* boire beaucoup, équivaudrait à « se griser comme une pie », car cet oiseau est, comme la grive, amateur de raisins. *Pier* est attesté dès le 13ᵉ siècle. *Pie* désigne le vin au 15ᵉ (*croquer la pie :* boire), puis prend le sens d'ivre au 18ᵉ siècle. On a d'abord dit *être en vin de pie :* avoir l'ivresse bavarde. Divers mots se sont formés à partir de là : *piance* et *pianche,* vin (15ᵉ siècle) ; *piard,* buveur, *piarde,* vin (16ᵉ siècle) ; *piancher,* boire (17ᵉ siècle) ; *piolet,* gobelet (19ᵉ siècle). Plus connu, le « benoit et désiré *piot* » (vin) cher à Rabelais est devenu *pieu* (bouteille de vin), au 20ᵉ siècle, par croisement avec *pieu,* gros piquet avec une extrémité pointue, dont la forme évoque celle d'une bouteille. *Pion,* ivre, ivrogne, est resté dans les patois après le 16ᵉ siècle et a resurgi en argot au 19ᵉ. Enfin, *piole, piolle, piaule,* qui signifie aujourd'hui « chambre », a d'abord eu au 17ᵉ siècle le sens de « taverne ».

Pierre

Les alchimistes signalent l'existence d'une **pierre de Bacchus,** qui donnerait à l'eau où on la fait infuser l'odeur et le goût du vin, tout en soignant l'ivresse ! La première de ces propriétés fait penser au tartre, mais la seconde évoque l'améthyste, dont les anciens croyaient qu'elle protégeait de l'ivresse puisque son nom grec est formé sur *methuein,* s'enivrer, avec un *a-* privatif.

On trouve à certains vins blancs très secs un *goût de pierre à fusil,* qui fait penser à la légère odeur de fumée provoquée par la mise à feu d'un fusil, ou à celle de silex qu'on frotte l'un sur l'autre.

Pierrot

Au 19ᵉ siècle, on appelait *pierrot* un verre de vin blanc, peut-être à cause de l'habit blanc de Pierrot, mais l'initiale *pi-* (cf. *pie*) a pu compter dans la formation du mot. *Etouffer un pierrot :* boire un verre de vin blanc.

Pilier de cabaret

Pilier de cabaret, personne qu'on voit souvent au cabaret, date du 16ᵉ siècle : l'habitué semble faire partie des lieux.

Pinard

Pinard, de *pinot,* nom d'un cépage, est un mot régional du 17ᵉ siècle, passé à Paris à la fin du 19ᵉ, et répandu avec la Première Guerre mondiale : *le Père Pinard,* personnifié dans les images et les chansons, avait la réputation de « soutenir le moral » des poilus, et servait surtout à les doper. Sur ce mot, *pinarder,* s'adonner à l'ivrognerie (même époque), n'a pas survécu. En revanche, *pinardier,* marchand de vin ordinaire en gros, s'est développé récemment avec les polémiques sur l'importation de vins étrangers.

> J'ai comme toi pour me réconforter
> Le quart de pinard
> Qui met tant de différence entre nous et les Boches.
>
> Apollinaire, *Calligrammes*

Pincer

En dégustation, on dit *pinçant* un vin dont l'acidité excessive produit un effet irritant.

Les imprimeurs disaient, vers la fin du 19ᵉ siècle, **pincer son italique,** pour *s'enivrer :* par son dessin penché, la lettre en italique évoque l'ivrogne allant de travers.

Pinter

Sur *pinte,* mesure de capacité, s'est formé **pinter,** boire beaucoup (16ᵉ siècle). **Pinté,** ivre, est du 19ᵉ siècle.

Pipe

La **pipe** est d'abord un chalumeau, un pipeau (12ᵉ siècle), mais son nom sert à désigner divers objets en forme de tuyau, en particulier le gosier : *se mouiller la pipe* (13ᵉ siècle). On est passé du sens de « gosier » à celui de « tête », comme dans l'expression **en avoir un coup dans la pipe,** être ivre. **Piper,** jouer du pipeau, signifie aussi « boire » dans certaines régions, comme **fifrer, flûter.**

Pipe est aussi le nom d'une mesure pour les liquides (14ᵉ siècle), puis celui d'un tonneau qu'on utilise aujourd'hui encore pour les alcools.

Piquer

Piquer est un verbe ambigu car il désigne des sensations très différentes : celles, gustatives, de l'acidité et de l'acescence, et celle, tactile, de l'effervescence.

L'écrivain grec Athénée parlait d'un vin « plus piquant qu'un harpon ». Furetière explique que **piquer** « se dit de l'impression que font les corps âcres et acides sur le goût ». Le mot indique donc l'acidité ou l'acerbité. Mais, depuis le 19ᵉ siècle, on l'emploie aussi à propos d'un vin qui s'aigrit : il **pique,** il **est piquant,** il **se pique,** il **est piqué. Piqûre acétique,** acescence, semble n'apparaître qu'au 20ᵉ siècle.

Dans un tout autre sens, on dit qu'un vin **pique** ou qu'il **est piquant** quand il présente une légère effervescence due à une fermentation secondaire.

La **piquette** est au sens propre (17ᵉ siècle) une boisson obtenue en faisant macérer dans de l'eau le marc qui reste du pressurage ; le mot a pris le sens de « mauvais vin ».

Se piquer le nez, se piquer la ruche (19ᵉ siècle), boire beaucoup, s'enivrer, évoquent le nez *piqueté* de l'ivrogne, plein d'excroissances et de trous.

Pisser

Il suffit de lire Rabelais, ou d'écouter certaines chansons à boire, pour comprendre que la relation du vin à l'urine ne s'explique pas seulement par des considérations sur les propriétés diurétiques de l'alcool. Le vin retourne à la terre d'où il est venu après avoir traversé le corps du buveur.

> De ventre en pisse
> La voilà la jolie pisse.
> Pissi, pissons, pissons le vin
> La voilà la jolie pisse au vin
> La voilà, la jolie pisse.
> De pisse en terre
> La voilà la jolie terre.
> Terri, terrons, terrons le vin
> La voilà la jolie terre au vin
> La voilà, la jolie terre.
>
> *Plantons la vigne,* chanson bourguignonne

A cette circularité qui inclut l'homme dans un cycle où rien ne se perd, l'imaginaire du vin ajoute une idée d'abondance et de fécondité, lorsqu'il fait du vin l'urine bénéfique des dieux. Dans ses vers joyeux, le poète athénien Hermippe parlait du « vin qu'urinent les dieux mêmes dans leurs moelleuses couvertures, le vin piquant et mielleux de Magnésie ». On dit encore d'un bon vin, dans certaines régions, que *c'est la Vierge qui vous pisse dans le gosier.*

Mais souvent aussi, la métaphore de l'urine représente un vin dont la quantité nuit à la qualité, celui qu'on obtient par surproduction en *faisant pisser la vigne,* ou le trop dilué *pissat d'âne,* ce qu'on appelle en Bresse louhannaise de la *pistanguine* ou *pistangouille.*

Pistache

Prendre une pistache : s'enivrer ; *avoir sa pistache :* être ivre (fin 19e siècle). La *pistache* était une boisson alcoolisée à base de mastic (sorte d'aromate résineux), mais le mot a dû être retenu pour sa ressemblance avec *pitancher.*

Pitancher

Pitancher (milieu 19e siècle) : d'abord manger et boire avec excès (de *pitance,* nourriture), puis boire beaucoup et simplement boire.

Ah! vois-tu, demander dans un restaurant un vin intime comme celui-là [un Pommard], descendre même plus bas, si tu veux : trier les mâcons et les beaujolais et pitancher des thorins ou des moulin-à-vent, c'est tout bonnement absurde! Nous aurions dû solliciter de la piquette de lieu public...

J. K. Huysmans, *En ménage*

Pivois

Pivois, vin depuis le 16ᵉ siècle, s'est abrégé en **pive** au 19ᵉ siècle, sur quoi l'on a fait **piveton, pivton, pifton** et **pif.** Le mot est d'origine régionale (Ain) mais son sens premier reste obscur.

> Dans le tapis franc de Monron
> Le tabac drape ses tentures.
> Le taulier tout à son affure
> Vend son pivois et son larton [= pain].

Pierre Mac Orlan, *Chansons de charme*

Se pivoiner, s'enivrer (19ᵉ siècle), est un jeu de mots sur *pivois* et *pivoine,* la fleur, à cause de sa couleur rouge.

Plat

Plat qualifie depuis le 17ᵉ siècle un vin fade, et plus précisément un vin manquant d'alcool, d'acidité et de tanin.

Plein

On parlait en latin d'un *vinum plenum*, vin plein. Le mot est connu au Moyen Age. Il qualifie un vin où s'équilibrent des sensations intenses.

    Plein de vin s'est abrégé en **plein,** ivre, dès le 17ᵉ siècle, d'où **avoir son plein** (19ᵉ siècle). **Faire le plein** (20ᵉ siècle) fait partie des métaphores qui comparent l'ivrogne à une machine nécessitant du « carburant » : on est passé de l'image d'un récipient vinaire (**plein comme une outre** ou **une barrique**) à celle d'un réservoir pour moteur.

    Dicton sur le verre d'un buveur :

> Plein je te vide,
> Vide je te plains.

Plumes

Avoir chaud aux plumes, être ivre, condense l'image très répandue de la chaleur due à l'alcool, et celle de la décoration qui orne l'ivrogne, comme la *cocarde* ou le *pompon : avoir son plumet* (19ᵉ siècle), *son coup de plumet* ou *son plumeau* a le même sens.

> J' viens d' la noce à ma sœur Annette
> Et, comm' l' champagne y pleuvait
> J' vous l' cach' pas, je suis pompette
> Car j'ai pincé mon p'tit plumet.
>
> *La Pocharde,* chanson d'Yvette Guilbert, vers 1890

Pochard

Pochard : ivrogne (18ᵉ siècle) ; il est plein comme une *poche. Se pocharder,* s'enivrer, et *pochardise,* soûlerie, datent du 19ᵉ siècle.

> Une fanfare de village bien sonnante, suivie des notables, d'enfants qui dansent et du vieux pochard qui chante la gaudriole et pisse en marchant.
>
> Louis Scutenaire, *Mes Inscriptions. 1945-1963*

Pointe

Etre en pointe de vin, un peu ivre (fin 17ᵉ siècle), s'est abrégé au 18ᵉ en *être en pointe,* et transformé au 19ᵉ en *avoir sa pointe.* Il peut s'agir de la métaphore ancienne qui décrit la folie et les états analogues comme l'excitation provoquée par la piqûre d'un aiguillon ou d'un dard — « l'aiguillon de Dionysos ».

> J'y allai l'autre jour, un peu chaud de vin ; j'étais en pointe, j'agaçais les jolis masques.
>
> A. R. Lesage, *Turcaret*

On dit qu'un vin *pointe,* ou qu'il *a sa pointe,* lorsqu'il a un début d'acescence, la *piqûre acétique ;* mais *pointu* signifie *acide,* comme *aigu.*

(Se) Poisser

Se poisser, s'enivrer (fin 19ᵉ siècle), c'est littéralement *s'enduire de poix :* variante de *se salir* ou *se barbouiller,* et de toutes les images qui représentent l'ivresse comme l'engluement dans une matière épaisse, le *bitume,* le *cirage* ou le *coaltar.*

Poivre

L'eau-de-vie s'est appelée *poivre* au 19e siècle parce que, dit-on, on y ajoutait du poivre pour la corser, ainsi que du camphre et du vitriol ; on la consommait dans les *mines à poivre*, des « assommoirs ». *S'empoivrer, se poivrer,* s'enivrer, datent aussi du siècle dernier, ainsi qu'*un poivre, un poivrot,* un ivrogne, et *se poivroter. Poivre,* adjectif (= ivre), et *poivrade,* alcoolisme, apparaissent dans les années 1950.

> J'avais l'impression qu'il était poivre et il m'a suffi de le voir pour comprendre que je m'étais pas gouré. Blindé à zéro, le mec. Il s'était un peu occupé des boutanches, le cheval.
>
> Ange Bastiani, *Arrête ton char, Ben Hur !*

Pommadé

On dit *pommadé* un vin auquel un excès de sucre résiduel donne une consistance écœurante. La même image représente l'ivresse à la fin du 19e siècle ; *se pommader :* s'enivrer ; *un pommadin :* un ivrogne. Sans doute est-ce une variante de *se donner une belle couche.*

Pompette, pompon

> Es aultres tant croissoit le nez qu'il sembloit la fleute d'un alambic, tout diapré, tout estincelé de bubelettes, pullulant, purpuré, à pompettes, tout esmaillé, tout boutonné et brodé de gueules...
>
> Rabelais, *Pantagruel*

Une *pompette* est une petite touffe de rubans, une sorte de *pompon :* le nez enflé et coloré de l'ivrogne lui décore le visage. Par extension de *nez à pompette,* l'adjectif *pompette,* ivre, se forme au début du 19e siècle. *Avoir son pompon :* être ivre (fin 19e siècle).

Potable

Potable, qui peut se boire, est une injure pour un vin puisque cela signifie qu'il n'a pas d'autres qualités. On raconte que Louis XV, grand amateur de vin de Beaune, marmonna seulement : « Potable... », le jour où le duc de Richelieu lui fit goûter du bordeaux.

LA "POURRITURE NOBLE"... ÇA LEUR A DONNÉ DES IDÉES !

SAUTERNES

Pourboire

Pourboire date du 18e siècle. Au début du 16e, on disait en ce sens *pot de vin,* qui n'avait pas de nuance péjorative. Le vin est la récompense d'un travail ou d'un service rendu. Seul Erasme y a vu un châtiment possible : « La plupart des vins, disait-il, méritent d'être bus par des hérétiques, car ils constituent une punition suffisante pour n'importe quel méfait. »

Pourriture

C'est la *pourriture noble* qui fait les grands vins blancs liquoreux du Sud-Ouest (Sauternes, Monbazillac, Sainte-Croix-du-Mont), du Val de Loire, d'Alsace et d'Allemagne.

Elle est due à un champignon, le *Botrytis cinerea,* qui ailleurs provoque la *pourriture grise,* mais qui, dans ces régions, attaque le raisin lorsqu'il est mûr, et produit une surmaturation en desséchant les grains et en concentrant leurs sucs : ils deviennent *rôtis.*

Lorsqu'on parle d'un *goût de pourri,* il s'agit du goût déplaisant communiqué au vin par des raisins atteints de pourriture grise avant maturité.

Pousser

L'expression *vin poussé* est attestée depuis le 16ᵉ siècle : Rabelais, par exemple, raconte que Pantagruel, en agitant dans les rues l'énorme cloche de Saint-Aignan, abîma tout le vin d'Orléans, qui « poulsa et se gasta ». Au Moyen Âge, on disait *bouté.* Le vin *est poussé,* il *pousse* (16ᵉ siècle), il *a la pousse* (19ᵉ siècle) : il s'agit d'une fermentation secondaire, avec un dégagement de gaz carbonique.

> Si l'on pratique un fausset, le vin jaillit avec force et très loin ; de là l'expression vulgaire : il a la pousse.
>
> Louis Pasteur, *Etudes sur le Vin*

Pousse-café (milieu 19ᵉ siècle) : eau-de-vie consommée après le café.

Pousse-au-crime (début 20ᵉ siècle) : gros rouge fort en alcool, et aussi alcool.

Presse

Le *vin de presse* (17ᵉ siècle) est celui qu'on obtient par pressurage du marc après la cuvaison, et qu'on distingue du *vin de goutte* ou *d'écoulage,* qui provient des cuves où le raisin fermente. Le vin de presse est riche en tanins.

Primeur

Le *vin de primeur* ou *le primeur* est consommé dès la mi-novembre après la vendange, et dans les mois qui suivent. En appellation contrôlée, seuls certains vins peuvent être commercialisés *en primeur :* c'est le cas des Beaujolais, Beaujolais-Villages ou Côtes du Rhône pour les vins rouges.

Pris

Pris de vin (17ᵉ siècle), **pris de boisson** : légèrement ivre. Huysmans fait ce jeu de mots : « des repris de boisson » (sur *repris de justice*). L'aliénation de l'homme pris par le vin, comme un prisonnier, s'exprime aussi dans l'épithète **captieux**. Des vins captieux (l'expression se trouve chez Baudelaire) sont des vins qui « captivent », qui « capturent », qui « prennent au piège ». Il ne s'agit pas d'une confusion avec *capiteux* (voir ce mot).

On raconte en Bourgogne pourquoi le rossignol chante au mois de mai : il s'est une nuit endormi sur un cep, mais la vigne pousse si vite à cette saison qu'au matin le rossignol s'est trouvé pris dans les vrilles. Depuis, il chante pour rester éveillé et ne pas se laisser prendre.

Prune

Avoir sa prune, être un peu ivre (seconde moitié du 19ᵉ siècle), joue sans doute sur le sens de « coup » que *prune* a en argot.

Puissant

Un fumet d'alcool saisit des Esseintes lorsqu'il prit place dans cette salle où sommeillaient de puissants vins.

J. K. Huysmans, *A Rebours*

On trouve le mot **puissant,** pour qualifier un vin, chez Olivier de Serres en 1600. Avec un vin puissant dominent les sensations dues à l'alcool et au tanin.

Pur

S'agissant d'un vin, **pur** peut signifier « non falsifié », mais a plus souvent le sens de « non mélangé d'eau ». On ne buvait jamais de vin pur dans l'Antiquité, à moins qu'on ne désirât se donner la mort ! Ce fut en tout cas la méthode de suicide choisie par le philosophe Epicure : il s'installa dans une baignoire d'eau tiède et se fit servir du vin pur. Selon les Anciens, l'opération aurait parfaitement réussi. En France, l'usage fut, jusqu'au 19ᵉ siècle, de **couper** le vin, et la réputation d'ivrognerie des Allemands ou des Polonais venait en partie de ce qu'ils buvaient leur vin pur.

Purée

Le mot de *purée* nous semblerait péjoratif aujourd'hui, mais il ne l'était pas au Moyen Age pour désigner le vin.

> Beuvons, beuvons,
> De ceste purée,
> Qui est degouttée
> De ces morillons.

Chanson du 14e siècle

On sait le goût de Rabelais pour *la purée septembrale.*

Queue

On appelle *vin de queue* celui qui provient des dernières tries de raisins dans les régions où l'on cueille par vendanges successives les grappes atteintes de pourriture noble.

Un vin *qui fait la queue de paon* déploie en bouche tout un éventail de saveurs ; on dit aussi qu'il *fait la roue.* Mais s'il a *un goût de queue de renard,* selon une expression flamande, il s'agit d'un goût amer dû à une décomposition.

Quille

Par comparaison de forme, une *quille* signifie une bouteille. Théophile Gautier parlait des « longues quilles de vin du Rhin ».

Enquiller : boire, absorber ; *s'en enquiller une* (20e siècle). Ce verbe signifie d'abord *pénétrer* (18e siècle), de l'ancien *quiller,* même sens.

— On les sèche ?
Et sans attendre la réponse — il n'y avait pas de bouchon — s'en enquille la moitié d'un [litron], d'une même goulée.

Robert Giraud, Le Vin des Rues

Raccord

Raccord : verre de vin pris pendant le travail, dans l'argot des ouvriers peintres (début 20e siècle).

Race

Un vin *qui a de la race* ou *racé* a, au sens propre, les caractères distinctifs de son origine. Mais on emploie souvent ce mot pour exprimer la finesse, la délicatesse.

Rade

Par comparaison de forme, et sans doute parce que le bar est la planche de salut de l'assoiffé, le comptoir d'un débit de boissons est **un radeau,** abrégé en **rade** (19e siècle). Par extension, **rade** signifie aussi bar, bistrot.

> Ils ont déjà lichaillé quelques godes en chemin, ils ont pas pu s'empêcher. La tentation que c'est tous ces rades le long des rues parisiennes. Sans être particulièrement porté sur le casse-poitrine, on a des excuses à se laisser happer par les néons, les zincs et les verres colorés... blanc de blanc... rouge Pommard... jaune Pastis !
>
> Alphonse Boudard, *Le Banquet des Léopards*

Rafle

On appelle **rafle** la partie ligneuse de la grappe, qui porte les grains. Une trop longue cuvaison peut donner au vin le **goût de rafle** (synonymes : **goût de râpe** ou **de grappe**), une saveur âpre et herbacée.

> [Corton 1979] Robe rouge assez claire aux reflets jaunes. Nez tabacé et évolué ; arômes de pruneau assez intenses, note alcoolisée. Bouche décevante, fluide, légèrement tannique ; goût de rafle, de vert, avec persistance amère.
>
> *Revue du Vin de France,* nov./déc. 1983

Raide

Pline parlait de **rigor,** raideur, rigidité d'un vin. Un vin **raide** est très acerbe, mais **du raide** désigne un alcool fort. Il semble qu'on ait d'abord employé **raide** à propos d'un plat trop assaisonné : *raide de sel, de poivre,* (17e siècle).

Raide : ivre mort (milieu 19e siècle), d'après le sens *mort,* d'où **être raide comme la justice,** ou **comme une saillie.**

Raison

Une même expression s'employait jadis pour les duels et les toasts : **faire raison à quelqu'un,** c'est répondre à une provocation en duel, mais aussi boire à celui qui a porté une santé. Le rituel du toast, en obligeant à boire, peut transformer un acte convivial en une compétition qu'évoque aussi l'expression **choquer les verres,** trinquer, comparable à **choquer les écus.**

Et pour choquer
Nous provoquer
Le verre en main, en rond nous attaquer
D'abord nous trinquerons pour boire
Et puis nous boirons pour trinquer.

Béranger

Ramoner

Un vin qui ramone, ça ramone, se ramoner la descente :
double comparaison, du gosier avec un conduit de cheminée,
et d'un vin âpre ou d'un alcool fort avec un objet qui racle.

Rancio

Rancio (17e siècle, emprunt à l'espagnol) désigne un vin viné
qu'on a laissé longtemps vieillir, de préférence dans des fûts
exposés au soleil. Ils prennent *le goût de rancio,* ou *du
rancio,* caractéristique du porto ou du madère. Les eaux-de-
vie vieillies peuvent aussi prendre ce goût. Bien qu'il évoque
rance, le mot de *rancio* (à la différence de *madérisation,* qui
indique un défaut) n'est pas péjoratif : de la même manière,
les Romains nommaient *caries,* pourriture (cf. *carie*) le goût
de vieux de certains vins.

Râpe

Avant que le mot ne désigne un instrument à râper, la *râpe*
fut d'abord la grappe de raisin dépouillée de ses grains, du
latin *raspa,* même sens. C'est un synonyme de *rafle.* On
appelait *vin raspé* (12e siècle) celui qu'on obtenait en versant
du vin vieux et de l'eau bouillante sur des râpes : d'où
l'expression poitevine *arrouser le râpé,* épouser une fille
enceinte, puisque le râpé se fait avec les restes d'une
vendange déjà utilisée. Au 19e siècle, *vin râpé* désigne un vin
que l'âge a dépouillé de son moelleux. Mais *râpeux* se dit
d'un vin tannique, astringent.

> Tiens, au fait, je ne t'en ai jamais parlé de notre cave. Pas
> grande, mais bien garnie. Tous les bons auteurs : Montaigne sous
> forme de bordeaux grand cru classé, Rabelais avec les vins de
> Loire, Colette avec les bourgognes, Frédéric Dard avec les
> beaujolais, et Rousseau (pratiquement) avec les vins du Jura. Je
> me décide pour un petit cahors dont j'aime le râpeux.

San-Antonio, *Concerto pour porte-jarretelles*

Rasade

Rasade : ce qui remplit le verre *à ras bord* (17ᵉ siècle).

> On but quelques rasades les unes sur les autres, pour s'assurer de la sagesse de la bouteille...
>
> Diderot, *Jacques le Fataliste*

Ratafia

Le *ratafia* (Champagne, Bourgogne) est du moût de raisin muté à l'eau-de-vie, ce qu'on appelle *riquiqui* en Beaujolais et *carthagène* dans le Midi. Les vignerons en font pour leur consommation personnelle, car il est frappé de taxes trop élevées pour être commercialisé comme le pineau des Charentes, fait selon le même principe mais muté au cognac, et jouissant d'une appellation contrôlée.

L'étymologie de *ratafia* n'est pas certaine. On suppose une transposition du latin *rata fiat,* « que le marché soit conclu », car le mot est d'abord une formule de toast au 17ᵉ siècle. Le sens de *liqueur,* à la fin du 17ᵉ siècle, pourrait venir d'une confusion avec *tafia,* eau-de-vie de canne en créole, mais la forme *tafia* n'est attestée qu'en 1722, et précédée de *taffir* au milieu du 17ᵉ siècle. Aujourd'hui, *tafia* désigne en argot un rhum ou une eau-de-vie de basse qualité. Le verbe *tafiater,* boire, s'enivrer, s'est formé au début du 20ᵉ siècle.

> Qui n'en veut, du tafia, qui n'en demande de la gnole ? Quatre-vingt-dix-sept degrés et demi ! L'enfer dans une bouteille !
>
> Louis Forton, *Les Pieds-Nickelés en Amérique*

Réduction

La *réduction* est le phénomène inverse de l'oxydation. Enfermé dans une bouteille bien bouchée, où ne pénètre pas d'oxygène, le vin développe son bouquet le plus intense, le *bouquet de réduction* ou *de bouteille.* Mais la réduction peut aussi produire des odeurs désagréables de *réduit,* dues à une mauvaise combinaison du soufre et de l'alcool (voir *mercaptan*).

Reginglard

Reginglard, vin vert, ou *reginguet :* formes composées sur

ginglard, ginguet (voir ces mots), au 19ᵉ siècle. Huysmans écrit toujours *reginglat*.

> … il s'était noyé l'âme dans un tel lac de reginglat qu'il vacillait comme un navire en détresse…
>
> J. K. Huysmans, *Marthe*

Réglisse

Réglisse est une variante expressive de **vin noir** (Première Guerre mondiale).

> — Plumet a dû s'envoyer dans l'entonnoir mon bidon d' réglisse qu'i d'vait m'apporter, et d'autres avec, et il est tombé saoul qué'qu' part par là.
>
> Henri Barbusse, *Le Feu*

Relever

Relever un factionnaire, relever une sentinelle (19ᵉ siècle) : aller boire un coup au café.

Rémanence

Rémanence est un synonyme de *persistance :*

> [Graves 1980] bouquet enchanteur, marqué par le rôti et les raisins surmûris ; la rondeur, le gras, le moelleux et la très longue et savoureuse rémanence enrobent à ravir la forte charpente très tannique de ce vin magnifique...

> Gault-Millau, *Spécial Vins*, 1983

Remontant

Du remontant : de l'alcool, qui « remonte » le moral et les forces du buveur.

> Une heure avant l'examen, elle était à zéro. Pour se donner du courage, elle s'est envoyé quelques verres de remontant.

> Simone Berteaut, *Piaf*

Renard

Ecorcher le renard (15e siècle), puis *renarder* se disent d'un ivrogne qui vomit ; *renard :* vomissement d'ivrogne ; d'où le dicton bressan : « Les lendemains de fête, les poules mangent les renards. »

Etre en vin de renard (17e siècle) : avoir l'esprit subtil ou malicieux sous l'effet d'une légère ivresse.

Au 19e siècle, *un renard* est aussi un bouillon avec une chopine de vin dedans, sans doute par comparaison de couleur avec le vomissement d'ivrogne.

Enfin, on dit d'un vin *foxé* (voir ce mot) qu'il *renarde* ou qu'il a *un goût de renard,* et les Flamands parlent d'un *goût de queue de renard.*

Les renards sont connus comme amateurs de raisins : la fable en témoignage, et de vieilles histoires vigneronnes racontent même qu'ils déposent des grappes sur des pierres chauffées au soleil pour qu'elles mûrissent encore plus.

Réserve

Le mot de *réserve* sur une étiquette n'a pas un sens légalement garanti : il indique en principe une sélection de qualité, mais ne doit pas être confondu avec une appellation d'origine.

En dégustation, un vin qui *se réserve* ou qui *a de la réserve* est un vin prometteur qui n'a pas encore développé toutes ses possibilités.

Résiné

Il ne faut pas confondre le **raisiné**, confiture de raisin, et le **résiné**, vin blanc grec additionné de résine de pin.

> La résine qui rend amer le vin de Chypre,
> Ma bouche aux agapes d'agneau blanc l'éprouva.

Apollinaire, Palais

Ressentir

En Normandie, **s'en ressentir :** être ivre ; d'après *se ressentir* d'une maladie ou d'un accident, en subir les conséquences néfastes.

Rétamé

Rétamé : ivre (début 20e siècle). Parce que l'objet à rétamer reçoit des coups ? Parce que l'ivrogne **se donne une belle couche,** comme un objet est couvert d'une couche d'étain ? Ou variante de **blindé, cuivré ?**

> Moi aussi je commençais à voir double. Alors, je fis servir à mon ami un « cintième » de noyau pour rétamer le gars, et ce fut le coup de grâce !

Blaise Cendrars, Bourlinguer

Retour

Jusqu'à la fin du 19e siècle, on accordait une réputation de qualité aux vins de Bordeaux **retour des Indes,** et aux vins de Loire **retour de Chine :** le roulis des bateaux à voile, et le changement de saison par le passage dans l'hémisphère sud, faisaient vieillir les vins. A défaut, certains vignerons suspendaient les fûts au plafond des caves et les balançaient...

D'un vin qui laisse en bouche, après la déglutition, un goût agréable et intense, on dit qu'il **a un bon retour.**

Rétro-olfaction, rétro-nasal

La **rétro-olfaction** est la perception olfactive d'un produit mis dans la bouche, et dont l'odeur remonte par le fond de la gorge jusqu'aux fosses nasales. Aussi peut-on parler, dans l'analyse d'un vin, des **arômes de bouche.** Certains appellent l'ensemble de ces perceptions **le rétro-nasal du vin.**

> [Gevrey-Chambertin 1981] Vin curieusement « fermé », comme un jeune bordeaux dont le nez n'apparaît guère qu'en rétro-olfaction. Evoluera probablement dans le bon sens malgré un peu trop d'acidité.

Revue du vin de France, nov./déc. 1983

Revêche

En dégustation, *revêche* n'est pas une métaphore : au sens premier, *revêche* qualifie un vin acerbe, « qui a un suc acide, âcre et piquant, qui choque le goût. On le dit d'un vin vert et désagréable » (Furetière, 1690).

Ribote

Ribote : débauche de table, ivresse, ivrognerie (début 19ᵉ siècle) ; de *riboter, riboteur* (18ᵉ siècle), sur *ribaud* (12ᵉ siècle), débauché. D'où *faire ribote, être en ribote.*

> Il traîne avec lui une magnifique ribote qui lui fait embrasser le chemin tous les cinquante pas aux dépens de ses pommettes ou de son nez.
>
> P.-J. Hélias, *Le Cheval d'Orgueil*

Rincer

Rincer est employé depuis au moins le 15ᵉ siècle dans diverses expressions signifiant « boire » : *se rincer le gosier* (Olivier Basselin, 15ᵉ siècle), les *tripes* (Rabelais), *le porte-pipe* (Huysmans), etc. L'alcool versé dans la tasse où l'on a bu le café est *une rincette* (il rince la tasse) ; il peut être suivi de la *surrincette* (Bresse) ou *pousse-rincette* (Normandie).

Rinçure de verre, rinçure de tonneau (au 17ᵉ siècle *rinceure de pot*) se dit d'un vin si plat qu'il ressemble à de l'eau dont on aurait lavé des récipients vinaires.

> — « ... Qu'est-ce que je dirai donc, moi, de cette cochonnerie de piquette que Delhomme me donne pour du vin ? »
> Il éleva le verre, le regarda à la chandelle :
> — « Hein ? qu'a-t-il bien pu foutre là-dedans ? Ce n'est même pas de la rinçure de tonneau... »
>
> Émile Zola, *La Terre*

Le *rince-cochon* se boit les lendemains d'ivresse pour atténuer la gueule de bois : c'est du vin blanc dans de l'eau gazeuse avec une tranche de citron, ou du *blanc gommé,* vin blanc et sirop de gomme.

Riquiqui

A la fin du 18ᵉ siècle, *riquiqui* désigne une eau-de-vie. C'est encore en Beaujolais le nom donné au *ratafia :* « quand on est un peu tordu, un verre de riquiqui, ça fout droit (*foudroie*) ! »

Robe

La **robe** (19ᵉ siècle) d'un vin est sa couleur, tandis que les métaphores de tissus, **taffetas, satin, velours,** s'appliquent aux sensations tactiles perçues en bouche. Le géographe Gaston Roupnel s'extasiait ainsi devant le bourgogne :

> Admirez donc [...] cette merveille colorée où le soleil a mis la pourpre de ses aubes, et où il a plié, soir par soir, la robe de velours sombre et de satin grenat qui tombe chaque nuit qui monte. [...] Et sous cette pourpre, sous cette somptueuse robe des Césars, il y a comme la chaleur et la sensualité d'une adorable chair profane !
>
> G. Roupnel, *La Bourgogne. Types et Coutumes*

Rogomme

Une voix de rogomme (19ᵉ siècle) est une voix cassée par l'abus d'alcool : de **rogomme,** ou **rogome,** eau-de-vie, qui s'est d'abord écrit *rogum* au début du 18ᵉ siècle, et dont on ignore l'origine. **Rogomiste :** débitant de boissons (fin 18ᵉ siècle).

> Le lendemain, dès sept heures, il arriva rue Notre-Dame-des-Victoires devant la boutique d'un rogomiste, où Regimbart avait coutume de prendre le vin blanc.
>
> Gustave Flaubert, *L'Education sentimentale*

Rond

Rond qualifie un vin souple et moelleux.

> Le Jurançon met sa contradiction à être rond par un bout et pointu par l'autre [selon Louis Orizet]. On lui trouve d'abord le moelleux du sucré, avec sa forme de boule ou d'ovale ; si on le garde quelques secondes sur la langue, cette impression s'étire et se termine par l'aigu de l'acidité.
>
> Emile Peynaud, *Le Goût du Vin*

Rond, ivre, se dit depuis le 14ᵉ siècle par comparaison du gros buveur avec un tonneau, et d'après *avoir le ventre rond.* On peut être **rond comme une balle, une bille, un boudin, une boule, une barrique, une bûche, un cul de bol, une citrouille, un disque, une futaille, un œuf, un petit pois, une queue de pelle, une soucoupe...** S'enivrer est donc **s'arrondir** (début 20ᵉ siècle), ou **se rondir.**

Ronflée

Prendre une ronflée : s'assommer de vin ou d'alcool, s'enivrer ; ***ronflée :*** ivresse (vers 1918).

> — Ça fait un paquet de godets qu'on s'écluse, une pleine main... On va finir par se défoncer...
> — Se défoncer ! Si on attrape une ronflée avec le peu qu'on a sifflé, c'est qu'on n'en a pas. Et on en a, pas vrai... ?

> René Fallet, *Au Beau Rivage*

L'alcool a été le premier anesthésique utilisé en chirurgie...

Rosé

Le vin ***rosé*** est obtenu par vinification en blanc de raisins noirs : on sépare le moût du marc par pressurage, et on le laisse fermenter seul.

Roteuse

Une ***roteuse*** est une bouteille de champagne, à cause du bruit qu'elle fait quand on la débouche, et de ses effets sur le buveur (vers 1954). Du ***roteux :*** du champagne.

Rôti

Le ***goût de rôti,*** ou le ***rôti,*** caractérise les vins issus de raisins très mûrs, surmûris et presque séchés sur pied : ***rôti*** s'est dit d'abord de ces raisins, « cueillis non seulement meurs, ains presque rostis » (Olivier de Serres, 1600).

La ***rôtie*** est faite de tranches de pain grillé trempées dans du vin sucré, ce qu'on appelle aussi la ***trempée :*** on en sert traditionnellement aux jeunes mariés la nuit de leurs noces, dans les régions viticoles.

Rouge

Le vin ***rouge*** est obtenu par macération du moût avec les peaux du raisin noir, qui contiennent les matières colorantes.

> Le vin est un liquide rouge
> — Sauf le matin quand il est blanc.
> On en boit dix, vingt coups ; et vlan !
> Quand on en a trop bu, tout bouge.

Ce quatrain, que Charles Cros a écrit pour le Club des Hydropathes, fait allusion à des proverbes selon lesquels il faut boire du vin blanc le matin, et du rouge le soir : *Rouge au soir et blanc au matin, c'est la journée du pèlerin* (17e siècle).

On appelle *rouge-bord,* depuis le 17e siècle, un verre empli de vin rouge à ras bord — ce qui nuit à l'examen olfactif puisqu'on ne peut alors faire tourner le vin dans le verre pour en dégager les arômes.

Enfant rouge signifie verre de vin dans l'argot du 18e siècle. Mais *rouge-gorge* est un autre nom du *communard,* dit aussi *cardinal,* un mélange de vin rouge et de liqueur de cassis.

Rouillarde

Rouillarde désigne une bouteille de vin rouge, et plus particulièrement vieux, depuis le 16e siècle. Aujourd'hui, *rouillarde* et la forme abrégée *rouille* (19e siècle) signifient le plus souvent « bouteille de champagne ». *Se rouiller le mou :* boire un coup ; *rouillé :* ivre (début 20e siècle).

Rouler

> Etrange sensation que celle de ce grand vin quand on le savoure savamment, amoureusement, à gorgées dosées que la langue roule et balance de sa souple étreinte et que le palais médite.
>
> Gaston Roupnel, *La Bourgogne*

Si le dégustateur *roule le vin* dans sa bouche, l'ivrogne, lui, *roule sous la table* ou *dans le caniveau ;* dans l'argot des tranchées vers 1915, l'eau-de-vie était surnommée du *roule-par-terre. En rouler une :* être ivre.

> Tout mon petit monde est encore au bistrot quand je reviens. Morbleut en roule une qui le ferait classer monument historique par le ministère des Libations et des Bouilleurs de Cru réunis.
>
> San-Antonio, *Votez Bérurier*

Rouquemoute, rouquin

Rouquin (vers 1914), *rouquinos* (vers 1945), *rouquemoute* (vers 1950) désignent en argot du vin rouge ordinaire. Pour les œnologues, la couleur rousse se remarque non sur les vins rouges, mais sur les blancs brunis au contact de l'air : ils sont *roux* ou *roussis.*

Rubis sur l'ongle

Faire rubis sur l'ongle : « c'est après avoir bu un grand verre de vin à la santé de quelque personne, prendre le verre par la patte et le renverser en le tenant suspendu sur l'ongle du pouce afin d'y faire tomber une goutte de vin qu'on appelle rubis » (Richelet, 1680). C'est donc vider son verre jusqu'à la dernière goutte. Par extension, *payer rubis sur l'ongle,* c'est payer son dû jusqu'au dernier sou.

Rude

Olivier de Serres parle en 1600 d'un vin « aspre et rude, et tellement verd qu'on n'en peut boire sans en avoir les dents agassées ». *Rude* qualifie un vin très astringent, mais toutefois moins que *rugueux.*

Rugueux

Un vin *rugueux* a une astringence très élevée, il « râpe ».

[Châteauneuf-du-Pape 1978] Robe très profonde, presque noire... Nez : encore fermé. Beaucoup de fruit avec une note de cuir. Animal. Plein de promesses. — Bouche : Riche, complexe, épicé. Vin ample et rugueux aussi intense qu'un Porto. Fruit concentré. A boire vers 1986-2000.

Michel Dovaz, *La Dégustation*

Sabler

Sabler un verre : l'avaler d'un trait, de *jeter un verre de vin en sable,* (17ᵉ siècle), par comparaison avec le geste des fondeurs qui versent d'un seul jet le métal en fusion dans un moule de sable.

Et tout en balbutiant, Jacques [...] avait sablé deux ou trois rasades sans ponctuation, comme il s'exprimait, c'est-à-dire de la bouteille au verre, du verre à la bouche.

Diderot, *Jacques le Fataliste*

On n'emploie plus ce verbe que dans l'expression *sabler le champagne :* boire du champagne, en particulier à l'occasion d'une fête. Il s'agit peut-être d'une confusion avec *sabrer,* décapiter une bouteille de champagne d'un coup de sabre. A Saumur, le 29 juillet, après le Carrousel, les officiers sabrent des bouteilles de saumur mousseux.

Sac

Le vieux terme *sac-à-vin* compare l'ivrogne à une outre, mais peut-être aussi à un filtre à vin, *saccus vinarius* en latin. On l'écrit *sacavin* en Anjou, où existe une **Confrérie des Sacavins** ; le féminin est **sacavine**.

Sain

Sain qualifie le vin au Moyen Age.

> Vin de Biaune et de Saint Pourçain
> Que riche gent tiennent pour sain.

> Jehan Maillart, *Le Roman du Comte d'Anjou*

Le mot désigne tantôt un vin qui ne fait pas de mal au buveur, au sens où Pasteur disait que « le vin est la plus saine et la plus hygiénique des boissons », tantôt un vin qui est lui-même exempt de maladies.

Salade

Du *vin pour la salade* est du vin aigre. On ne boit pas de vin sur la salade parce que le vinaigre en dénature le goût, mais un dicton du 16ᵉ siècle assurait :

> Qui vin ne boit après salade
> Est en risque d'être malade.

On pensait qu'il fallait compenser le froid et l'humide de la salade par le vin, classé comme chaud et sec.

Sale

Se salir le nez, s'enivrer, *avoir le nez sale, être sale* (19ᵉ siècle), être ivre, succèdent à *se barbouiller.*

Salé

Comme le sel entretient la soif, on prétend que les soiffards en sont irrémédiablement imprégnés : ils ont *le bec salé,* ils ont été *baptisés avec une queue de morue,* ou *vaccinés au salpêtre.* Pantagruel, avant d'être transformé en géant par Rabelais, était un petit diable médiéval qui versait du sel dans la gorge des ivrognes endormis :

> ... ilz ne faisoient que cracher aussi blanc comme cotton de Malthe, disans : « Nous avons du Pantagruel, et avons les gorges sallées. »

> Rabelais, *Pantagruel*

Le sobriquet de **Bourguignon salé,** qui date du 15ᵉ siècle, ne vient sans doute pas de ce que « les Bourguignons ont eu beaucoup de différends à cause de leurs salines », comme le rapporte Littré, mais plus probablement d'une réputation de buveurs « salés ».

Dessaler ou *se dessaler :* boire un coup (19ᵉ siècle).

Sang

L'analogie du vin et du sang justifie les dictons : *bon vin fait sang,* et *au matin bois le vin blanc, le rouge au soir pour faire sang.*

> Frère du sang de la vigne rose,
> Frère du vin de la veine noire,
> O vin, ô sang, c'est l'apothéose !
>
> Paul Verlaine, *Jadis et Naguère*

Santé

Une santé : ancien nom du **toast,** qu'on porte à la *santé* de quelqu'un. Mais Grimod de La Reynière expliquait dans son *Almanach des Gourmands* que les santés, dont l'usage avait disparu chez les aristocrates quelques années avant la Révolution, s'adressaient toujours aux personnes présentes, et différaient en cela des toasts anglais, adressés aux absents.

Sauvage

Pline parlait de la « sauvagerie » *(ferocia, ferocitas)* d'un vin. Aujourd'hui, on appelle **goût sauvage** celui qui tient soit au terroir (humidité, présence de certaines plantes qui communiquent leur goût), soit au cépage (goût foxé de certains

hybrides). Mais l'on emploie aussi le mot pour qualifier un arôme animal, comme de fourrure ou de venaison.

Tous les pays viticoles font du vin un symbole de civilisation, et tiennent pour caractéristique de la barbarie et de la sauvagerie le fait de ne pas produire de vin, ou d'ignorer le savoir-boire.

> On croirait que cet ouvrage [l'*Hamlet* de Shakespeare] est le fruit de l'imagination d'un sauvage ivre.
>
> Voltaire, *Dissertation sur la tragédie*

« Sauvage ivre » apparaît comme un pléonasme sous la plume qui fit dans *Le Mondain,* en alexandrins insipides, l'éloge du champagne comme image élégante de notre civilisation.

Savonné

Pivois savonné : vin blanc (18ᵉ siècle), et, au siècle suivant, **le savonné.** Le vin blanc paraît lavé et décoloré par comparaison au rouge. Il y a assez peu de mots, dans l'argot et la langue « populaire », pour désigner le vin blanc, car le Français définit spontanément le vin comme rouge : « la première qualité d'un vin, c'est d'être rouge » (Alain Querre, propriétaire et négociant en Bordelais, dans *Gault-Millau, Spécial vins* 1983 ; et San-Antonio, voir citation à *picrate*).

Schlass

Schlass, chlass, chlâsse : ivre (19ᵉ siècle) ; d'un mot allemand et alsacien signifiant d'abord « mou, avachi ».

> — Oui, vous avez l'air d'un gentleman, dit Léa. Mais quand je suis schlass, je me trompe toujours.
>
> Paul Morand, *Ouvert la nuit*

Schnick

Schnick : eau-de-vie (fin 18ᵉ siècle), d'un mot alsacien et allemand.

> ... c'était bien Coupeau qui se jetait son petit verre de schnick dans le gosier, d'un geste familier déjà. Il mentait donc, il en était donc à l'eau-de-vie maintenant !
>
> Émile Zola, *L'Assommoir*

Sec

Selon les catégories de la diététique ancienne, le vin est une substance chaude et sèche, qui participe du feu. Mais certains vins étaient considérés comme plus secs que d'autres. Athénée opposait le vin *austêros* et *sklêros* au vin *glukus,* doux, *pakhus,* gras, et *malakos,* moelleux ; *sklêros,* sec, semble indiquer un manque de moelleux et de souplesse. On trouve aussi le mot *sec,* qualifiant un vin, dans des textes médiévaux. A la fin du 17ᵉ siècle, Furetière oppose *gras* à *sec,* défini comme « qui n'est point gras ni onctueux. La meilleure qualité du vin d'Espagne est d'être sec ». C'est le sens encore en vigueur lorsqu'on applique le mot à un vin rouge qui manque de moelleux. On dit en particulier, d'un vin que l'âge ou l'oxydation a dépouillé de sa rondeur, qu'il est *séché* ou *desséché,* et d'un vin très maigre qu'il est *aride :*

CUL-SEC!

[Cornas 1977] Couleur un peu tuilée, manque de brillance. Vendanges pourries à 30 %. Nez de confiture de fruits rouges acides. Quelque chose d'herbacé et d'animal. Creux en bouche. Arrière-bouche assez complexe mais gâchée par un début de sécheresse...

Revue du vin de France, sept./oct. 1983

Mais s'agissant d'un vin blanc, *sec* a pris un autre sens : qui n'a pas de saveur sucrée. Pourtant, un champagne (ou un mousseux) *sec* est relativement sucré — deux fois plus que le *brut.*

Au contraire de l'antique classement médical qui rangeait le vin parmi les substances sèches, les expressions de la soif et du boire en font l'élément humide par excellence, au point que *régime sec,* jusque dans le discours médical et antialcoolique, signifie non pas « régime sans eau », mais « sans vin ni alcool ». *Manger à sec, bâtir à sec :* faire un repas sans vin.

La sécheresse est en effet le mal du soiffard, qui *a le gosier sec,* qui *l'a sec* ou qui *la sèche.* Aussi transfère-t-il à sa gorge le liquide bienfaiteur en *séchant un verre,* en *le mettant à sec,* en le vidant jusqu'au fond, *cul-sec.*

Seul exemple où *sec* signifie « sans eau », *boire sec* a pour Littré le sens de « ne pas mettre d'eau dans son vin » ; mais on l'entend plus souvent aujourd'hui au sens de « boire beaucoup ».

Sens unique

Un *sens unique* est un verre de vin rouge (20ᵉ siècle), peut-être à cause de la couleur des panneaux de signalisation.

Sève

Sève est l'un des mots de l'œnologie qui ont donné lieu aux définitions les plus imprécises, parce qu'on l'entend comme une métaphore empruntée à la botanique. Or l'histoire du mot prouve un cheminement inverse, puisqu'il vient du latin *sapa,* qui appartient au vocabulaire de l'œnologie et désigne un vin cuit jusqu'à réduction à la moitié ou aux deux tiers. *Sapa* est de la même famille que *sapor,* saveur, goût, odeur, et *saporus,* savoureux (cf. français *sapide*).

Au 17ᵉ siècle, l'origine du mot semble déjà oubliée puisque Richelet et Furetière définissent la *sève* du vin comme une légère verdeur :

> « Ah ! monsieur, m'a-t-il dit, je vous attends demain.
> N'y manquez pas au moins, j'ai quatorze bouteilles
> D'un vin vieux... Boucingo n'en a point de pareilles,
> Et je gagerais bien que chez le commandeur,
> Villandré priserait sa sève et sa verdeur.

> Boileau, *Le Repas ridicule*

En patois poitevin, *sabe,* sève, désigne encore une sensation vive provoquée par un froid piquant, un fruit acide, une boisson forte : *o sabe la goule, la goule en sabe.*

Aujourd'hui, la définition la plus précise reste celle que donnait Jullien dans sa *Topographie de tous les vignobles connus,* en 1832 : la *sève* est ce qu'on appelle maintenant *l'arôme de bouche,* et sa persistance ; on retrouve ainsi le double sens de *sapor,* goût et odeur, avec l'idée d'une saveur intense.

Sévère

Variante moderne d'*austère,* et d'origine bourguignonne, *sévère* qualifie un vin qu'un tanin dominant rend un peu dur.

En argot, *sévère* a la fonction d'un superlatif : *il en tient une sévère* (sous-entendu *une cuite*).

Siffler

Siffler signifie boire dès le 15ᵉ siècle ; *siffleur :* buveur (16ᵉ siècle).

> « Excuses, brailla Goubi entre deux quintes de toux, excuses pour ce que j'y crache par terre, mais c'est du poison, votre denrée du diable ! [du whisky].
> — Vous me surprenez, c'est une bonne marque, paraît-il, que le Ballantine's.
> — Votre brillantine, c'est de la cochonnerie, et je m'y connais. J'en ai quand même sifflé quelques-unes, des bouteilles de goutte.
>
> René Fallet, *Un Idiot à Paris*

Sincère

Sincère qualifie un vin « franc, honnête ».

> [Béru] se paie une rasade qui fait dégringoler le niveau. Il clape, il grume, il se gargarise, se pénètre, se fait mariner tout entier dans sa gorgée de beaujolpif.
> — J' sais pas où vous l'avez déniché, m'sieur Pompidoche, déclara-t-il, mais c'est du sincère. Quelle belle année ! C'est là qu'on voit que le Bon Dieu est moins vache qu'on le croit.
>
> San-Antonio, *Le Standinge selon Bérurier*

Sirop

Rabelais nomme le vin *sirop vignolat.* Le mot *sirop* désigne en argot, au 19ᵉ siècle, une boisson alcoolisée, et au 20ᵉ un débit de boisson. *Avoir un coup de sirop :* être ivre (19ᵉ siècle).

Huysmans dit que le clos-vougeot est « le sirop des grands dignitaires » (*En ménage*), mais le mot est rarement utilisé en ce sens laudatif : un vin *sirupeux* a un excès de sucre désagréable.

Siroter, boire à petites gorgées pour savourer, date du 17ᵉ siècle.

> Froid et propret comme la crémaillère d'une cheminée hollandaise, en ces dîners où l'on disait tout et où il sirotait mièvrement son vin dans son angle de table quand les autres lampaient le leur, il plaisait peu à ces bouillants, qui le comparaient à du vin tourné de Sainte-Nitouche, un vignoble de leur invention.
>
> Barbey d'Aurevilly, *Les Diaboliques*

Sobre

Sobre est étymologiquement le contraire exact d'*ivre*. Le mot vient du latin *sobrius,* adjectif formé du préfixe négatif *se-* et de *ebrius,* ivre.

> Ci-gît Jean qui baissait les yeux
> A la rencontre des gens sobres
> Et qui priait tout bas les Dieux
> Que l'année ait plusieurs octobres.
>
> Pierre Corneille, *Épitaphe*

Soif

La soif est un prétexte souvent invoqué pour justifier le besoin de boire du vin ou de l'alcool : *il fait soif* délivre même l'individu de toute responsabilité, en rejetant l'origine de son désir dans le *il* extérieur et impersonnel de *il fait chaud.*

L'ivrogne est un *soiffeur* ou un *soiffard ; il soiffe,* il boit beaucoup (début 19e siècle). Et si ce n'est pour guérir sa soif, il boit au moins pour la prévenir, en suivant un précepte de Rabelais qui est encore un dicton connu :

> Courrez toujours après le chien, jamais ne vous mordera ; beuvez tousjours avant la soif, et jamais ne vous adviendra.
>
> *Gargantua*

On disait au 19e siècle de deux compagnons de bouteille : *quand l'un a soif, l'autre veut boire.* Mais l'expression *boit-sans-soif,* ivrogne, rétablit la vérité en distinguant la soif et le besoin d'alcool. Comme le dit le Figaro de Beaumarchais :

> Boire sans soif et faire l'amour en tout temps, madame, il n'y a que ça qui nous distingue des autres bêtes.
>
> *Le Mariage de Figaro*

Soleil

Alors que la Bible et l'Antiquité liaient leurs représentations du vin à des images d'ombre, de fraîcheur et d'eau, il est pour nous, occidentaux, le « fils sacré du soleil » (Baudelaire), le « soleil liquide » (Pierre Dupont), ou plus prétentieusement, « la forme nationale du soleil » (Edouard Herriot) ! C'est peut-être à cause de cette parenté que le soleil a le surnom de *Bourguignon* ou *Jean Bourguignon. Prendre un coup de soleil à l'ombre* signifie s'enivrer ; *avoir un coup de soleil :* être ivre.

Mais en dégustation, le **goût de soleil** est, comme le **goût de lumière,** celui que prend un vin exposé trop longtemps au soleil ou au jour.

Solide

Solide qualifiait au 19ᵉ siècle un vin résistant aux altérations, mais indique plus souvent aujourd'hui une consistance due aux tanins : un vin **solide** est un peu plus tannique qu'un vin **étoffé.** Au chapitre III de *Locus Solus* (1914), Raymond Roussel prend le mot à la lettre en imaginant un sauternes solide : le savant Canterel verse dans un récipient d'*aqua-micans* (une substance de son invention) un filet de sauternes qui se solidifie aussitôt et tombe « sous forme de blocs jaunes pareils à des morceaux de soleil ». Des hippocampes les malaxent pour en faire « une étincelante boule jaune », d'une « rotondité sans défaut », sans doute pour que le vin soit *rond,* à la lettre.

Soufré

Lorsqu'on dit d'un vin, en dégustation, qu'il est *soufré,* on veut signifier qu'il a été *trop* soufré par méchage (voir à **mèche**), et que son goût s'en ressent. L'usage de faire brûler du soufre dans les fûts remonte à l'Antiquité, et les plaintes des consommateurs actuels contre les vins soufrés, qui donnent la migraine, ont aussi des précédents comme en témoigne cette lettre de Pierre Bayle à son frère en 1681 :

> D'ailleurs les climats froids m'étonnent extrêmement, non seulement parce qu'il faut être toujours dans les poêles, que je ne saurais souffrir à cause des maux de tête où je suis fort sujet, qu'à cause qu'on y boit, qu'on y fume, qu'on n'y a que des vins soufrés, qu'on ne saurait livrer société qu'avec des buveurs de bière, de bran-de-vin, etc., toutes choses qui me feraient vivre dans une migraine continuelle...

Soûl

Le sens premier de *saoul* ou *soûl,* repu, rassasié, s'est maintenu jusqu'au 17e siècle. Le sens d'*ivre* est apparu au 16e. *Soûler* (13e siècle) a subi la même évolution sémantique. Dérivés : *soûlard, dessoûler* (16e siècle); *soûlaud* (18e siècle). *Soûlographie* se trouve pour la première fois chez Balzac en 1835, dans le parler des imprimeurs :

> Si je donne les dix francs aux ouvriers, ils feront de la soûlographie, et adieu votre typographie.
>
> *Un grand homme de province à Paris*

On peut être *brûlé-soûl* et *gai-soûl* en Normandie, *franc-soûl* dans le Lyonnais, *fin-soûl, roide-soûl, soûl-perdu.* P.-J. Hélias relève d'autres mots composés en Bretagne :

> Le lendemain, sa femme avouera qu'il avait « une légère chaleur aux oreilles » tandis que les autres commères, faussement apitoyées, préciseront que le riboteur, « châtié par l'existence », a été ramené chez lui *saoul-aveugle* s'il avait seulement besoin de deux acolytes à jeun et *saoul-chiffons* s'il avait fallu mobiliser une brouette à la faveur de la nuit. Tout le monde ne peut pas

demeurer maître de lui comme cet autre dont on dit qu'il est *saoul-prêtre,* c'est-à-dire que l'ivresse ne fait que renforcer la gravité de sa démarche et la dignité de son maintien.

Le Cheval d'Orgueil

Les comparaisons ne manquent pas non plus : *soûl comme un Anglais, un Allemand, un Polonais ; soûl comme un canard, un cochon, un dindon, un dogue* (17e siècle), *une grive, un pou, une tique, une vache,* etc.

Dialogue d'un couple dans une cave beaujolaise. Lui raconte une bordée mais se défend d'avoir trop bu : « Mais j'étais pas soûl ! » Elle, goguenarde : « Ouais ! t'étais pas sous... ton chapeau ! »

Soupape

Dans le vocabulaire des mécaniciens, vers 1870, *faire cracher les soupapes,* qui signifie proprement laisser échapper le trop-plein de vapeur par les soupapes, avait le sens figuré de s'enivrer :

... si ses soupapes ont craché le dimanche, le lundi il a mal aux cheveux.

... quand il est rentré à trois heures du matin ses soupapes commençaient à gueuler.

... à huit heures nous étions en pression, nos soupapes crachaient.

Denis Poulot, *Le Sublime ou le Travailleur*

L'ivrogne est plein de vapeurs alcooliques.

Soupe

On ne dit plus *ivre comme une soupe,* expression du 16e siècle, et l'on a oublié *la soupe de perroquet,* pain trempé dans du vin (17e siècle).

Souple

On dit *souple* un vin assez moelleux, où l'acidité et le tanin ne sont pas dominants.

[Bandol rouge 1976] Œil : grenat clair, très légèrement tuilé. — Nez : riche, légèrement épicé, feuille de tabac, havane, pivoine. — Bouche : harmonieux, assez souple, long en bouche, bien franc de goût.

L'Étiquette, hiver 1980

Vendanges en Sibérie

Soviétique

Un *soviétique* est un verre de vin rouge. On dit aussi *porto soviétique,* ou plus plaisamment encore *whisky soviétique.*

Soyeux

Un vin *soyeux* (au moins 19e siècle) a une texture souple et fine, due à son moelleux, mais avec moins de consistance qu'un vin *velouté.*

Structure

Le terme de *structure,* mis à la mode par le structuralisme et vulgarisé dans des domaines très divers, a gagné aussi l'œnologie où l'on disait déjà qu'un vin peut être **bien construit, bien bâti, bien constitué.** Un vin *structuré* donne une sensation de forme et de volume dont la netteté est due au tanin.

[Haut-Médoc, second cru, 1980] Belle couleur, rubis franc, arômes délicats, nuance de fruits mûrs et de cuit. L'attaque est souple, l'harmonie fruitée est ample, mais la structure tannique est atténuée. C'est un vin très souple, très agréable mais qui vieillira sans doute assez vite.

Revue du vin de France, mai-juin 1981

Styptique

Styptique et *stypticité* (19ᵉ siècle) sont des mots savants formés sur le grec *stuptikos*, âcre, astringent, qui se disait du vin. La *stypticité* est une astringence trop forte.

Suave

Suavitas désignait en latin le moelleux d'un vin, par opposition à *duritia*, dureté. Le mot semble moins précis aujourd'hui, car on a tendance à confondre **suave** et **savoureux,** en ajoutant au sens étymologique de *moelleux* les sens divers de « délicat », « harmonieux », « aromatique », etc.

[Sauternes 1979] Or pâle aux reflets d'ambre clair ; nez frais et distingué ; demande une pause d'oxygénation (15 mn) pour s'affirmer ; effluves riches, fins et fruités (pamplemousse, rhubarbe), plus note de miel et beurre doux (après une heure d'évolution dans le verre) ; bouche suave, onctueuse, à la fois riche et complexe.

Gault-Millau, Spécial Vins 1983

Substance

Un vin **plein de substance** est riche en extrait sec, qui donne en bouche une sensation de consistance. Olivier de Serres disait en 1600 que les vins rouges d'Allemagne et de Suisse avaient « fort peu de substance ».

Sucre

C'est le sucre du raisin que la fermentation transforme en alcool. Un vin où il reste des **sucres résiduels,** c'est-à-dire non transformés, est appelé **doux :** on réserve le qualificatif de *sucré* à un vin qui a reçu une addition de sucre.

Suisse

Chez Montaigne, *boire à la Suisse* signifie boire beaucoup :

> L'estomac d'un Espagnol ne dure pas à notre forme de manger,
> ni le nôtre à boire à la Suisse.
>
> Montaigne, *Essais*

Boire en Suisse a le même sens chez du Bellay, et semble
n'avoir pris le sens moderne de *boire seul* que dans la seconde
moitié du 19ᵉ siècle, après des expressions comme *boire avec
son Suisse* et *faire suisse,* boire sans compagnie. L'origine en
est obscure, mais l'on pense qu'il s'agit d'une allusion aux
soldats suisses engagés dans l'armée française.

Vin sans amy, vie sans tesmoing, disait un proverbe du
16ᵉ siècle. Boire du vin est tellement un acte convivial qu'on
raconte l'histoire d'un vigneron beaujolais qui, lorsqu'il
buvait seul, se plaçait devant un miroir pour avoir un
compagnon, et s'adressait à lui-même : « T'en prendras bien
encore un p'tit coup ! »

Table

L'expression *vin de table* désigne un vin de consommation
courante, sans appellation, sans doute parce qu'il n'est pas
assez bon pour être dégusté seul en dehors des repas.

Trop acide, un vin oblige le buveur à *se cramponner à la
table.*

> Ceux qui ne sont pas des quatre villages disent que pour boire le
> vin de Prébois il faut se cramponner à la table.
>
> Giono, *Faust au village*

Et, trop fort en alcool, il fait *tomber sous la table :*

> Il fait la noce éternelle.
> La table est dans la tonnelle.
> Mort ivre, il tombe dessous ;
> Et, c'est là sa réussite,
> Il va, quand il ressuscite,
> Au paradis pour six sous.
>
> Victor Hugo, *Les Quatre Vents de l'Esprit*

Tac, taco

Tac, taco, eau-de-vie (fin 19ᵉ siècle, Bretagne), ont été
empruntés au chinois (*ta-ku,* même sens) par les marins et les
soldats coloniaux.

Taf

En argot, *taf* signifie part de butin (fin 19e siècle). ***Avoir son taf de pinard :*** avoir sa ration de vin, à l'époque de la Première Guerre mondiale ; puis ***avoir son taf :*** être ivre, comme ***avoir son fade.*** Il est d'ailleurs possible que *taf* soit la forme en verlan de ***fade.***

Tanguer

Tanguer se dit de l'ivrogne dont la démarche incertaine évoque le mouvement d'un bateau dans la houle.

> Dans les rues du port retrouvé
> Ils tanguent mais allez me dire
> Si c'est le vin d'un bon retour
> Ou l'océan qui leur donne cet air penché

Georges Perros, *Poèmes bleus*

261

Tanin

Le *tanin,* ou *tannin,* du vin, constitué de polyphénols, provient des rafles, des peaux et des pépins. Il n'y en a presque pas dans les vins blancs, mais il a une part importante dans le goût des vins rouges, auxquels il donne du corps, de l'amertume ou de l'astringence. On dit *tannique* un vin dont le tanin est très sensible au goût.

Taper

Le vin *tape sur la tête (la boule, la cocarde,* etc.), il *tape fort,* quand il enivre vite et rend la tête lourde. L'image existait déjà en grec ancien : un vin *plêktikos,* qui tape, qui cogne. On la retrouve au Moyen Age :

> ... Les quelz orent un grant hutin [= querelle]
> Entr'eulx pour la force du vin
> Qui en cervel les ot tapez... [= qui leur a tapé la cervelle]
>
> Eustache Deschamps, 14e siècle

Taper une pinte, en boire une (18e siècle), a été remplacé au 19e par *se taper* (un verre, une bouteille).

Tapis

Tapis franc, qui signifie, à la fin du 18e siècle, cabaret de bas étage, a été abrégé au 19e en *tapis,* encore usuel au sens de *bistro.*

Tasse

On appelle *tasse* une petite coupelle d'argent ou de métal argenté, qui sert à déguster le vin, et que les Bourguignons nomment *tastevin.*

En argot, *entasser* (fin 19e siècle), puis *tasser* (début 20e) signifient boire : « On s'en tasse deux verres » ; « qu'est-ce qu'il tasse ! » *Un bien tassé* est un verre de vin ou d'alcool empli à ras bord.

> Je souffre d'une [soif] inextinguible. Je donnerais cher pour un bien tassé ou un coup de frais. N'y a-t-il pas moyen ne serait-ce que d'une larme ?
>
> René Daumal, *La Grande Beuverie*

Tâter

Tâter du vin : le goûter ; ce verbe a été remplacé par

déguster, et ne s'emploie plus que pour produire un effet de style.

Taste-vin signifiait « ivrogne » en ancien français. Son sens moderne n'apparaît que chez Littré, en 1872 (« petit vase pour déguster »), et reste essentiellement en usage chez les Bourguignons, alors qu'ailleurs on dit *la tasse* — ce qui évite la confusion avec un autre objet qui porte le nom de *tastevin,* la pipette qui sert à prélever un peu de vin dans un tonneau.

La confrérie des **Chevaliers du Tastevin,** qui a pour insigne la tasse bourguignonne, décerne chaque année à certains vins de Bourgogne un label de *tastevinage :* ce sont des vins *tastevinés,* c'est-à-dire recommandés par cette confrérie.

Tchin-tchin

Avant de devenir une formule pour trinquer vers 1935, *tchin-tchin* était au début du siècle une salutation empruntée au pidgin de Canton : *tsing-tsing,* salut.

Teinter

Se teinter, se foutre une teintée, être teinté : variantes modernes de *se peindre.*

En œnologie, on appelle **vins de teinte** ceux dont la couleur chargée permet d'en colorer de plus pâles : en particulier ceux qu'on tire du cépage **teinturier** ou *teint,* très utilisé au 17ᵉ siècle par les fraudeurs.

Tendre

On parlait en grec ancien de vin *trupheros* et *hapalos,* tendre, délicat. Un vin *tendre* est à la fois moelleux et frais, avec des tanins peu sensibles. Mais on emploie surtout le mot pour des vins blancs comportant encore quelques traces de sucres résiduels.

[Cabernet d'Anjou 1979] Œil : Très joli rose tendre. Assez riche. — Nez : Arômes fruités et tendres. — Bouche : Doux, tendre, agréable. Accompagne avec bonheur fruits et gâteaux. — Ce type de vin doit comporter 1° de sucre résiduel au minimum. Il est donc demi-sec.

Michel Dovaz, *La Dégustation*

VENDANGES D'AUJOURD'HUI

Tenir

Tenir le vin (17ᵉ siècle), *l'alcool, la boisson, tenir la chopine* ou *le litre :* résister aux effets enivrants. Dans le vocabulaire marin, *tenir la toile* (19ᵉ siècle) est une comparaison avec un bateau qui résiste à la tempête. Mais *en tenir une* sous-entend *cuite.*

> — Je vais vous raccompagner, décida Fouquet en faisant un effort pour se lever.
> Le parquet se déroba et il s'abandonna à nouveau sur le lit en soupirant : « Qu'est-ce que je tiens !... »
>
> Antoine Blondin, *Un Singe en Hiver*

En dégustation, on dit qu'un vin a *de la tenue en bouche, une bonne tenue,* quand il donne une sensation de consistance et de fermeté. On dit aussi que le vin est *soutenu* par des tanins suffisants et une bonne acidité.

Terroir

Le *terroir* est un territoire limité que définissent la nature de son sol, son relief, son micro-climat, et qui joue un rôle déterminant dans la personnalité de chaque vin. Le *goût de terroir* est donc en principe le goût caractéristique que confère au vin son sol de production. Pourtant, on prend généralement cette expression en mauvaise part, et on l'emploie pour parler d'une odeur ou d'un goût étrangers et désagréables, qui ont contaminé le raisin ; l'expression était connue au 17ᵉ siècle. On dit aussi que le vin *terroite.*

Tête

Les effets du vin sur le cerveau ont inspiré plusieurs expressions comportant le mot *tête :* le vin *monte à la tête, porte à la tête, tape à la tête, entête.* Un proverbe dit : *bon vin, mauvaise tête* — ce qui ne tient pas à la qualité du vin, mais au fait que meilleur il est, plus on est tenté d'en boire. Les Grecs avaient même un qualificatif spécial, qu'on peut transposer en *céphalalgique :* [vin] qui fait mal à la tête. *Avoir du vin dans la tête :* être ivre (17ᵉ siècle).

> Il but une douzaine de coups plus qu'à l'ordinaire, ce qui lui donna un peu dans la tête et l'obligea de s'aller coucher.
>
> Charles Perrault, *Le Petit Poucet*

On appelle *vin de tête,* dans la région de Sauternes, celui qu'on fait avec des raisins de la première trie, c'est-à-dire la première des vendanges successives au cours desquelles on ne cueille que les grains atteints de pourriture noble.

Téter

Téter : boire, boire beaucoup (fin 19e siècle), assimile le buveur à un nourrisson. On dit aussi *tétiner* (par exemple, *tétiner son champ').* *La tétine :* l'alcoolisme ; *être de la tétine :* être alcoolique ; *reprendre sa tétine :* recommencer à boire.

Thé

Etre de thé : s'enivrer (première moitié du 19e siècle). *Y a du thé :* « on est ivre » (début 20e). *Marcher au thé* (autour de 1960) : boire de l'alcool.

A l'initié demandant un « thé bien fort », on servait un rhum agressif ; que si l'on souhaitait un « thé très pâle », il en allait d'un joli marc de fantaisie.

André Salmon, *Souvenirs sans fin,* I

Tique

Soûl comme une tique (19e siècle) : comparaison avec la tique gorgée de sang.

Les yeux de Boche se rapetissaient, ceux de Lorilleux devenaient pâles, tandis que Poisson roulait des regards de plus en plus sévères dans sa face bronzée d'ancien soldat. Ils étaient déjà soûls comme des tiques.

Émile Zola, *l'Assommoir*

Tirer

Tirer le vin consiste à le mettre en bouteilles ou en carafe, tandis que *soutirer* signifie le transvaser d'un fût dans un autre, pour le séparer de ses lies. *Quand le vin est tiré, il faut le boire,* proverbe du 16e siècle.

— Vois-tu, mon ami, quand le vin est tiré...
— S'il est mauvais, il ne faut pas le boire.

Honoré de Balzac, *Vautrin*

Une *tireuse* est un appareil muni de plusieurs robinets et relié à un fût pour la vente du vin ordinaire au litre.

La jaffe de première à la halte, arrosée de tutus millésimés qui la surprennent cette fillette, abonnée depuis l'enfance qu'elle est au douze degrés de la tireuse.

> Albert Simonin, *Du mouron pour les petits oiseaux*

Boire à tire-larigot : boire beaucoup (16e siècle). Le *larigot* est une flûte ; le buveur fait le même geste qu'un musicien, à ceci près qu'au lieu de souffler dans son instrument, il *tire,* il aspire.

Tisane

La littérature bachique oppose souvent le vin à la tisane.

> Ah ! quand je tousse, si la Jeanne
> Me donnait un peu de vin
> Je mettrais dehors la tisane
> Pour fioler ce jus souverain.

> *Chanson du vin,* Mâcon, 1823

L'œnopote n'admet que la **tisane de vigne,** ou bien la **décoction de vendange** (15e siècle). Il peut aussi prendre de **la tisane à Richelieu,** c'est-à-dire du vin de Bordeaux : le duc Armand de Richelieu, gouverneur de Guyenne, lança la mode du bordeaux à la cour de Louis XV. En Champagne enfin, *tisane* désigne un vin très doux : Nerval évoque dans *Les Filles du Feu* « un petit vin blanc mousseux qui ressemble beaucoup à la tisane de champagne ». Mais hormis ces quelques expressions, *tisane* est toujours péjoratif en matière de vin ou d'alcool : on le dit d'une boisson médiocre et insipide.

Toast

Le mot *toast* a traversé le *Channel* deux fois. Les Anglais l'ont d'abord emprunté à l'ancien français *tostée,* tranche de pain grillée : au 16e siècle, on mettait une tostée dans le verre de vin qu'on offrait à quelqu'un pour l'honorer. Devenu *toast* en anglais, le mot est repassé en France au 18e siècle avec la graphie *toste,* puis *toast* au 19e. **Porter un toast :** boire à la santé de quelqu'un.

Toboggan

Le gosier d'un buveur est un **toboggan,** où la boisson glisse. **Se graisser le toboggan :** boire du vin ou de l'alcool (20e siècle).

Tomber

En Bretagne, le troisième degré de l'ivresse est la *tombette,* qui succède à la *lancette* et la *zizaguette.*

Les *Problèmes* d'Aristote expliquent la différence entre la bière et le vin, dans leurs effets, en ce que « un homme ivre de vin tombe en avant parce qu'il se sent la tête lourde, mais un homme ivre de bière tombe en arrière parce qu'il est proprement assommé ». Et encore : « Sous l'influence des autres boissons alcooliques, les ivrognes tombent dans toutes les directions, à gauche ou à droite, en avant ou en arrière. Seuls ceux qui s'enivrent à la bière tombent toujours à la renverse et restent étendus sur le dos. »

Tonne

Tonne et *tonneau* (12e siècle) sont issus d'un mot gaulois qui a d'abord signifié *peau,* d'où *outre,* et enfin *tonneau.* Le tonneau est en effet une invention des Gaulois, qui l'utilisaient pour la bière. Les Romains l'ont adopté pour le vin, qui se trouve mieux logé dans le bois, où il peut respirer, que dans des amphores.

> Fille d'automne tu t'étonnes
> De mes paroles monotones...
> Il nous reste à vider les tonnes.

Charles Cros, *Le Collier de Griffes*

Les noms des tonnaux varient selon les contenances et les régions, les plus fréquemment évoqués *sont le* **foudre,** de l'allemand *fuder, et le* **muid,** du latin *modius,* mesure.

> Quatre cents muids de vin fout ma bibliothèque
>
> Boileau

Torcher

Se torcher le nez, s'enivrer, *être torché,* être ivre, gardent le sens premier du verbe *tordre* (latin *torquere*), et sont des variantes de *se tordre le nez, être tordu.* Mais *torcher un litre, un pot, un verre,* le boire, c'est au sens propre *l'essuyer,* le mettre à sec.

> — Torchez le godet, ça vous remontera le moral, préconise [Béru]. Quand on traverse une mauvaise passe, faut se blinder le mental au picrate, mon petit.
>
> San-Antonio, *Mange et tais-toi !*

Tordre

Les images de torsion sont parmi les plus vivaces dans les représentations du vin et de l'ivresse. La vigne elle-même donne l'exemple, puisqu'elle est *le bois tortu* (17e siècle), *la plante tortue, la vigne tortisse* (Ronsard). D'où le proverbe du 17e siècle, *le bois tortu fait le feu droit —* car les ceps et les sarments brûlent très bien.

Le vin est *le fils de la torte* (13e siècle) ou *le jus de bois tortu.* Au 13e siècle, dans son *Dit des Ivrognes,* Jean Auri le personnifiait en *saint Tortuel de la Montagne* ou *saint Tortu.* Il est encore *le tortu* dans l'argot du 19e siècle.

Cette torsion n'épargne par le buveur, qui *se tord le nez,* s'enivre. Il est *tordu, tortillé, tortosa,* ivre, et ses intérieurs le sont aussi s'il a pris du *tord-boyaux,* eau-de-vie ou vin très fort (19e siècle), qu'on appelle *tord-gueule* à Chablis. Aristophane disait déjà que les vins de Pramnios « contractent les sourcils et les boyaux ».

> Elle sanglotait. Son Adolf essaya d'éponger sa douleur avec des petits mots doux ; puis il ne vit d'autre moyen qu'un verre de tord-boyaux, qu'elle avala. Le feu stomachal desséha l'humeur lacrymale.
>
> Raymond Queneau, *Un Rude Hiver*

Tourner

Torner (14e siècle) : devenir aigre. Olivier de Serres disait en 1600 que « les excessives chaleurs et les grands bruits renversent et font tourner les vins ». Un vin *tourné* est atteint de la maladie de *la tourne,* qui provoque un dégagement de gaz carbonique, trouble l'aspect, et corrompt le goût.

> De petit dîner et mal cuit
> De mal soupper et male nuit
> Et de boire du vin tourné
> *Libera nos, Domine.*

Clément Marot

On dit qu'un vin *tourne court* (fin 19ᵉ siècle) lorsqu'il n'a pas de persistance aromatique, ou lorsque le premier goût de l'attaque disparaît trop vite.

Une tournée est une consommation offerte à la ronde (19ᵉ siècle) : *offrir une tournée, payer la tournée.*

Retourné signifiait « ivre » dans l'argot des Poilus. L'impression que tout l'environnement tourne est l'un des troubles de perception les plus connus de l'ivresse.

> Car apres avoir beu treize ou quatorze coups,
> Des esprits tournoyans dans nostre cervelle yvre,
> Font que tout semble aussi tourner autour de nous.

Charles Vion Dalibray, 17ᵉ siècle

Trait

Un *trait* (16ᵉ siècle) est la quantité de liquide qu'on boit d'une seule haleine : *boire d'un trait, à longs traits.*

> ... Paradis s'était contenté de se verser une coupe de mousseux qu'il avait avalée d'un trait, comme il l'avait vu faire au cinéma par les acteurs lorsqu'il leur faut accomplir des gestes de désespoir.

Raymond Queneau, *Pierrot mon ami*

Traître

Traître qualifie un vin qui se laisse boire facilement mais qui monte à la tête (17ᵉ siècle).

> Encore adolescente, j'ai rencontré un prince enflammé, impérieux, traître comme tous les grands séducteurs : le Jurançon.

Colette, *Prisons et Paradis*

Trame

Un vin sans consistance est *sans trame* ou *de trame lâche,* alors qu'un vin corsé, étoffé, a *une trame serrée.* D'un vin amaigri par l'âge, on dit qu'il est *usé jusqu'à la trame* ou qu'*on voit sa trame.* On parle aussi de la *texture* du vin.

Tranquille

On dit *tranquille* un vin qui ne présente aucune effervescence. On emploie surtout ce mot pour désigner un vin
destiné à la prise de mousse, avant qu'il ne fermente.

Transparent

Pour juger de la transparence d'un vin, on essaie de lire un
texte ou de percevoir un objet derrière le verre. Un vin rouge,
s'il est de couleur sombre, peut être *limpide* sans avoir une
parfaite *transparence.*

Travail

Furetière rapporte en 1690 qu' « on dit chez les cabaretiers
que le vin travaille quand il bout, ou quand la vigne est en
fleur, quand il souffre de quelque altération ». Le mot est
encore très courant pour désigner une fermentation secondaire : le vin *travaille* et il a *un goût de travail,* un
dégagement de gaz carbonique.

> A une table non lointaine, des convives buvaient un champagne
> grec qui, ayant travaillé pendant la traversée, lançait au plafond le
> bouchon, avec une détonation terrible.
>
> Paul Morand, *Ouvert la nuit*

Travers

Aller de travers est un signe caractéristique d'ivresse :

> Le bon roi Dagobert
> Ayant bu allait de travers.
> Le grand saint Eloi
> Lui dit : ô mon roi !
> Votre majesté
> Va tout de côté.
> Eh bien ! lui dit le roi
> Quand t'es gris, marches-tu plus droit ?
>
> *Le Roi Dagobert,* fin 18e siècle

On dit à Lyon et dans le Centre que l'ivrogne *fait du
traversin,* va d'un côté à l'autre de la rue.

Trempée

Le seul moment où les Grecs prenaient du vin pur, et non
coupé d'eau, était le petit déjeuner, *akratismos,* fait de pain

trempé dans du vin. Ce mets a au moins une dizaine de noms dans toute la France ; on l'appelle en particulier *miotte* en Touraine (de *mie*) et *trempée* en Bourgogne.

Tremper signifiait au 13e siècle mélanger des liquides, du latin *temperare*, mélanger. C'est le sens qui s'est maintenu dans *tremper le vin*, le mélanger d'eau, et *tremper la soupe*, y ajouter du vin.

Trinquer

Trinquer apparaît pour la première fois dans le *Tiers Livre* de Rabelais, en 1546 : c'est une transposition de l'allemand *trinken*, boire ; par extension : choquer les verres avant de boire. *Quand les parents boivent, les enfants trinquent :* variante moderne du proverbe biblique « les parents ont mangé du raisin vert et les enfants ont les dents agacées ».

Triste

Les Romains disaient *triste* un goût amer ou désagréable, d'un vin en particulier. Le mot n'est pas resté dans le vocabulaire de la dégustation ; *avoir le vin triste* signifie avoir l'ivresse triste (17e siècle).

Trogne

D'un mot gaulois signifiant « museau, groin » (** trugna*), *trogne* (14e siècle) désigne le nez rouge et gonflé de l'ivrogne.

> Aujourd'hui ça et là les gens boivent encor
> Et le feu du nectar fait toujours luir' les trognes
> Mais les Dieux ne répondent plus pour les ivrognes.
> Bacchus est alcoolique et le grand Pan est mort.
>
> Georges Brassens, *Le Grand Pan*

Trois

Vin de trois (19e siècle) : il faut être trois pour le boire, le buveur, et deux acolytes pour le tenir au cas où il se débattrait ou bien se trouverait mal...

Trois-six (fin 18e siècle) : alcool dont trois mesures ajoutées à trois mesures d'eau faisaient six mesures d'esprit à 19°. Par extension, on appelait *trois-six* toute eau-de-vie de degré élevé.

Trou

Boire en trou ou *comme un trou* (17ᵉ siècle), *boire comme un trou de taupe :* boire beaucoup. En Bretagne, l'ivrogne est un *karg-e-doul*, un « remplit-son-trou » et un *troullou-piketez*, « trou à piquette ». *Avoir un trou sous le nez* a d'abord signifié être un gros mangeur, au 17ᵉ siècle, mais ne se dit plus que d'un ivrogne depuis le 19ᵉ.

Un litre de vin ordinaire s'appelle *un trou* (vers 1930) parce qu'on l'achète en casier de six ou douze compartiments, ou « trous ».

Faire le *trou normand* consiste à boire un verre d'eau-de-vie au milieu d'un festin.

Tue-mec

L'alcool porte le surnom explicite de *tue-mec* ou *tumec*. Dicton d'alcooliques facétieux : « L'alcool tue lentement. On s'en fout, on n'est pas pressé. »

Tuilé

On dit *tuilé* un vin dont le rouge se teinte de jaune et vire au brun par suite de l'âge.

Tuter, tutu

Tuter signifiait jouer de la flûte au 15ᵉ siècle ; ce mot est resté dans divers parlers régionaux, où il a pris par métaphore le sens de « boire en aspirant, boire à longs traits ». Il est passé en argot : *tuter,* boire, et *tututer.*

Tutu, vin (début 20ᵉ siècle), dérive probablement de *tuter.* On dit aussi *la tutute.*

> T'en as déjà bu, Adrien, commenta Beaujol avec douceur, ce tutu-là ça se boit pas en suisse, ça se savoure entre authentiques camarades, entre potes inoxydables.
>
> René Fallet, *Le Beaujolais nouveau est arrivé*

Tuyau

Tuyau : gosier, estomac (17ᵉ siècle).

> — Oui, c'est de votre faute ! exclama véhémentement la mère Teston, si vous ne vous étiez pas saoulé, toute la semaine, vous auriez de quoi boire aujourd'hui !

— Oh ! là, dites donc, reprit Chaudrut [...] vous ne plaignez pas les autres, parce que vous venez de vous le laver, votre tuyau à opéras !

J.-K. Huysmans, *Les Sœurs Vatard*

Dans le même genre d'image, on dit aussi *se nettoyer le tube* (19ᵉ siècle), et *s'en jeter un dans le plomb* (Zola), par allusion aux tuyauteries en plomb : la métaphore ancienne de la *dalle,* c'est-à-dire, au sens premier, un évier de pierre, est ainsi renouvelée par celle des tuyaux de plomberie. Paul Morand écrit dans *Ouvert la nuit :* « Cette jeunesse boit comme un évier, et des liqueurs sans marques. »

Usé

Un vin *usé* a perdu la plupart de ses qualités avec l'âge. Mais le mot semble n'avoir pas toujours été péjoratif, puisqu'un dicton du 16ᵉ siècle le donne au sens de « vieux » :

> Vin usé, pain renouvelé
> Est le meilleur pour la santé.

Velours

Dans le *Jeu de Saint Nicolas,* à la fin du 12ᵉ siècle, on admire un vin « qui fait le *velouset* ». Un vin *velouté* donne sur la langue la sensation tactile que procure le velours ; il a un moelleux sensible, un peu plus qu'un vin *soyeux.* C'est la seule image laudative qui soit passée dans la langue « populaire », qui dit d'un bon vin : *c'est du petit velours,* ou *c'est le petit Jésus qui vous descend dans le gosier en culotte de velours.*

Venaison

On parle d'*arômes de venaison* à propos de certains vins rouges dont l'odeur fait penser à de la viande de gibier.

[Chambertin 1974] Belle robe rubis un peu tuilée. Bouquet très développé de fruit très mûr, assez évolué, très beau. En bouche, montre la plénitude et la puissance habituelles du Chambertin où s'associent la base classique de réglisse aux senteurs de venaison du vieillissement en bouteille.

Revue du vin de France, mai/juin 1981

Vent

Avoir du vent dans les voiles a d'abord signifié chez les marins, vers 1835, être rendu audacieux ou sûr de soi par la boisson, puis, à la fin du 19ᵉ siècle, être ivre, tituber. *Etre vent dessus, vent dedans,* être gris, au sens propre indécis, flottant, comme un bateau dont toutes les voiles ne se présentent pas au vent de la même façon. *Marcher vent debout* est une autre expression maritime pour représenter la démarche de l'ivrogne : le vent debout est contraire à la marche du navire. En Poitou, *buffée,* souffle, bouffée, coup de vent, signifie aussi « ivresse » ; *tenir une buffée :* être ivre.

> Eole allait criant : Bacchus m'a pris mon outre.
> Mithra lui dit avec son sourire divin :
> Qu'y mettais-tu ? — Du vent. — Qu'y mettra-t-il ? — Du vin.
> — Tu peux te consoler, bonhomme, et passer outre,
> Et laisser à Bacchus ton outre, dit Mithra,
> La tempête en sortait, l'ivresse en sortira.
>
> Victor Hugo, *Toute la Lyre*

Ver

Tuer le ver : boire de l'eau-de-vie ou du vin blanc à jeun le matin (milieu 19ᵉ siècle). On a longtemps tenu cet usage pour une prévention contre les parasites intestinaux. Le *Journal d'un bourgeois de Paris sous François Iᵉʳ* l'expliquait en 1519 :

> Par quoy il s'ensuyt qu'il est expedient de prendre du pain et du vin au matin, au moings en temps dangereux, de peur de prendre le ver.

Verre

La forme des verres varie selon les types de vin à déguster et les régions. Montaigne, qui aimait vider de petits verres, s'intéressait déjà à cette variété de formes, et remarquait que ceux des Allemands étaient « grands outre mesure » et ceux des Florentins « extraordinairement petits ». Au 19ᵉ siècle, on appelle *dé à coudre* ou *coquille de noix* un verre tout petit.

> Ce que je ne m'explique guère
> C'est pourquoi l'on boit à Paris
> Le mauvais vin dans les grands verres
> Et le bon vin dans les petits.
>
> Jacques Offenbach, *La Vie Parisienne*

Par métonymie, *verre* désigne son contenu : ***boire un verre***. ***Avoir un verre dans le nez :*** être ivre (20ᵉ siècle).

Faire mettre les verres à jour, faire servir une nouvelle tournée, est contemporain.

Vert

La couleur d'un vin blanc pâle peut tirer sur le vert. Henri d'Andeli décrivait dans la *Bataille des Vins,* au 13ᵉ siècle, le vin de Beaune :

> Un vin qui n'est mie trop jaune ;
> Plus est vers que corne de buef.

Mais *vert* qualifie aussi, depuis le 14ᵉ siècle, un vin acide, comme un fruit vert. Au 17ᵉ siècle, Richelet et Furetière appellent *vert* ou *verdelet* un vin qui n'est pas encore à maturité et doit vieillir pour perdre son acidité. Ce caractère se nomme la *verdeur,* qu'il ne faut pas confondre avec le ***goût de vert,*** goût d'herbes ou de feuilles dû à un pressurage excessif ou à un manque de maturité du raisin.

Viande

Viandé qualifie en dégustation un arôme animal de gibier.

En argot, ***viande soûle :*** ensemble de personnes en état d'ivresse.

> — C'est curieux et bizarre, me dit Mathereau, on monte demain aux tranchées, et il n'y a pas encore de viande saoule ni d' futur bois, ce soir...
>
> Henri Barbusse, *Le Feu*

Vide

Un vide-bouteille est un ivrogne (milieu 16ᵉ siècle).

En vidange : expression technique pour désigner un récipient vinaire incomplètement plein :

> — Qu'est-ce qu'il y a ?
> — Dans cette bouteille un reste qui s'éventerait. J'ai en horreur les bouteilles en vidange.
>
> Diderot, *Jacques le Fataliste*

Vieux

Légalement, on appelle *vieux* tout vin qui a plus d'un an et n'est donc plus *nouveau*. Mais, généralement, on désigne

JE VOUS AVAIS PRÉVENU : À PARTIR DE 11 HEURES, LE CENTENAIRE EST BOURRÉ !

ainsi un vin qui a plusieurs années, sans que cet âge soit jamais précisé dans la définition du mot. Ce terme a souvent des connotations laudatives, car les grands vins s'améliorent en vieillissant. Une tradition qui remonte à la Bible et à l'Antiquité gréco-romaine classe parmi les bonnes choses le vin vieux et les vieux amis.

> Vin vieux, or vieux, ami vieux,
> Sont loués en tous lieux.
>
> Dicton du 16e siècle

Mais un vin qui vieillit trop *vieillarde,* il devient *vieilli* et *sénile.* Plaute avait l'image expressive d'un *vinum edentulum,* un vin « édenté », trop vieux.

Vif

Un vin *vif* a une acidité plus marquée qu'un vin *frais,* mais moins qu'un vin *nerveux.*

> [Graves blanc 1981] Très représentatif de son appellation, dans le bel or de sa robe brillante, il est de bouquet caressant, fin, et de grande constance aromatique ; en bouche, très bon, bien fruité et équilibré, à la fois vif et sage.
>
> *Gault-Millau, Spécial Vins* 1983

Vigne

Mettre le pied dans les vignes du Seigneur (17ᵉ siècle), *être dans les vignes du Seigneur* ou *dans les vignes :* être ivre, avec la béatitude du paradis.

Au 19ᵉ siècle, *béquiller la paie à pied de vigne,* argot des ouvriers : boire sa paie.

Vin

Selon la définition de l'Office International du Vin, « le vin est exclusivement la boisson résultant de la fermentation complète ou partielle du raisin frais ou du jus de raisin frais. » René Fallet le fait expliquer par Jésus dans *Le Braconnier de Dieu :*

> Garde-le pour toi, Grégoire, parce que c'était pas utile d'y marquer dans les Evangiles, mais ça vaut rien, l'eau changée en pinard. Rien. Pas un coup de cidre. C'est de la bibine. Le raisin, Grégoire, le raisin y a que ça ! Faut pas sortir de là. Tout le reste, c'est coca-cola et compagnie.

Au 17ᵉ siècle, *il a peu de vin* se disait d'un vin sans force. Un vin peut avoir ou non de la *vinosité* (14ᵉ siècle), être plus ou moins *vineux :* ces mots désignent la force alcoolique qui donne au vin sa chaleur en exaltant ses autres qualités. *Viner un vin* (19ᵉ siècle) consiste à lui ajouter de l'alcool : c'est le *vinage,* qu'il ne faut pas confondre avec le *vintage,* d'un mot anglais passé en Champagne pour désigner un vin millésimé.

Vinasse a d'abord un sens technique (18ᵉ siècle) : c'est le résidu d'une distillation — donc il y a des vinasses de maïs ou de pommes de terre ! Le sens de « vin insipide, mauvais vin » date du 19ᵉ siècle.

Viril

En dégustation, on dit *viril* un vin aux caractères intenses, avec du corps et de la charpente. Les chroniqueurs gastronomiques brodent à leur gré sur cette image, comme Gault et Millau qui présentent un médoc comme « une merveille de virilité aimable et musclée ».

Vitriol

Au 19ᵉ siècle, on appelait *vitriol* une eau-de-vie forte et de basse qualité :

> — Dis-donc, Bibi-la-Grillade, demanda une voix enrouée, est-ce que tu paies une tournée de vitriol ?

> Émile Zola, *L'Assommoir*

Volée

En avoir une petite volée : être ivre (Normandie) ; métaphore sur *volée de coups*.

Voltigeurs

On appelle *voltigeurs* (ou *volants*) les petites particules qui se mettent en suspension dans un vin qu'on agite un peu.

Wagon

Relevé en Beaujolais : *sa femme va coucher avec un wagon-citerne,* variante récente des expressions qui assimilent l'homme ivre à un contenant vinaire.

Se mettre au wagon : s'arrêter de boire, comme l'explique cette interview de l'acteur Jean Carmet :

> Je me mets au wagon (son expression pour dire s'arrêter, par allusion au wagon spécial en forme de cuvette où on jetait les G.I. ivres pendant la guerre pour les empêcher d'avoir des accidents de convoi) et aux trois litres de Vittel quotidiens.

> *Cuisine et Vins de France*, déc. 1981

Yeux

Etre soûl jusqu'aux yeux : complètement ivre ; *le vin lui sort par les yeux* (fin 17ᵉ siècle). Dans l'argot des tranchées, on appelait l'eau-de-vie *eau pour les yeux,* sous le prétexte qu'elle aide à ouvrir les yeux au réveil. Pourtant, la littérature sur le vin, au Moyen Age et à la Renaissance, répétait à l'envie que le vin nuisait aux yeux :

> Le vin qui trop cher m'est vendu
> M'a la force des yeux ravie,
> Pour autant il m'est défendu,
> Dont tous les jours m'en croît l'envie ;
> Mais puisque lui seul est ma vie,
> Malgré les fortunes senestres,
> Les yeux ne seront point les maîtres
> Sur tout le corps, car par raison
> J'aime mieux perdre les fenestres
> Que perdre toute la maison.
>
> Clément Marot

Fra Salimbene, un franciscain qui a écrit la chronique de ses voyages en France au 13ᵉ siècle, racontait que les Français avaient les yeux injectés de sang à force de boire : « Tôt le matin, après avoir cuvé leur vin, ils vont trouver le prêtre qui célèbre la messe, et le prient de leur baigner les yeux avec l'eau dans laquelle il s'est lavé les mains. »

Entendu en Bourgogne, à propos d'un merlot de Californie particulièrement dur : *il ferait les yeux ronds aux Japonais...*

Zinc

Au sens de « comptoir couvert de zinc », *zinc* apparaît chez Huysmans en 1876. Auparavant, les comptoirs étaient couverts de plomb. Le mot est resté même quand le matériau a changé : Raymond Queneau s'amuse d'un « zinc en bois » (*Zazie dans le métro*). Par extension, *zinc* signifie aussi « café, bistrot ». *Zinguer :* boire au comptoir (fin 19ᵉ siècle) ; *zingué :* ivre (début 20ᵉ siècle).

> C'était hier, samedi, jour de paye
> Et le soleil se levait sur nos fronts.
> J'avais déjà vidé plus d'un' bouteille
> Si bien qu' j' m'avais jamais trouvé si rond.
> V'là la bourgeois' qui s' rappliqu' devant l' zingue
> — Feignant, qu'ell' dit, t'as donc lâché l' turbin ?
> — Oui, que j' réponds, car je vais au métingue   (*bis*)
> Au grand métingue du Métropolitain.
>
> *Le grand métingue du Métropolitain*,
chanson de Maurice Mac-Nab et C. Baron, 1880

Répertoire thématique

La soif

Avaler la mer et les poissons.
Être baptisé à l'eau de morue, avec une queue de morue.
Avoir le bec salé.
Cracher du coton, avoir du coton dans la corgnole.
Être déshydraté.
La pépie.
La péter.
Avoir le gosier sec, la sécher.

Boire

En mettre un à l'abri de la pluie.
Accoler la gourde, donner l'accolade à la bouteille.
Boire à l'Allemande.
S'envoyer un aller-retour.
S'allumer la lampe.
Se rincer les amygdales.
Boire en âne.
Boire aux anges.
S'appuyer un litre, appuyer sur les pédales.
S'arroser, s'envoyer un arrosoir.
Asphyxier un pierrot.
S'en jeter un dans l'avaloire.
Baiser une fillette.
Se rincer les barres.
Basculer un godet.
Se rincer le bec.
En boire autant qu'un curé pourrait en bénir.
Beuverie, beuvasser, beuvacher, beuvailler.
Biberonner, se filer des biberonnées.
Bidonner.
Boire comme une botte.
Abattre le brouillard.
Faire une petite buvette.
Boire comme canes.

Boire à la capucine.

Carburer sec, carburer au rouge.

Caresser la bouteille.

Faire carousse.

Noyer son chagrin.

Boire comme un chantre.

Charmer les puces.

Mettre pinte sur chopine, chopiner.

Se cogner du vin dans l'estomac.

Se consoler.

Se rincer la corne, corner, encorner, s'en jeter un dans le cornet, se laver la cornemuse.

Lever le coude.

Boire le coup, le petit coup, un coup.

S'en jeter un derrière la cravate.

Creuser un verre, une bouteille.

Faire cul sec, faire cul net, boire à cul blanc.

Culbuter un verre.

Se mouiller la dalle.

Se déglacer la glotte.

Démolir une bouteille.

Se laver les dents.

Dépuceler une bouteille.

Descendre son verre.

Voir le Mont du Désespoir.

Boire droit.

Écoper un verre.

S'enfiler un verre.

Entonner.

S'en envoyer un.

Boire comme une éponge.

Étancher la soif.

Éteindre une bouteille, une chandelle.

Étouffer une négresse.

En étrangler une.

S'expédier un verre.

Se fader un verre.

Fifrer.

Fioler.

Flaconner.

Flûter.

Se charger le fusil, fusiller.

Se gargariser.

Prendre un glass.

Glouglouter.

Gobelotter.

Godailler.

S'offrir un gorgeon, se gorgeonner.

Prendre une hauteur.

S'humecter.

Humer son vin.

Faire jambes de vin, ne pas partir sur une jambe.

S'en jeter un, jeter en sable.

S'en filer un coup dans la lampe, s'envoyer une giclée sur le lampion, lamper.

Se laver la conscience, les dents, le poumon, les tripes.

Licher, lichailler, lichetrogner, s'offrir une lichade.

Martiner.

S'arroser la meule.

Se mouiller.

Jouer de la musette.

S'en jeter un sous le nez.

En mettre à l'ombre.

S'empaffer.

Picoler.

Croquer la pie, piancher.

Pinter.

Se mouiller la pipe, piper.

Pitancher.

Faire le plein.

S'en enquiller une.

Se ramoner la descente.

Boire une rasade.

Relever un factionnaire, une sentinelle.

Se rincer.

Se rouiller le mou.

Faire rubis sur l'ongle.

Sabler un verre, sabler le champagne.

Se dessaler.

Sécher un verre, le mettre à sec.

Siffler.

Siroter.

Boire à la Suisse, boire en Suisse.

Tafiater.

Se taper une bouteille.

Tasser, entasser.

Téter, tétiner.

Boire à tire-larigot.

Se graisser le toboggan.
Torcher un verre.
Boire d'un trait, à longs traits.
Boire comme un trou, faire un trou normand.
Tuter, tututer.
Se laver le tuyau.
Tuer le ver.
Prendre un verre.
Zinguer.

Le vin

Absinthe de vidangeur.
Anti-dérapant.
Vin d'appellation.
Aramon.
Argenteuil.
Ça-qui-s'avale.
Bavaroise de cocher.
Beaujolais, beaujol, beaujolpif, beaujolo.
Eau bénite de cave.
Bernâche.
Bibine.
Bistrouille.
Blanc de blancs, blanc de noirs ; blanco, blanquet, blanchouillard ; blanquette.
Petit bleu, gros bleu.
Du bromure, du bromuré.
Brouille-ménage.
Brutal.
Vin de café.
Cambusard.
Campêche.
Vin de carafe.
Carthagène.
Casse-tête.
Cassis, cassis de lutteur, mêlé-cass.
Contre-chagrin.
Champagne, champ'.
Chasse-mélancolie, chasse-ennui, chasse-cousin.
Vin à laver les pieds des chevaux.
Vin à faire danser les chèvres.
Chocolat de déménageur.
Clairet, claret.
Coaltar.

Vin de la comète.
Communard.
Vin de comptoir.
Une côte.
Crème de tête, crémant.
Vin de crocheteur.
Vin du cru, un cru.
Cuvée.
Vin de dames.
Décapant.
Dépense.
Destructeur.
Falerne.
Fil-en-double.
Fuschia. .
Vin de gelée.
Ginguet, ginglet, ginglard.
Vin de glacier.
Vin de goutte.
Gros rouge, gros-qui-tache.
Jaja, jinjin.
Jus de la vigne, de la treille, de septembre, d'octobre,
    d'automne.
Un kir.
Lait d'automne, lait des vieillards.
Vin sur lie.
Limonade.
Liqueur.
Macadam.
Malaga de boueux.
Mazout.
Vin de messe.
Vin de mouchoir.
Nectar (*voir* ambroisie).
Vin à une oreille, à deux oreilles.
Vin de paille ; paille-de-fer.
Du paradis.
Vin du pays, de pays.
Pichet, pichenet, pichtegom, pichtogorn, pichteau...
Picolo.
Picrate.
Piance, piot, pieu.
Pierrot.
Pinard.

Pissat d'âne, pistanguine, pistangouille.
Pivois, pive, piveton, pifton...
Pousse-au-crime.
Vin de presse.
Vin de primeur.
Purée, purée septembrale.
Vin de queue.
Ratafia.
Reginglard.
Réglisse.
Résiné.
Rinçure de verre, de tonneau.
Riquiqui.
Roteux.
Rouge-gorge.
Rouquin, rouquinos, rouquemoute.
Vin pour la salade.
Savonné.
Sens unique.
Sirop.
Soviétique, porto soviétique, whisky soviétique.
Vin de table.
Vin de teinte.
Vin de tête.
Tisane.
Tortu.
Vin de trois.
Un trou.
Tue-mec.
Tutu, tutute.
Vinasse.

Caractères du vin

Qui accroche.
Acerbe.
Acescent, acété, acéteux.
Acide.
Acre.
Agréable.
Agressif.
Aigre.
Aigu.
Aimable.
Alcooleux, alcoolique, alcoolisé.

Qui s'allonge, qui a de l'allonge, qui manque d'allonge.
Ambré.
L'âme du vin.
Amer.
Amoureux, qui a de l'amour.
Ample, qui a de l'ampleur.
Amusant.
Goût anglais, goût américain.
Anguleux.
Animal.
Apre, qui a des aspérités.
Aqueux.
Ardent, qui a de l'ardeur.
Aristocrate.
Aromatique, aromatisé.
Arrangé.
Arrière-goût, arrière-bouche.
Aspect.
Assommé, qui assomme.
Assemblage.
Astringent.
Atramentaire.
Attaque.
Austère.
Balsamique.
Baptisé.
Battu.
Récolté sur les coteaux de Bercy.
Goût de bière.
Blanc.
Bleu, maladie du bleu.
Goût de bock, bocké.
Bevant, qui se laisse boire.
Goût de bois, boisé.
Bon.
Qui tombe en bottes.
Bien en bouche, qui a de la bouche.
Bouché.
Bouchonné, goût de bouchon.
Bouquet.
Bourru.
Maladie de bouteille.
Brillant.
Brouillé.

Brûlant.

Brusque.

Brut.

Cacheté, qui a du cachet.

Câlin.

Capiteux.

Caractère.

Caressant.

Carré.

Cassé.

Charnu, qui a de la chair.

Chambré.

Chanter.

Qui a le chapeau sur l'oreille.

Qui dit son chapelet.

Chaptalisé.

Chargé.

Charmeur.

Charpenté.

Chat.

Chaud, chaleureux ; goût d'échaud, échauffé.

Chenu.

Qui a du chien.

Ch'ti.

Clair, clarifié.

Classé, qui a de la classe.

Coco.

Coller le vin.

Commun.

Complet.

Consistant.

Constitué.

Qui a du corps, corsé.

Qui a du corsage.

Cotonneux.

Coulant.

Couleur.

Coup de nez.

Coupé, coupage, à couper au couteau.

Court, qui tourne court.

Couvert.

Creux.

Goût de croupi.

Cru (adj.).

Cuit.
Goût de cuivre.
Forcé de cuve, goût de cuve.
Déboire.
Décanté.
Qui a un dégoût.
Degré.
Délicat.
En dentelles.
Dépôt.
Dépouillé.
Désaltérant.
Dessiné.
Développement.
Discret.
Distingué.
Dosé.
Doux, douceâtre, doucereux, douciné.
Droit, droit de goût.
Dur.
Édulcoré.
Effervescent.
Élégant.
Empyreumatique.
Goût d'encre.
Entrant.
Enveloppé.
Épais.
Épanoui.
Équilibré.
Éteint.
Étoffé.
Qui réveillerait un mort.
Éventé, goût d'event.
Évolué, évolution.
Extrait sec.
Fabriqué.
Fade.
De derrière les fagots.
Faible.
Falsifié.
Fatigué.
Féminin.
Ferme.

Fermé.

Fermentation.

Qui a de la fesse.

Qui a du feu.

Fiévreux.

Figué.

Filant.

Fin.

Qui finit bien, mal.

Flaveur.

Fleuri, floral.

Flou.

Qui a du fond.

Fondu.

Forme.

Fort.

Fougueux.

Foxé.

Frais.

Franc, franc de goût.

Frappé.

Frelaté.

Friand.

Qui frise sur la langue.

Froid.

Qui a du fruit, fruité.

Fumeux, fumet, fumé.

Goût de fût, fûté.

Gai.

De garde.

Gazéifié, gazeux.

Gelé.

Qui a du gilet.

Gouleyant.

Goûteux, qui se goûte bien, qui a les mille goûts, un faux
  goût.

Qui a du grain, goût de grain.

Maladie de la graisse ; gras.

Gris.

Gros.

Habillé, qui se déshabille.

Harmonie.

Herbacé.

Honnête.

Huileux, qui fait l'huile.
Informe.
Jambes.
Jaune, goût de jaune.
Lampant.
Larmes.
Lavé.
Léger.
Limpide.
Liquoreux.
Long, qui a de la longueur.
Louche.
Lourd.
Loyal.
Goût de lumière.
Qui a de la mâche ; mâché.
Macération carbonique.
Madérisé.
Maigre, amaigri.
Marré.
Qui a de la matière.
Médecin, médicinal.
Méfranc ;
Mercaptan.
Millésime.
Mince.
Mœlleux.
Moisi.
Qui a du montant.
Mordant.
Mou.
Mouillé.
Moustillant.
Mousse.
Muet.
Mûr, surmûri.
Musqué, muscaté.
Muté.
Naturel, nature.
Nerveux, qui a du nerf.
Net.
Qui a du nez.
Noble.
Noir.

Nouveau.
Odeur.
Oeil-de-perdrix.
Onctueux.
Examen organoleptique.
Ouvert.
Oxydé.
Paillé.
Pâle.
Qui a fait ses Pâques.
Parfum.
Qui passe bien ; passable.
Passerillé.
Pâteux.
Pelure d'oignon.
Perfide.
Perlant.
Persistance.
Peser.
Pétillant.
Petit.
Goût de pierre à fusil.
Pinçant.
Piquer.
Plat.
Plein.
Pointe, pointu.
Pommadé.
Potable.
Goût de pourri.
Poussé, qui a la pousse.
Puissant.
Pur.
Queue de paon, queue de renard.
Qui a de la race, racé.
Goût de rafle.
Raide.
Qui ramone.
Rancio.
Râpeux, râpé.
Réduit, bouquet de réduction.
Rémanence.
Qui renarde, goût de renard.
Réserve.

Retour.
Revêche.
Robe.
Rond.
Rosé.
Rôti, goût de rôti.
Rouge.
Rude.
Rugueux.
Sain.
Sauvage.
Sec.
Sève.
Sévère.
Sincère.
Sirupeux.
Solide.
Soufré.
Souple.
Soyeux.
Structuré.
Styptique.
Suave.
Substance.
Sucre.
Tanin, tannique.
Qui tape.
Tendre.
Tenue.
Goût de terroir, terroiter.
Tourné.
Traître.
Trame.
Tranquille.
Transparent.
Qui travaille, goût de travail.
Triste.
Tuilé.
Usé.
Velouté.
Arômes de venaison.
Vert, goût de vert.
Viandé.
Vieux, vieilli, vieillarder.

Vif.

Vineux, vinosité, viné.

Viril.

L'ivresse

S'achever, achever quelqu'un.

Avoir son affaire.

Avoir son aigrette.

Avoir un coup dans l'aile, du plomb dans l'aile.

S'allumer, être allumé, avoir un allumage, avoir une petite
allumette ronde, une allumette de marchand de vin, une
allumette de campagne.

Gris comme un âne.

Soûl comme un anglais.

S'arranger le nez, être bien arrangé.

S'arsouiller.

Asphyxié.

Assommé.

S'attendrir, être attendri.

Avoir la tête, la voix, les jambes avinées.

Prendre un bain, avoir les yeux qui baignent dans l'alcool.

Avoir l'estomac chargé à balle, être rond comme une balle,
prendre une balloon, être en balloon.

Prendre une barbe, un extrait de barbe, s'embarber.

Se barbouiller.

Être bardé, avoir son bard, avoir sa bardée, barder.

Être barré.

Plein comme une barrique.

Mettre les souliers à bascule.

Battre les murailles.

Avoir la maladie de Bercy, tenir une bonne bersillée.

Prendre une beurrée, être beurré comme un Petit-Lu,
ramasser une beurrade.

Avoir une bidonnée.

Rond comme une bille, être bille.

Se bitumer, être dans le bitume.

Tenir une bonne biture, se biturer.

Se blinder, être blindé.

Avoir son bout de bois, la gueule de bois.

Être pris de boisson, être en boisson.

(Se) boissonner.

En trimballer une bonne.

Plein jusqu'à la bonde.

Se donner une bosse.

Se mettre en bottes, mettre les bottes à rouleau.
Rond comme un boudin.
Être bourré, bourrache.
Soûl comme une bourrique.
Avoir un coup de bouteille.
Être brindezingue, être dans les brindes.
Prendre une brosse, être en brosse.
Tenir une bonne brouette.
Être dans le brouillard.
Brûlé-saoul.
Être bu.
Caillé comme un coing.
Se ramasser une caisse.
Se camphrer.
Saoul comme un canard.
Être plein jusqu'à la troisième capucine.
En avoir dans le caquet.
Avoir un coup dans les carreaux.
Prendre la casaque.
En avoir dans le casque, enfoncer le casque, prendre une
    casquette, être casquette.
Être cassé.
Chalouper.
Chanter la Marseillaise en Breton.
Avoir sa charge, charger la mule, charger la brouette, être
    chargé à couler bas.
Avoir un coup de chasselas, être chasselas, être chasse.
Être chaud de vin, avoir chaud aux oreilles, aux plumes,
    chauffer le four.
Avoir sa chèvre.
Prendre une chicorée, être chicore.
Être en vin de chien.
Avoir la gueule en chocolat, être chocolat.
Se cingler le nez.
Être de corvée de cirage, en plein cirage.
N'être pas clair.
Être dans le coaltar.
Avoir sa cocarde.
Soûl comme un cochon.
Se coiffer, être coiffé.
Être cointché.
Être dans le coma.
Se compléter, être complet.
Avoir son compte.

Avoir un palu de comptoir.

Être confondu.

Avoir sa coque, être encoqué.

Gris comme un cordelier.

Se donner une belle couche, coucher dans la couverture
    rouge.

Avoir un coup dans le nez, dans la pipe, dans les brancards,
    dans les lattes ; avoir un coup de soleil, de sirop...

Crapuler.

Avoir la crête rouge, s'ourdir la crête, s'allumer la crête.

Se cuiter, être cuit, avoir sa cuite.

Être cuivré.

Rond comme un cul de bol, de bouteille.

Être culbuté.

Se donner une culotte, se culotter le nez.

Avoir sa daube.

Se défoncer, défoncé.

Être démâté.

Être démoli.

Avoir les dents du fond qui baignent.

Se déranger.

Déraper sur un bouchon de limonade.

Soûl comme un dindon.

Avoir sa dose.

Voir double, avoir la langue double.

Tomber en duelles.

Avoir un éclat.

Voir des éléphants roses.

Être élu.

Faire des embardées.

Être éméché.

Être ému.

Souffler dans l'encrier.

Être entre deux vins, entre le blanc et le clairet, entre la
    vergue et le raban.

Faire des esses.

Être éteint.

Être fatigué.

Avoir son fade.

Faire du feston, festonner.

Se fioler.

Les fumées de l'ivresse ; fumer dans la pipe neuve.

Être fusillé.

Avoir le vin gai, être gai.

Soûl comme un garde-champêtre.
Être garni.
Être gaz, gazé.
Être gelé, avoir le nez gelé.
Être givré.
Partir pour la gloire.
Être gris, se griser.
Soûl comme une grive.
Être H.S., hachesse.
Être plein comme une huître.
Avoir humé du piot.
Être imbibé.
Être incendié.
Avoir son petit jeune homme.
Être jupé, juponné.
Être lancé, avoir sa lancette.
Prendre son lit en marche.
Être mâchuré.
Prendre une maculature.
Ramasser une malle.
Avoir sa marée.
Prendre une margot.
Avoir le mal saint Martin.
Avoir le vin mauvais.
Se prendre une meule.
Être mouillé.
Prendre une muflée, une muffée.
Être mûr, muraille.
Avoir sa murge, être murgé.
Avoir un coup dans la musette.
Prendre une nasée, être nase.
Avoir le vin noir ; être noir, se noircir, noircicot.
Être noyé.
Avoir chaud aux oreilles.
Être bien ouillé.
Être ourdé.
Être paf.
(En) tenir une paille.
Se panser.
Avoir son paquet.
Être parti.
Pavoiser.
Se peindre le nez, se ramasser une peinture.
Être pété, se péter la gueule, avoir une pétée.

Pincer son italique.
Être pinté.

Se piquer le nez, la ruche.
Prendre une pistache.
Se pivoiner.
Avoir son plein.
Avoir son plumet.
Se pocharder.
Être en pointe de vin, avoir sa pointe.
Se poisser.
Se poivrer, s'empoivrer, être poivre.
Se pommader.
Être pompette, avoir son pompon.
Pris de vin, de boisson.
Avoir sa prune.
Être raide comme la justice, comme une saillie.
Écorcher le renard, être en vin de renard.
S'en ressentir.
Être rétamé.
Faire ribote.
Être rond, se rondir.
Prendre une ronflée.
Être rouillé.
Rouler sous la table, dans le caniveau.
Se salir le nez, avoir le nez sale, être sale.
Être schlass.
En tenir une sévère.
Avoir un coup de sirop.
Soûl, soûler, soulographie.
Faire cracher les soupapes.
Ivre comme une soupe.
Avoir son taf.
Tanguer.
Se teinter, se foutre une teintée.
Avoir du vin dans la tête.
Être de thé.
Soûl comme une tique.
Avoir la tombette.
Se torcher le nez, être torché.
Se tordre le nez, être tordu, tortillé, tortosa.
Être retourné.
Aller de travers, faire du traversin.
Avoir le vin triste.

Avoir du vent dans les voiles, être vent dessus vent dedans,
   marcher vent debout.
Avoir un verre dans le nez.
Viande soûle.
Être dans les vignes du Seigneur.
En avoir une petite volée.
Être soûl jusqu'aux yeux.
Être zingué.

Ivrogne

Alcoolique.
Amusette de cabaret.
Aramoniste.
Arsouille.
Qui a une aubergine.
Tonneau aviné.
Qui a un bec d'acier, un bec en zinc.
Né sur les coteaux de Bercy, un bercy.
Qui a un nez de betterave.
Beuvresse, beuverache.
Bibard, bibassier, bibasson.
Biberon.
Biturin, biturman, biturige.
Porté sur la boisson, boissonneur.
Bordailleur.
Qui a travaillé dans une fabrique de buvard.
Gosier camphré, camphrier.
Cirrhose.
Qui n'écluse pas que du lait de coco.
Adroit du coude.
Qui ne crache pas sur la bouteille.
Crapuleux.
Qui a la dalle en pente.
Delirium tremens.
Qui a une bonne descente, une descente qu'on n'aimerait pas
   faire en vélo.
Dipsomane.
Trogne enluminée.
Gosier d'éponge.
Fa bémol, fa dièse.
Fesse-pinte.
Nez fleuri.
Galope-chopine.
Glou-glou, glouglouter.

Qui est du goulot.
Grenouille de cave.
Hydrophobe, hydropathe.
Licheur.
Une margot.
Œnopote, œnopique.
Pâle comme une écuelle à vendanges.
Avoir une pente dans le gosier, la dalle en pente.
Pilier de cabaret.
Pinarder.
Pochard, se pocharder, pochardise.
Poivrot, poivrade.
Pommadin.
Riboteur.
Sac-à-vin.
Bec-salé, vacciné au salpêtre.
Soiffard, soiffeur, boit-sans-soif.
Soûlard.
Taste-vin.
Être de la tétine.
Marcher au thé.
Vide-bouteilles.
Se mettre au wagon.

Imprimé en France par l'Imprimerie Moderne de l'Est
25110 Baume-les-Dames
Dépôt légal : septembre 1990
N° d'édition : 0534-05 - N° d'impression : 7736